D1691918

Studien und Materialien
zur Verfassungsgerichtsbarkeit
Band 33
Herausgegeben von Christian Starck

Dr. Jürgen Stock

# Meinungs- und Pressefreiheit in den USA

Das Grundrecht, seine Schranken und seine Anforderungen an die Gesetzesgestaltung

◆ Nomos Verlagsgesellschaft
Baden-Baden

Gefördert mit Hilfe von Forschungsmitteln des Landes Niedersachsen.

**CIP-Kurztitelaufnahme der Deutschen Bibliothek**

**Stock, Jürgen:**
Meinungs- und Pressefreiheit in den USA: d. Grundrecht, seine Schranken u. seine Anforderungen an d. Gesetzesgestaltung / Jürgen Stock. – 1. Aufl. – Baden-Baden: Nomos Verlagsgesellschaft, 1986.
  (Studien und Materialien zur Verfassungsgerichtsbarkeit; Bd. 33)
  ISBN 3-7890-1266-1
NE: GT

1. Auflage 1986
© Nomos Verlagsgesellschaft, Baden-Baden 1986. Printed in Germany. Alle Rechte, auch die des Nachdrucks von Auszügen, der photomechanischen Wiedergabe und der Übersetzung vorbehalten.

Für Maria

# Vorwort

Die vorliegende Untersuchung zur amerikanischen Meinungs- und Pressefreiheit und den weiteren Kommunikationsrechten des 1. Amendment geht auf einen Studienaufenthalt an der University of California, Los Angeles zurück. Sie wurde im Februar 1986 von der Juristischen Fakultät der Georg-August-Universität zu Göttingen als Dissertation angenommen. Später veröffentlichte Entscheidungen und Literatur wurden nachgetragen, soweit sie für die Untersuchungsergebnisse von Bedeutung waren.
Viele haben zum Gelingen dieser Studie beigetragen. Besonderen Dank schulde ich Herrn Professor Dr. Christian Starck. Er hat die Anregung zu der Untersuchung gegeben und die Erarbeitung des Themas mit seinem Rat und wertvollen Hinweisen begleitet. Vor allem aber hat er es vermocht, mich durch sein wiederholt bekundetes großes Interesse an den Ergebnissen meiner Forschung gerade in den – wohl unvermeidlichen – Zeiten nachlassender Anspannung anzuspornen.
Für die Einführung in die Feinheiten des amerikanischen Verfassungsrechts bin ich vor allem Professor Dr. Robert S. Gerstein und Professor Dr. Robert Welsh aus dem Department of Political Science (UCLA) zu Dank verpflichtet. Der eineinhalbjährige Aufenthalt in Los Angeles wäre ohne die großzügige finanzielle Unterstützung des Landes Niedersachsen und der University of California nicht möglich gewesen. Das Land Niedersachsen hat auch den Druck dieser Arbeit mit Forschungsmitteln gefördert.
Für die kritische Durchsicht des Manuskripts danke ich herzlich Frau Rechtsanwältin Dr. Barbara Weitz, Ll.M.
Daß nach langen Vorarbeiten aus einem ersten Entwurf in relativ kurzer Zeit ein druckfertiges Manuskript entstanden ist, verdanke ich ganz besonders meiner Frau, die es mir mit viel Verständnis ermöglicht hat, mich acht Monate lang von beruflichen Verpflichtungen freizuhalten. Ihr widme ich diese Arbeit.

Bonn, im August 1986

*Jürgen Stock*, M.A.

# Inhaltsverzeichnis

Abkürzungen 15

*Einführung* 17

*§ 1 Rechtsquellen der Kommunikationsrechte und Rolle des Supreme Court bei der Verfassungsauslegung* 19
I. Rechtsquellen der Kommunikationsrechte 19
   1. Das 1. Amendment (1791) 19
   2. Das 14. Amendment (1868) 20
II. Inhalt der Kommunikationsrechte 21
III. Zur Rolle des Supreme Court bei der Verfassungsauslegung 25

Erster Teil
*Probleme der Schutzbereichsbestimmung* 27

*§ 2 Negative Schutzbereichsabgrenzung: Pornographie (obscenity)* 29
I. Die begriffliche Umschreibung von Pornographie 29
   1. Der Roth-Test (1957) 30
   2. Der Memoirs-Test (1966) 31
   3. Die Praxis der per curiam-Entscheidungen 32
   4. Der Miller-Test (1973) 32
II. Relative Obszönität 34
III. Obszönitätsrechtsprechung und Auslegungsmethodik 35
   1. Gründe für den Schutzbereichsausschluß und Methodik der Entscheidungsfindung 35
   2. Verhältnis von Normzweck und Definition 38

*§ 3 Werbung (commercial speech): Ein Beispiel für den Wandel des Schutzbereichsverständnisses* 42
I. Die begriffliche Umschreibung von Äußerungen kommerzieller Natur 42

| | | |
|---|---|---|
| II. | Werbung als Begleiterscheinung wirtschaftlicher Betätigung | 44 |
| III. | Die Doktrin vom Ausschluß kommerzieller Äußerungen vom Schutzbereich des 1. Amendment | 45 |
| | 1. Die commercial speech-Doktrin | 45 |
| | 2. Einschränkungen der commercial speech-Doktrin | 46 |
| IV. | Abkehr von der Doktrin: Begründung und Folgen für die Schrankensystematik des 1. Amendment | 49 |
| | 1. Werbung, (wirtschafts-)politische Willensbildung und Staatsfreiheit des freien Flusses von Informationen | 49 |
| | a) Die Begründung des Supreme Court in *Virginia State Board of Pharmacy* | 50 |
| | b) Werbung und Normzweck | 52 |
| | c) Zur Methodik der Schutzbereichsbestimmung | 53 |
| | 2. Dynamik der Schutzbereichsvergrößerung | 55 |
| | a) Schranken des Grundrechts auf Werbung | 55 |
| | b) Zweitrangigkeit der Werbung und Normstruktur | 57 |

Zweiter Teil
*Dogmatik der Einschränkungen der Kommunikationsrechte* 59

| | | |
|---|---|---|
| § 4 | *Überblick: Die wichtigsten allgemeinen Schrankenstandards in der älteren Rechtsprechung des Supreme Court* | 60 |
| I. | Der bad tendency-Test | 60 |
| II. | Der Gefahrentest (clear and present danger-Test) | 62 |
| | 1. Entwicklung des Gefahrentests durch die Richter Holmes und Brandeis | 63 |
| | 2. Verbindung des Gefahrentests mit der Doktrin von der Vorzugsstellung der demokratischen Freiheitsrechte (preferred position-Doktrin) | 65 |
| | 3. Verzicht auf die Unmittelbarkeit der Gefahr | 67 |
| III. | Interessenabwägung im Supreme Court (balancing of interests) | 69 |
| | 1. Interessenabwägung, richterliche Selbstbeschränkung und nationale Sicherheit | 71 |
| | 2. Interessenabwägung außerhalb des Staatsschutzrechts | 74 |
| | a) Strenge Nachprüfung von signifikanten Beeinträchtigungen des 1. Amendment (closest scrutiny) | 75 |
| | b) Isolierte Prüfung des Eingriffsmittels | 76 |

|  |  | c) Interessenabwägung als kombinierte Zweck/Mittel-Prüfung | 77 |
|---|---|---|---|
| IV. |  | Die Theorie vom absoluten Schutz des 1. Amendment | 79 |

| § 5 | *Der Abwägungstest in der jüngeren Rechtsprechung des Supreme Court* | 83 |
|---|---|---|
| I. | Der strenge Abwägungstest (strict scrutiny) | 86 |

    1. Anwendungsvoraussetzungen    87
       a) Unterdrückungstendenzen im Eingriffsmittel: Prüfung der Normstruktur    87
          aa) Das Problem der thematischen Anknüpfung    89
          bb) Selektive hoheitliche Begünstigung von Äußerungen    91
       b) Schwere Grundrechtsbeeinträchtigung    92
    2. Erfordernis des zwingenden Eingriffszwecks    93
       a) Abstrakte Interessengewichtung    93
       b) Konkrete Interessengewichtung: Berücksichtigung von offenkundigen Mängeln im Zweck/Mittel-Verhältnis    94
          aa) Erkennbare Zweck/Mittel-Beziehung    95
          bb) Gefährdung öffentlicher Interessen    95
          cc) Regelungsdefizit und Überweite    96
          dd) Zweckerreichung durch andere Normen    97
    3. Grundsatz der erheblichen Förderung    98
    4. Erforderlichkeit des Eingriffsmittels    100
    5. Strenge Nachprüfung unter dem Gleichheitssatz    104
    6. Fallbeispiele zum strengen Abwägungstest    107
       a) Äußerungsverbote    107
          aa) First National Bank of Boston v. Bellotti (1978)    107
          bb) Consolidated Edison v. Public Service Commission (1980)    108
       b) Schutz der Presse bei der Verbreitung vertraulicher Informationen    110
          aa) Landmark Communications v. Virginia (1978)    110
          bb) Smith v. Daily Mail Publishing Co. (1979)    111
       c) Wahlkampffinanzierung und Wahlversprechen    112
          aa) Buckley v. Valeo (1976)    113
          bb) Brown v. Hartlage (1982)    115

|  |  | d) Erzwungene Offenlegung politischer Aktivitäten | 117 |
|  |  | aa) Buckley v. Valeo (1976) | 117 |
|  |  | bb) Nixon v. Administrator of General Services (1977) | 118 |
|  |  | e) Ungleichbehandlung von Meinungsäußerungen: Der Gleichheitssatz im 1. Amendment | 120 |
|  |  | aa) Police Department of Chicago v. Mosley (1972) | 120 |
|  |  | bb) Carey v. Brown (1980) | 121 |

II. Der gemäßigte Abwägungstest (intermediate scrutiny) 122
   1. Anwendungsvoraussetzungen 123
      a) Inhaltliche Neutralität des Eingriffstatbestands und begrenzte Eingriffsintensität 123
      b) Sonderstatusfälle 124
      c) Kommerzielle Äußerungen 125
   2. Erfordernis des substantiellen Eingriffszwecks 125
   3. Geeignetheit und Erforderlichkeit des Eingriffsmittels 127
      a) Grundsatz der erheblichen Förderung 127
      b) Erforderlichkeit des Mittels 128
   4. Fallbeispiel zum gemäßigten Abwägungstest: Seattle Times v. Rhinehart (1984) – Verbreitung von Prozeßstoff im Zivilverfahren 131

III. Abwägung unter dem Gebot vernünftiger Erwägungen (reasonableness-Test) 133
   1. Anwendungsvoraussetzungen 135
      a) Zeitpunkt der Äußerung 135
      b) Ort der Äußerung 136
      c) Art und Weise der Äußerung 136
   2. Inhaltliche Neutralität der Regelung 138
   3. Anforderungen an Eingriffszweck und Eingriffsmittel 138
      a) Allgemeines 138
      b) Unverträglichkeitsgrundsatz, Kommunikationsform und Ort der Kommunikation 139
   4. Gewährleistung der grundrechtlichen Mindestposition: Angemessene Ausweichmöglichkeiten 143
   5. Fallbeispiele zum reasonableness-Test 145
      a) Meinungsfreiheit von Häftlingen und Erfordernisse der Anstaltssicherheit 145
          aa) Pell v. Procunier (1974) 145
          bb) Bell v. Wolfish (1979) 147

|  |  |  |
|---|---|---|
|  | b) Bannmeilengesetze zum Schutz der Rechtspflege | 148 |
|  | aa) Cox v. Louisiana (1965) – Cox II – | 148 |
|  | bb) United States v. Grace (1983) | 149 |
| IV. | Zusammenfassung | 151 |

§ 6 *Der Status des Gefahrentests in der neueren Rechtsprechung*   154

I. Modifikation des Gefahrentests: Analyse von Gefährdung und Inhalt der Äußerung   155
   1. Der Brandenburg-Test   155
   2. Vernachlässigung des Gefahrentests in der jüngeren Rechtsprechung   158
      a) Fallrecht   158
      b) Praktische Bedeutung der einzelnen Elemente des Brandenburg-Tests   161
II. Das moderne Verständnis des Gefahrentests: Assimilation in das Konzept der Interessenabwägung?   162


Dritter Teil
*Anforderungen an die Gesetzesgestaltung*   167

§ 7 *Gesamtnichtigkeit von teilverfassungswidrigen Rechtsnormen: Die overbreadth-Doktrin*   168

I. Zweck der Doktrin: Beseitigung der Präventionswirkung überweiter Gesetze   169
II. Zulassung der konkreten Normenkontrolle (standing to raise a constitutional issue)   172
   1. Grundsatz: Verletzung von Rechten des Beschwerdeführers   172
   2. Verzicht auf eigene Rechtsverletzung des Beschwerdeführers   173
   3. Präventionswirkung und Grenzen der Normenkontrolle   175
      a) Nachträglicher Fortfall der Präventionswirkung   175
      b) Werbung   175
      c) Soldaten- und Geheimdienstverhältnis   176

| | | |
|---|---|---|
| III. | Kriterien der Gesamtnichtigkeit | 177 |
| | 1. »Reine Rede« und »körperliches Verhalten« als Anknüpfungspunkte der overbreadth-Analyse | 178 |
| | 2. Die gemäßigte Variante der Doktrin: Substantial overbreadth | 180 |
| | 3. Der strenge overbreadth-Test | 182 |
| | 4. Zur Zukunft der overbreadth-Doktrin | 184 |

| | | |
|---|---|---|
| § 8 | *Bestimmtheitsanforderungen an meinungseinschränkende Gesetze: Die void for vagueness-Doktrin* | 187 |
| I. | Das rechtsstaatliche Bestimmtheitsgebot der Due Process Clause | 187 |
| II. | Unbestimmtheit als Verletzung des 1. Amendment | 189 |
| | 1. Unbestimmtheit und konkrete Normenkontrolle | 191 |
| | 2. Leitlinien für die Bestimmtheitsprüfung | 193 |
| III. | Zusammenfassung | 196 |

| | | |
|---|---|---|
| § 9 | *Schlußbetrachtung* | 197 |

Summary   201

Schrifttum   205

Entscheidungsregister   211

Sachregister   213

# Abkürzungen

| | |
|---|---|
| a. A. | anderer Ansicht |
| a.a.O. | am angegebenen Ort |
| A.B.F.Res.J. | American Bar Foundation Research Journal |
| Art. | Artikel |
| Assn. | Association |
| B.U.L.Rev. | Boston University Law Review |
| Buffalo L.Rev. | Buffalo Law Review |
| BVerfGE | Entscheidungen des Bundesverfassungsgerichts |
| Cal.L.Rev. | California Law Review |
| Ch. | Chapter |
| C.J. | Chief Justice |
| Co. | Company |
| Col.L.Rev. | Columbia Law Review |
| conc.op. | concurring opinion |
| Corp. | Corporation |
| CP | Communist Party |
| Diss. | Dissertation (Universität) |
| diss.op. | dissenting opinion |
| F.2d | Federal Reporter, Second Series |
| FCC | Federal Communications Commission |
| Fn. | Fußnote |
| Geo.L.J. | Georgetown Law Journal |
| Harv.L.Rev. | Harvard Law Review |
| Hast.L.J. | Hastings Law Journal |
| How. | Howard |
| Inc. | Incorporated |
| J. | Justice |
| JöR N.F. Bd. | Jahrbuch des Öffentlichen Rechts der Gegenwart, Neue Folge, Band |
| Kap. | Kapitel |
| Mass. | Massachusetts |
| Md.L.Rev. | Maryland Law Review |
| Minn.L.Rev. | Minnesota Law Review |
| m. w. N. | mit weiteren Nachweisen |
| NAACP | National Association for the Advancement of Colored People |
| N.C.L.Rev. | North Carolina Law Review |
| NLRB | National Labor Relations Board |
| Nw.U.L.Rev. | Northwestern University Law Review |
| N.Y. | New York |
| N.Y.U.L.Rev. | New York University Law Review |
| Pet. | Peters |
| plural.op. | plurality opinion |
| Rutgers L.Rev. | Rutgers Law Review |
| S.Ct. | Supreme Court Reporter |
| Sec. | Section |
| Stan.L.Rev. | Stanford Law Review |
| Sup.Ct.Rev. | The Supreme Court Review |
| U.Chi.L.Rev. | University of Chicago Law Review |
| UCLA L.Rev. | University of California, Los Angeles, Law Review |

| | |
|---|---|
| U.Pa.L.Rev. | University of Pennsylvania Law Review |
| U.Pitt.L.Rev. | University of Pittsburgh Law Review |
| U.S. | United States; United States Reports |
| Utah L.Rev. | Utah Law Review |
| v. | versus |
| Va.L.Rev. | Virginia Law Review |
| Vand.L.Rev. | Vanderbilt Law Review |
| Wall. | Wallace |
| Yale L.J. | Yale Law Journal |
| zit. | zitiert |

# Einführung

Gegenstand dieser Untersuchung ist das Recht der geistigen Ausdrucksfreiheit in den Vereinigten Staaten von Amerika. Der 1. Zusatzartikel (1. Amendment) zur amerikanischen Verfassung verbürgt das Recht auf freie Meinungsäußerung, die Presse- und Versammlungsfreiheit sowie das Petitionsrecht. Darüber hinaus gehen in diesem Grundrecht eine Reihe von ungeschriebenen Kommunikationsrechten auf. Das 1. Amendment ist die zentrale und umfassende Verfassungsnorm für die im weitesten Sinne zu verstehenden politischen Freiheitsrechte; zugleich kommt ihm eine kaum zu überschätzende Bedeutung als Grundelement der freiheitlichen demokratischen Ordnung in den USA zu.
Im Mittelpunkt der vorliegenden Arbeit steht die Rechtsprechung des Obersten Gerichtshofs des Bundes (Supreme Court of the United States) zu Inhalt und Schranken des 1. Amendment. Dabei soll es nicht um eine umfassende Aufarbeitung des Fallrechts zu allen Aspekten der Schutzbereichs- und Schrankendogmatik gehen. Vielmehr ist es das Ziel dieser Untersuchung, unter bewußtem Verzicht auf Rechtsvergleichung am Beispiel von ausgewählten Problembereichen neuere Tendenzen in der Rechtsprechung zum 1. Amendment herauszuarbeiten und die Rechtsentwicklung der vergangenen zwei Jahrzehnte im Spannungsfeld zwischen Kontinuität und Fortentwicklung des dogmatischen Instrumentariums sichtbar zu machen.
Im Rahmen der Inhaltsbestimmung der Äußerungsrechte soll anhand von zwei Teilbereichen (Werbung und Pornographie) die Abgrenzung von Schutzbereich und ungeschützten Äußerungen unter inhaltlichen und methodischen Gesichtspunkten verfolgt werden. Die Lehre von den Schranken des 1. Amendment soll von den wesentlichen Schrankentests der jüngeren Rechtsprechung her systematisch erschlossen und analysiert werden. Ferner soll mit der Darstellung von zwei Doktrinen, mit denen die Anforderungen an die Gestaltung von meinungseinschränkenden Hoheitsakten bestimmt werden, aufgezeigt werden, in welchem Maße das Grundrecht den Gestaltungsspielraum des Gesetzgebers bei der Wahl des Mittels einzuengen vermag. In diesem Rahmen soll geklärt werden, wie der Supreme Court den erwähnten hohen verfassungspolitischen wie -rechtlichen Stellenwert der Kommunikationsrechte im einzelnen in den

Doktrinen zum Schutzbereich und zu den Grundrechtsschranken zum Ausdruck bringt.
Im deutschsprachigen Schrifttum liegt eine Monographie von *Großmann* zu Inhalt und Grenzen der Meinungsfreiheit in den USA vor.[1] Diese Arbeit konnte die seit etwa 1960 zu verzeichnende dynamische Rechtsentwicklung zum 1. Amendment – diese zeichnet sich sowohl durch die energischere Verteidigung des Rechts auf freie Meinungsäußerung und der Vereinigungsfreiheit auch gegenüber Hoheitsakten der Bundesgewalt als auch durch die Verfeinerung des dogmatischen Instrumentariums aus – nicht berücksichtigen. Andere Werke behandeln zumeist nur Teilaspekte der Meinungs- und Pressefreiheit oder erörtern die Schrankenrechtsprechung lediglich im Zusammenhang mit übergreifenden Problemfeldern.[2]
Es bleibt also zu analysieren, welche Gestalt Inhalt und Grenzen der im 1. Amendment verankerten Äußerungsfreiheiten in der jüngeren Rechtsprechung des Supreme Court gefunden haben.

---

[1] *Großmann*, Das Recht auf freie Meinungsäußerung in den Vereinigten Staaten von Amerika (1959); siehe auch *Großmann*, JöR N.F. Bd. 10 (1961), 181.
[2] Vgl. *von der Decken*, Meinungsäußerungsfreiheit und Ehrenschutz in der politischen Auseinandersetzung (1981); *Bornkamm*, Pressefreiheit und Fairneß des Strafverfahrens (1980); *Stalder*, Preferred Freedoms (1977); *Steinberger*, Konzeption und Grenzen freiheitlicher Demokratie (1974); *Voss*, Meinungsfreiheit und verfassungsmäßige Ordnung (1969).

# § 1 Rechtsquellen der Kommunikationsrechte und Rolle des Supreme Court bei der Verfassungsauslegung

## I. *Rechtsquellen der Kommunikationsrechte*

Die Kommunikationsrechte der amerikanischen Verfassung sind im 1. Amendment der Bill of Rights aus dem Jahre 1791 sowie im 14. Amendment, das 1868 angefügt wurde, verankert.

### 1. *Das 1. Amendment (1791)*

Das. 1. Amendment lautet in seinem hier relevanten Abschnitt:

> »Congress shall make no law ... abridging the freedom of speech, or of the press; or the right of the people peaceably to assemble, and to petition the Government for a redress of grievances.«[1]

Zu den geschriebenen Rechten zählen danach das Recht auf freie Meinungsäußerung, die Pressefreiheit, die Versammlungsfreiheit sowie das Petitionsrecht. Über seinen Wortlaut hinaus bindet das 1. Amendment nicht nur den Kongreß, sondern die gesamte staatliche Tätigkeit des Bundes. Die Vorschrift begründet hingegen – wie der Supreme Court schon 1833 klarstellte – keine Rechtspflichten für die öffentliche Gewalt in den Gliedstaaten.[2]

---

1 Darüber hinaus verbürgt das 1. Amendment die Freiheit der Religionsausübung und statuiert den Grundsatz der Trennung von Staat und Kirche. Diese Aspekte werden von dieser Arbeit nicht berührt.
2 Barron v. Baltimore, 7 Pet. (32 U.S.) 243 (1833).

## 2. Das 14. Amendment (1868)

Nach Beendigung des Sezessionskrieges wurde die Bill of Rights 1868 um drei Artikel ergänzt, darunter auch um das 14. Amendment. Diese Vorschrift bestimmt in Absatz 1 Satz 2:

> »No State ... shall deprive any person of life, liberty, or property, without due process of law.«[3]

Nach anfänglich restriktiver Auslegung[4] setzte sich 1897 im Supreme Court die Auffassung durch, daß die Due Process Clause nicht nur ein rechtsstaatliches Verfahren gewährleistet, sondern auch Schutz vor Eingriffen in die in der Vorschrift genannten Rechte bieten kann. Dabei wurde der Begriff »liberty« erstmals weit über die Garantie der körperlichen Bewegungsfreiheit hinaus im Sinne der Freiheit der persönlichen Entfaltung ausgelegt.[5] Im Schatten der damit einsetzenden Rechtsprechung zur wirtschaftlichen Betätigungsfreiheit[6] wurden die ersten nichtwirtschaftlichen Bürgerrechte erst zu Beginn der zwanziger Jahre in das 14. Amendment einbezogen.[7] In *Gitlow v. New York* (1925) wurde schließlich die Meinungsfreiheit als Bestandteil der »fundamentalen persönlichen Rechte und Freiheiten« des 14. Amendment anerkannt.[8]

Diese Auslegung entspricht seither der ständigen Rechtsprechung. Es ist heute fast unbestritten, daß das 1. Amendment ohne Abstriche in das 14. Amendment übernommen worden ist und somit Bund und Gliedstaaten denselben Bindungen unterliegen.[9] Da die Mehrzahl der Grundrechtsein-

---

3 Diese Due Process Clause entspricht inhaltlich der Due Process Clause des 5. Amendment, die sich nur an die Bundesgewalt richtet. Diese ältere Rechtsquelle wurde anfänglich ausschließlich als Verfahrensgarantie verstanden; vgl. Murray's Lessee v. Hoboken Land & Improvement Co., 18 How. (59 U.S.) 272 (1856).
4 Vgl. Slaughter-House Cases, 16 Wall. (83 U.S.) 36 (1873).
5 Allgeyer v. Louisiana, 165 U.S. 578 (1897) – Freiheit, Versicherungsverträge abzuschließen.
6 Zum sog. Substantive Due Process vgl. allgemein *Tribe* § 7-3 bis § 8-7; *Pritchett* S. 512–534; *Ehmke* S. 269–401.
7 Vgl. Meyer v. Nebraska, 262 U.S. 390, 399 (1923): Verbot des Unterrichts der deutschen Sprache; Pierce v. Society of Sisters, 268 U.S. 510 (1925): Elterliches Erziehungsrecht (freie Schulwahl).
8 268 U.S. 652, 666 (1925) – obiter dictum.
9 Vgl. Wallace v. Jaffree, 105 S.Ct. 2479, 2486 f. (1985); First National Bank of Boston v. Bellotti, 435 U.S. 765, 780 Fn. 16 (1978). Für größere Regelungsmöglichkeiten in den Gliedstaaten haben sich seit 1950 nur *J. Rehnquist* (435 U.S. 823, diss.op.), *J. Harlan* (z. B. in Roth v. United States, 354 U.S. 476, 503/1957, diss.op.) und *J. Jackson* (Beauharnais v. Illinois, 343 U.S. 250, 287–295/1952, diss.op.) ausgesprochen.

schränkungen auf der Ebene der Gliedstaaten und Gemeinden zu verzeichnen war[10] und ist, hatte dieser Schritt eine nicht zu unterschätzende praktische Bedeutung; in vielen Gliedstaaten wurde die Schwelle für die Zulässigkeit von Einschränkungen der Meinungsfreiheit angehoben.[11] Der Supreme Court spricht in seinen Begründungen nicht selten fast nur vom 1. Amendment oder von der Freiheit der Meinungsäußerung und erwähnt das 14. Amendment nur beiläufig, wenn über die Vereinbarkeit eines gliedstaatlichen Hoheitsaktes mit dem 14. Amendment zu befinden ist. Diese Praxis erklärt sich aus der inhaltlich identischen Bindung von Bundes- und Einzelstaatengewalt an das 1. Amendment.[12]


II. *Inhalt der Kommunikationsrechte*


Das 1. Amendment verbürgt nach seinem Wortlaut die oben genannten vier Rechte bzw. Freiheiten. Darüber hinaus hat die Rechtsprechung der Bestimmung eine Reihe weiterer Kommunikationsrechte entnommen. Unter den geschriebenen Rechten hat die Meinungsfreiheit die weitestgehende Auslegung erfahren. Zur »freedom of speech« zählen auch Filme und andere Kunstwerke,[13] die Freiheit von Lehre und Forschung sowie andere unbenannte Kommunikationsrechte.[14] Von den übrigen drei benannten Rechten hat die Pressefreiheit am meisten Aufmerksamkeit in

---

10 Vgl. *Carr* S. 901 f.
11 Seitdem der Supreme Court seine Vorreiterrolle bei der Ausdehnung der Meinungsfreiheit in einigen Teilbereichen eingeschränkt hat (etwa seit 1970), haben sich viele Einzelstaaten auf den Regelungsfreiraum für ihr eigenes Verfassungsrecht besonnen und ihre Verfassungen um Rechte ergänzt, die der Supreme Court für das 1. Amendment verweigert hatte, oder ihre Gerichte haben einzelstaatliche Verfassungsbestimmungen expansiv ausgelegt. Zu diesem sog. Neuen Föderalismus vgl. allgemein *Developments in the Law*, 95 Harv.L.Rev. 1324 (1982); *Brennan*, 90 Harv.L.Rev. 489 (1977); PruneYard Shopping Center v. Robins, 447 U.S. 74, 81 (1980); Paris Adult Theatre I v. Slaton, 413 U.S. 49, 64 (1973).
12 Im Hinblick auf diese Rechtslage und der Kürze halber wird in dieser Arbeit ebenfalls nur das 1. Amendment als anwendbares Grundrecht erwähnt werden, auch wenn bei Meinungseinschränkungen durch gliedstaatliche Maßnahmen das 14. Amendment als einschlägiges Grundrecht zu nennen ist.
13 Joseph Burstyn v. Wilson, 343 U.S. 495 (1952); Schacht v. United States, 398 U.S. 58 (1970).
14 Sweezy v. New Hampshire, 354 U.S. 234 (1957); Keyishian v. Board of Regents, 385 U.S. 589 (1967); zu weiteren Rechten siehe unten S. 23 f.

der Rechtsprechung erhalten. Hier ist auch die intensivste Diskussion um einen eigenständigen Regelungsgehalt der Bestimmung geführt worden. Dabei ging es vor allem um die Frage, ob die Pressefreiheit den Massenmedien im Hinblick auf ihre besondere öffentliche Aufgabe in der modernen Massengesellschaft Rechte verleiht, die über diejenigen hinausgehen, die das Grundrecht auf freie Meinungsäußerung dem einzelnen Bürger gewährt. Im Supreme Court hat sich die Presse mit entsprechenden Forderungen nicht durchsetzen können.[15]

Die Versammlungsfreiheit und das Petitionsrecht werden gelegentlich erwähnt, dies jedoch zumeist in einem Zug mit der Meinungsfreiheit. Die Rechtsprechung hat bisher kein Bedürfnis für eine präzise Bestimmung des Inhalts dieser Garantien gesehen; wären sie nicht aus historischen Gründen ausdrücklich in der Verfassung verankert worden, hätte sie die Rechtsprechung unter die »freedom of speech« subsumiert.[16]

Insgesamt zeichnet sich die Rechtsprechung zu den benannten Grundrechten des 1. Amendment durch eine stark am Zweck der Vorschrift orientierte Inhaltsbestimmung aus. Da der Supreme Court von einem einheitlichen Normzweck für alle Einzelgrundrechte des 1. Amendment ausgeht – es handelt sich vor allem[17] um die Gewährleistung einer ungehinderten öffentlichen Diskussion in allen Angelegenheiten von allgemeinem Interesse und damit um die Ermöglichung der demokratischen Meinungs- und Willensbildung[18] –, hat sich die Frage nach dem Verhältnis der einzelnen Kommunikationsgrundrechte zueinander kaum jemals mit besonderer Schärfe gestellt. Für eine genaue Abgrenzung von Inhalt und Reich-

---

15 Vgl. Richmond Newspapers v. Virginia, 448 U.S. 555 (1980); Houchins v. KQED, 438 U.S. 1 (1978); Zurcher v. Stanford Daily, 436 U.S. 547, 563 ff. (1978); First National Bank of Boston v. Bellotti, 435 U.S. 765, 795 ff. (1978), conc.op. *C. J. Burger;* Branzburg v. Hayes, 408 U.S. 665 (1972). Im Schrifttum vgl. *Brennan,* 32 Rutgers L.Rev. 173 (1979); *Van Alstyne,* 28 Hast.L.J. 761 (1977); *Bezanson,* 63 Va.L.Rev. 731 (1977); *Stewart,* 26 Hast.L.J. 631 (1975); *Nimmer,* 26 Hast.L.J. 639 (1975), und 23 UCLA L.Rev. 120 (1975); *Lange,* 23 UCLA L.Rev. 77 (1975).
16 Der Supreme Court hat erst jüngst auf die enge Beziehung zwischen der Meinungsfreiheit und dem Petitionsrecht hingewiesen und klargestellt, daß sie nach denselben verfassungsrechtlichen Regeln zu behandeln sind; McDonald v. Smith, 105 S.Ct. 2787, 2791 (1985); Wayte v. United States, 105 S.Ct. 1524, 1533 Fn. 11 (1985). Vgl. ferner Richmond Newpapers v. Virginia, 448 U.S. 555, 578 (1980), plural.op.; Brown v. Glines, 444 U.S. 348, 363 Fn. 4 (1980), diss.op. *J. Brennan;* Colten v. Kentucky, 407 U.S. 104, 121 (1972); Coates v. Cincinnati, 402 U.S. 611, 615 (1971); Brandenburg v. Ohio, 395 U.S. 444, 449 Fn. 4 (1969).
17 Siehe aber auch First National Bank of Boston v. Bellotti, 435 U.S. 765, 777 Fn. 12 (1978): Persönliche Selbstentfaltung; Red Lion Broadcasting v. FCC, 395 U.S. 367, 390 (1969): Suche nach der Wahrheit (Metapher vom Marktplatz der Meinungen).
18 Stellvertretend vgl. Richmond Newpapers v. Virginia, 448 U.S. 555, 575 (1980), plural. op.; Mills v. Alabama, 384 U.S. 214, 218 f. (1966).

weite der vier Grundrechte bestand auch deshalb kein Anlaß, weil die Schranken des 1. Amendment nicht nach dem Inhalt des betroffenen Rechts im Rahmen des 1. Amendment differenzieren.[19] Vor diesem Hintergrund ist es gerechtfertigt, von einem einheitlichen Begriff der Äußerungs- oder Kommunikationsfreiheit auszugehen.[20]

Unter diesen Vorzeichen hat der Supreme Court die im folgenden zusammengestellten ungeschriebenen Kommunikationsrechte und -freiheiten entweder – vor allem in älteren Entscheidungen – der Meinungsfreiheit oder aber dem 1. Amendment insgesamt wegen ihrer engen Beziehung zu den Zwecken des Grundrechts zugeordnet. Zu den ungeschriebenen Rechten und Freiheiten gehören

– die positive und negative Vereinigungsfreiheit,[21] die auch den politischen Parteien gewährt wird;[22]
– die Informationsfreiheit;[23]
– die Rundfunkfreiheit;[24]
– die Kunst- und Filmfreiheit;[25]
– die Lehr- und Lernfreiheit;[26]

---

19 Vgl. zuletzt McDonald v. Smith, 105 S.Ct. 2787, 2791 (1985); siehe ferner Wayte v. United States, 105 S.Ct. 1524, 1533 Fn. 11 (1985).
20 Vgl. schon *Voss* S. 67 Fn. 230, der auf die Austauschbarkeit der Begriffe hinweist. Der Supreme Court spricht in seinen Entscheidungen oft sowohl allgemein von der »freedom of speech« oder »freedom of expression« als auch von dem jeweils einschlägigen speziellen unbenannten Grundrecht, ohne darin einen Widerspruch oder eine terminologische Ungenauigkeit zu erblicken. Die geringe dogmatische Durchbildung des amerikanischen Verfassungsrechts zeigt sich in diesem Zusammenhang daran, daß der Supreme Court regelmäßig keinen Versuch unternimmt, das Verhältnis von konkurrierenden Grundrechten zu klären. So wurden religiöse Werbeaktivitäten regelmäßig sowohl der Religions- als auch der Meinungsfreiheit zugeordnet; vgl. Murdock v. Pennsylvania, 319 U.S. 105, 109 (1943); Jones v. Opelika, 316 U.S. 584, 594 (1942); Cantwell v. Connecticut, 310 U.S. 296, 303, 307 (1940); neuestens Widmar v. Vincent, 454 U.S. 263, 269 Fn. 6 (1981). Siehe auch Village of Schaumburg v. Citizens, 444 U.S. 620, 629 (1980). Ähnliches gilt auf der Schrankenebene. So entnahm das Gericht in Minneapolis Star v. Minnesota Commissioner of Revenue den maßgeblichen Schrankentest für eine Pressesteuer einer Entscheidung zur Religionsfreiheit; vgl. 103 S.Ct. 1365, 1370 f. (1983): Verweisung auf United States v. Lee.
21 NAACP v. Alabama, 357 U.S. 449 (1958); Abood v. Detroit Board of Education, 431 U.S. 209 (1977).
22 Kusper v. Pontikes, 414 U.S. 51 (1973).
23 Lamont v. Postmaster General, 381 U.S. 301 (1965); Stanley v. Georgia, 394 U.S. 557 (1969); Richmond Newspapers v. Virginia, 448 U.S. 555 (1980).
24 NBC v. United States, 319 U.S. 190 (1943); Red Lion Broadcasting v. FCC, 395 U.S. 367 (1969).
25 Schacht v. United States, 398 U.S. 58 (1970); Joseph Burstyn v. Wilson, 343 U.S. 495 (1952).
26 Sweezy v. New Hampshire, 354 U.S. 234 (1957); Keyishian v. Board of Regents, 385 U.S. 589 (1967).

- das Recht auf Zutritt zu Strafprozessen;[27]
- die Freiheit von erzwungener Offenbarung einer persönlichen Überzeugung (privacy of belief);[28]
- die Freiheit von dem Zwang, sich zu staatlich vorgegebenen politischen Äußerungen zu bekennen[29] oder Äußerungen Dritter bzw. des Staates zu ermöglichen oder zu verbreiten.[30]

Diese Übersicht verdeutlicht die umfassende Bedeutung des 1. Amendment als Sitz verschiedenster Rechte, welche die Freiheit des Geistes im weitesten Sinne sichern.[31]

Die Freiheit der Meinungsäußerung im engeren Sinne erstreckt sich auf die Vermittlung von Tatsachen und Meinungen ebenso wie auf schlichte Unterhaltung.[32] Historisch stehen politische Äußerungen im Zentrum der Meinungsfreiheit. Das heißt aber nicht, daß für andere Äußerungen ein schwächerer Grundrechtsschutz vorgesehen ist; es gilt der Grundsatz der Gleichheit aller geschützten Äußerungen unabhängig von ihrem Inhalt.[33] Für die Ermittlung der Grundrechtsschranken ist es irrelevant, ob und inwieweit eine Äußerung als »Beitrag zum geistigen Meinungskampf in einer die Öffentlichkeit wesentlich berührenden Frage«[34] wirkt.

Der Grundrechtsschutz wird gleichermaßen für schriftliche und mündliche Äußerungen gewährt. Hierher gehört auch die symbolische Meinungsäußerung, die sich durch schlichtes Verhalten auszeichnet, das erst durch weitere Umstände erkennbar den Charakter einer Äußerung gewinnt.[35]

---

27 Richmond Newspapers v. Virginia, 448 U.S. 555 (1980).
28 Buckley v. Valeo, 424 U.S. 1, 64 (1976); Elrod v. Burns, 427 U.S. 347 (1976).
29 West Virginia State Board of Education v. Barnette, 319 U.S. 624 (1943).
30 Wooley v. Maynard, 430 U.S. 705 (1977); Pacific Gas & Electric v. Public Utilities Commission, 106 S.Ct. 903 (1986); PruneYard Shopping Center v. Robins, 447 U.S. 74, 85–88 (1980); Miami Herald Publishing Co. v. Tornillo, 418 U.S. 241 (1974).
31 Vgl. auch Wallace v. Jaffree, 105 S.Ct. 2479, 2487 f. (1985).
32 Schad v. Mount Ephraim, 452 U.S. 61, 65 (1981); Winters v. New York, 333 U.S. 507, 510 (1948). Vgl. die Übersicht bei *Großmann,* JöR N.F. Bd. 10 (1961), 181, 215–217.
33 Members of the City Council v. Taxpayers for Vincent, 104 S.Ct. 2118, 2135 (1984); Abood v. Detroit Board of Education, 431 U.S. 209, 231 (1977); Roth v. United States, 354 U.S. 476, 484 (1957); *Tribe* § 12–18 (S. 672). Dazu ausführlich unten S. 91 f., 104–106; zum Ausnahmefall Werbung s. u. § 3. Zwischen Äußerungen zu rein privaten und zu öffentlichen Angelegenheiten wird aber im Arbeitsrecht (vgl. Connick v. Myers, 103 S.Ct. 1684, 1690 (1983)) und im Ehrschutzrecht (vgl. Philadelphia Newspapers v. Hepps, 106 S.Ct. 1558, 1563 (1986)) unterschieden.
34 Das Zitat ist BVerfGE 66, 116 (139) entnommen.
35 Vgl. Stromberg v. California, 283 U.S. 359 (1931); Brown v. Louisiana, 383 U.S. 131 (1966); Tinker v. Des Moines, 393 U.S. 503 (1969); California v. LaRue, 409 U.S. 109 (1972); Buckley v. Valeo, 424 U.S. 1 (1976); Clark v. Community for Creative Non-Violence, 104 S.Ct. 3065 (1984).

## III. *Zur Rolle des Supreme Court bei der Verfassungsauslegung*

Der Supreme Court steht an der Spitze des dreistufigen Instanzenzuges der Bundesgerichtsbarkeit. Damit ist das Gericht in erster Linie Revisionsinstanz in allen Fragen des Bundesrechts. Die Auslegung der Verfassung und die Überprüfung von Hoheitsakten auf ihre Vereinbarkeit mit der Verfassung ist Aufgabe aller Bundesgerichte. Die Verfassungsrechtsprechung und die Ausübung des richterlichen Prüfungsrechts sind also nicht beim Supreme Court zentralisiert.

Dennoch kann das Gewicht des Gerichts in der Verfassungspraxis nicht hoch genug veranschlagt werden. Kraft seiner institutionellen Stellung und seiner hohen Autorität bestimmt der Supreme Court durch seine Erkenntnisse die Entwicklung des Verfassungsrechts. Wo das Gericht die Unvereinbarkeit einer Vorschrift mit der Verfassung feststellt, hat dieses Erkenntnis im streng rechtlichen Sinne zwar keinen Anspruch auf Allgemeinverbindlichkeit, doch steht es in seiner praktischen Wirkung einer Verwerfung mit Gesetzeskraft gleich.[36] In der Verfassungspraxis führt die Beanstandung einer Norm regelmäßig dazu, daß sie nicht mehr angewendet wird.

Das 1803 in *Marbury v. Madison*[37] begründete richterliche Prüfungsrecht ermöglicht die inzidente Normenkontrolle;[38] die abstrakte Normenkontrolle ist dem amerikanischen Recht fremd. Nach der Konzeption der amerikanischen Gerichtsbarkeit geht es in Rechtsstreitigkeiten in erster Linie um die Gewährung von Individualrechtsschutz; Entscheidungen zu Verfassungsproblemen werden nur insoweit gefällt, als die Rechtsposition einer am Rechtsstreit beteiligten Partei von der Auslegung der Verfassung betroffen ist. Wenn der Supreme Court – wie dies häufig geschieht – eine Vorschrift für verfassungswidrig (unconstitutional) oder nichtig (void) erklärt, beschränkt sich die Rechtswirkung auf den vorliegenden Rechtsstreit.[39]

---

36 *Erbel*, VerwArch Bd. 59 (1968), 197, 200 f. Dies bedeutet nicht, daß eine für nichtig erklärte einzelstaatliche Bestimmung aus dem Gesetz herauszustreichen ist. Vielmehr ist es denkbar, daß der Verfassungsverstoß von einem Einzelstaatengericht nachträglich – mit Wirkung für die Zukunft – durch verfassungskonforme Auslegung oder teilweise Verwerfung »geheilt« wird; vgl. Broadrick v. Oklahoma, 413 U.S. 601, 613 (1973); *Monaghan*, 1981 Sup.Ct.Rev. 1, 32 Fn. 134 m. w. N.; siehe ferner *Tribe* § 3-3 (S. 25).
37 1 Cranch (5 U.S.) 137 (1803); dazu ausführlich *Tribe* § 3-2. Siehe auch *Voss* S. 108–110.
38 Vgl. *Zweigert* S. 66; *Stalder* S. 96; *Fraenkel* S. 195 f.
39 Hierzu eingehend *Tribe* § 3-3; *Gunther* Ch. 1 Sec. 1 (S. 34–36).

In der Terminologie folgt diese Arbeit den Formulierungen des Supreme Court; wo von Verwerfung, Beanstandung, Verfassungswidrig- oder Nichtigerklärung die Rede ist, ist lediglich die inter partes-Wirkung einer Entscheidung gemeint.

*Erster Teil*

# Probleme der Schutzbereichsbestimmung

Der ganz überwiegende Teil der Rechtsprechung zum 1. Amendment ist der Schrankenbestimmung gewidmet. Schwierigkeiten haben sich aber auch bei der Festlegung des Schutzbereichs des Grundrechts ergeben. Der Supreme Court hat schon früh klargestellt, daß nicht jede Äußerung im Sinne der Umgangssprache auch als »speech« oder »press« im Rechtssinne anzuerkennen ist. In der ersten Aufzählung ungeschützter Äußerungen wurden »unzüchtige und obszöne, gotteslästerliche, beleidigende und provozierende Worte« erwähnt;[1] kurz darauf kam die kommerzielle Werbung hinzu.[2] Während seither die Werbung weitgehend in den Schutzbereich einbezogen[3] und Ehrverletzungen in bestimmten Abstufungen von der schützenden Ausstrahlung des Grundrechts erfaßt worden sind,[4] das Sakrileg als Meinungsäußerung anerkannt ist[5] und Regelungen gegen provozierende Äußerungen regelmäßig verworfen worden sind,[6] ist die Liste kürzlich um die Kategorie der pornographischen Darstellung von Kindern ergänzt worden.[7]

Diese wechselnde Inhaltsbestimmung der Meinungsfreiheit wirft zwei Fragen auf, denen die folgenden Abschnitte näher nachgehen werden. Um die Methoden der Auslegung des 1. Amendment geht es sowohl bei der

---

1 Chaplinsky v. New Hampshire, 315 U.S. 568, 572 (1942).
2 Valentine v. Chrestensen, 316 U.S. 52 (1942).
3 Zur Werbung ausführlich unten § 3.
4 Der Supreme Court spricht von »strategischem« Schutz für Ehrverletzungen durch unwahre Tatsachenbehauptungen, die als solche keinen Wert von Verfassungsrang verkörpern. Auch wenn Ehrverletzungen nicht in den Schutzbereich fallen, erhalten sie den Schutz des Grundrechts. Dadurch soll erreicht werden, daß die öffentliche Auseinandersetzung in allgemein interessierenden Fragen nicht durch ein allzu klägerfreundlich gestaltetes System des Ehrschutzes gehemmt wird. Folge ist die Erschwerung der materiell- und verfahrensrechtlichen Ausgangslage des Beleidigten; vgl. New York Times v. Sullivan, 376 U.S. 254 (1964); Gertz v. Robert Welch, Inc., 418 U.S. 323, 339 ff. (1974); Philadelphia Newspapers v. Hepps, 106 S.Ct. 1558 (1986). Instruktiv *Tribe* §§ 12-12, 12-13; *Schauer*, 58 B.U.L.Rev. 685, 705 ff. (1978).
5 Joseph Burstyn v. Wilson, 343 U.S. 495 (1952).
6 Lewis v. New Orleans, 415 U.S. 130 (1974); Gooding v. Wilson, 405 U.S. 518 (1972); siehe aber auch NAACP v. Claiborne Hardware, 458 U.S. 886, 927 (1982). Allgemein *Tribe* § 12-10; *Bogen*, 35 Md.L.Rev. 555, 575 ff. (1976).
7 New York v. Ferber, 458 U.S. 747 (1982).

Pornographie (§ 2) als auch bei der Werbung (§ 3). Das Kapitel zur Pornographie beleuchtet vor allem den Einsatz der teleologischen Auslegung des 1. Amendment bei der Begründung der Ausgrenzung obszöner Darstellungen vom Schutzbereich. Ferner wird der Einfluß des Normzwecks auf die Abgrenzungsformeln untersucht. Die Integration der Werbung in das 1. Amendment wirft außerdem die Frage auf, in welchem Verhältnis die teleologische Auslegung und die Interessenabwägung als Methoden zur Schutzbereichsbestimmung stehen.

Der zweite Aspekt der Untersuchung bezieht sich auf die Auswirkungen des veränderten Schutzbereichsverständnisses auf die Systematik der Grundrechtsschranken. Die jüngere Rechtsprechung zum Rechtsstatus der Werbung läßt ein expansives Verständnis vom Sinn der Meinungsfreiheit erkennen. Sie offenbart zugleich Ansätze zu einer Entwicklung, die in einen abgestuften Grundrechtsschutz je nach dem sozialen Wert einer Äußerung oder einer Kategorie von Äußerungen münden könnte.[8] Am Beispiel der Werbung werden die Folgen der Eingliederung von zuvor ungeschützten Äußerungen in das 1. Amendment für die Struktur des Grundrechtsschutzes dargelegt.

Die Ergebnisse dieser Fallstudien sind nicht ohne weiteres auf andere Rechtsmaterien im Grenzbereich von Meinungsfreiheit und ungeschützten Äußerungen übertragbar. Jeder Bereich unterliegt eigenen Regeln. Dieser Teil soll die unterschiedlichen methodischen Ansätze, die der Rechtsprechung zur Konkretisierung des wenig aussagekräftigen Wortlauts des 1. Amendment zur Verfügung stehen, und das dynamische Verhältnis von Schutzbereich und Grundrechtsschranken verdeutlichen.

---

[8] Dazu *Tribe* § 12-17 (S. 671).

## § 2 Negative Schutzbereichsabgrenzung: Pornographie (obscenity)

Zu den schwierigsten und umstrittensten Kapiteln der Rechtsprechung zur Meinungs- und Pressefreiheit gehört die Behandlung pornographischer Werke. Der Supreme Court hat die Pornographie vom Schutzbereich ausgeschlossen. Das Ringen um die Definition der Pornographie hat eine in anderen Bereichen unerreichte Zahl von Sondervoten hervorgebracht; bis 1973 hat sich nur zweimal eine Mehrheit auf eine gemeinsame Abgrenzungsformel zwischen Schutzbereich und Pornographie verständigen können.

Die nachfolgende Untersuchung gibt einen Überblick über die wechselnden Kriterien für die Beurteilung von Darstellungen sexuellen Inhalts (I., II.). Anschließend wendet sie sich den Gründen für die Ausgrenzung der Pornographie vom 1. Amendment und der Frage nach den Auslegungsmethoden zu, derer sich das Gericht zur Ermittlung des Inhalts des Grundrechts angesichts der Kategorie obszöner Äußerungen bedient hat (III.). Hier geht es auch um die Frage, ob sich das Gericht auf den Einsatz der klassischen Auslegungsmethoden beschränkt oder ob sich Indizien für eine im Schrifttum vertretene Meinung ergeben, daß die Beurteilung der Pornographie auf der (verdeckten) Abwägung ihres gesellschaftlichen Wertes und ihrer Nachteile, also auf einer Kosten/Nutzen-Analyse, beruht.[1] Schließlich wird der Einfluß des Normzwecks sowie anderer Erwägungen auf die Definition der Pornographie erörtert.

I. *Die begriffliche Umschreibung von Pornographie*

Im Mittelpunkt der Obszönitätsrechtsprechung[2] steht weniger die Begründung für den Ausschluß der Materie vom 1. Amendment als viel-

---

1 Vgl. z. B. *Shiffrin*, 25 UCLA L. Rev. 915, 950 f. (1978); *Emerson*, System S. 489.
2 Die Begriffe Pornographie und Obszönität (obscenity) werden in dieser Untersuchung synonym verwendet. Eine Zusammenfassung der Obszönitätsrechtsprechung bis 1966 enthält *Erbel*, VerwArch Bd. 59 (1968), 197, 201–210.

mehr die Suche nach einer Definition der Kategorie »obscenity«. Die Definition soll bestimmte Darstellungen sexuellen Inhalts erfassen, die aus dem Schutzbereich des Grundrechts herausfallen. Der Inhalt der Meinungs- und Pressefreiheit wird also für den hier relevanten Lebenssachverhalt negativ bestimmt. Die folgende Übersicht faßt vier Phasen in der Entwicklung der Definitionsbildung zusammen.

## 1. *Der Roth-Test (1957)*

Die Vereinbarkeit eines Pornographieverbots mit dem 1. Amendment war erstmals in *Roth v. United States* Gegenstand einer mit einer Begründung versehenen Entscheidung des Supreme Court.[3] Nach der Definition, dem sog. Roth-Test, war zu fragen, ob

> »to the average person, applying contemporary community standards, the dominant theme of the material taken as a whole appeals to prurient interest.«[4]

Mit dem zuletzt genannten Merkmal (»Ansprechen des unzüchtigen Interesses«) enthält die Formel eine Voraussetzung, die das Verbot von künstlerisch wertvollen Büchern und Filmen schon wegen einzelner Darstellungen sexuellen Inhalts mit einem gewissen Grad an Offenheit erlauben würde.[5] Einer zu weitgehenden Einschränkbarkeit des 1. Amendment sollte mit dem Abstellen auf die gegenwärtigen Anschauungen des Durchschnittsbürgers begegnet werden. Demselben Zweck diente die Forderung, ein Werk nur nach seinem Gesamteindruck und nicht nach einzelnen Passagen zu beurteilen.[6]
Richter Brennan begründete den Ausschluß der Pornographie für das Ge-

---

3 354 U.S. 476 (1957). Zuvor hatte es den rechtlichen Status obszöner Äußerungen mehrmals beiläufig kommentiert; vgl. Near v. Minnesota, 283 U.S. 697, 716 (1931): Vorzensur zulässig; Cantwell v. Connecticut, 310 U.S. 296, 309 f. (1940), und Chaplinsky v. New Hampshire, 315 U.S. 568, 571 f. (1942): Obszönität nicht geschützt. Die Rechtsfrage wurde in Doubleday & Co. v. New York, 335 U.S. 848 (1948), wegen Stimmengleichheit nicht mit bindender Wirkung entschieden; die Entscheidung erging ohne Begründung.
4 354 U.S. 489.
5 *Schauer,* 40 U.Pitt.L.Rev. 605, 609 (1979); *Emerson,* System S. 487.
6 Das Gericht lehnte es zugleich ab, dem weiten Obszönitätsbegriff der englischen Rechtsprechung zu folgen (dem sog. Hicklin-Test aus dem Jahr 1868); 354 U.S. 489. Dazu vgl. *Emerson,* System S. 469. Zuvor hatte es in Butler v. Michigan ein Gesetz für nichtig erklärt, das Erwachsenen den Zugang zu Schriften etc. versagte, die für Kinder ungeeignet sind; 352 U.S. 380 (1957).

richt unter anderem damit, daß sie »bar jeder rettenden sozialen Bedeutung« sei und keinen nennenswerten Beitrag zum Austausch von Gedanken in öffentlichen Angelegenheiten leiste.[7] Der Roth-Test ermöglichte die Bestrafung wegen Verbreitung von obszönem Material, ohne daß der Nachweis der Sozialschädlichkeit zu erbringen war.[8]

## 2. Der Memoirs-Test (1966)

Ein revidierter Abgrenzungstest wurde in der Memoirs-Entscheidung festgelegt. Er stellte den kleinsten gemeinsamen Nenner von sechs Richtern dar.[9] Ein obszönes Werk mußte folgende Eigenschaften aufweisen:

»(a) the dominant theme of the material taken as whole appeals to a prurient interest in sex;
(b) the material is patently offensive because it affronts contemporary community standards relating to the description or representation of sexual matters; and
(c) the material is utterly without redeeming social value.«[10]

Dieser Test beschwor erhebliche Probleme für die Strafverfolgung herauf, weil der Grundrechtsschutz nur noch bei völlig fehlendem »rettendem sozialen Wert« versagt werden durfte. Ähnlich wirkte das neue Merkmal der »offenkundigen Anstößigkeit« aus Teil (b).[11] Nach Memoirs konnten die Strafgesetze nur noch völlig wertlosen »Schund« mit offenkundig anstößigem Inhalt erfassen. Memoirs deutete an, daß darunter nur Werke fallen würden, die unzüchtige Darstellungen unter Ausschluß jeglicher anderer Werte enthalten.[12]

---

7 354 U.S. 484 f.
8 Vgl. 354 U.S. 485–487.
9 A Book Named »John Cleland's Memoirs of A Woman of Pleasure« v. Attorney General, 383 U.S. 413 (1966), im folgenden kurz Memoirs genannt. Drei Richter vertraten die Ansicht, der Schutz des 1. Amendment gehe weiter, als der Test es zulasse. Der Test wurde nur von drei Richtern befürwortet, später jedoch wegen der Mehrheitsverhältnisse als maßgebliche Auslegung des Grundrechts behandelt; vgl. Marks v. United States, 430 U.S. 188, 193 f. (1977).
10 383 U.S. 418.
11 Vgl. dazu das Votum von Richter Harlan in Manual Enterprises v. Day, 370 U.S. 478, 482–488 (1962), mit entsprechender restriktiver Auslegung eines Bundesgesetzes.
12 Vgl. 383 U.S. 413, 420 (1966).

## 3. Die Praxis der per curiam-Entscheidungen

Nachdem sich seit *Roth* in keinem Fall mehr eine Mehrheit für einen gemeinsamen Ansatz gefunden hatte, stellte das Gericht 1967 seine Bemühungen um eine mehrheitsfähige Definition und Begründung ein. In 31 Fällen wurde lediglich das Ergebnis ohne weitere Begründung durch das Gericht (»per curiam«) verkündet. Der Stillstand der dogmatischen Entwicklung dauerte sechs Jahre.[13]

## 4. Der Miller-Test (1973)

16 Jahre nach *Roth* verständigte sich wieder eine (knappe) Mehrheit auf eine gemeinsame Definition und Begründung. In *Miller v. California* (1973) stellte das Gericht seine Interpretation ausdrücklich in die Tradition von *Roth*. Nach dem Miller-Test ist zu untersuchen,

> »(a) whether ›the average person, applying contemporary community standards‹ would find that the work, taken as a whole, appeals to the prurient interest;
> (b) whether the work depicts or describes, in a patently offensive way, sexual conduct specifically defined by the applicable state law; and
> (c) whether the work, taken as a whole, lacks serious literary, artistic, political, or scientific value.«[14]

Teil (a) stammt aus *Roth,* Teil (b) im wesentlichen aus *Memoirs.* Die einschneidende Erweiterung des Pornographiekonzepts ist in Teil (c) verankert. Zur Erleichterung der Strafverfolgung[15] sollten nur Darstellungen mit *ernsthaftem* sozialen Wert den Schutz der Meinungsfreiheit erhalten. Werke mit bescheidenem Wert schienen danach neben wertlosem Schund für das 1. Amendment auszuscheiden.[16]

Allerdings beschränkte sich der Supreme Court nicht auf die Neubestimmung der Definition. Im Zusammenhang mit Teil (b) ließ es das Gericht nicht bei der Aufforderung an den Gesetzgeber bewenden, die strafgesetz-

---

13 Vgl. Redrup v. New York, 386 U.S. 767 (1967), zu diesem Schritt des Supreme Court. Eine Mehrheit bildete sich nur beim Jugendschutz, bei ungewollter Konfrontation und bei anreißerischer Werbung; vgl. 386 U.S. 769.
14 413 U.S. 15, 24 (1973).
15 413 U.S. 22 (Abbau der Beweislast).
16 Zur Rezeption des Miller-Tests in der Gesetzgebung der Einzelstaaten siehe New York v. Ferber, 458 U.S. 747, 755 Fn. 7 (1982).

liche Umschreibung der Pornographie mit *deskriptiven* Tatbestandsmerkmalen zu konkretisieren. Es stellte selbst einen Katalog mit Beispielen sexuellen Verhaltens zusammen, das (wenigstens der Art nach) vorliegen muß, um die Obszönitätsprüfung unter Teil (b) der Definition auszulösen.[17] Diese unverbindliche Richtlinie signalisiert dem Gesetzgeber zweierlei. Im Hinblick auf die gebotene Bestimmtheit der Straftatbestände[18] deutet sie an, welches Maß an Genauigkeit der Supreme Court von gesetzlichen Definitionen erwartet. In materiellrechtlicher Hinsicht stellt sie klar, daß nicht jede anstößige Darstellung sexuellen Inhalts als Pornographie anzusehen ist; nur pornographische Werke können die Voraussetzungen von Teil (b) erfüllen.[19]

Eine weitere Neuerung betraf die relevante Personengruppe, deren Wertvorstellungen über die Unzüchtigkeit (Teil (a)) und Anstößigkeit (Teil (b)) entscheiden. Das Gericht hielt es für unbedenklich, anstelle eines nationalen einen regionalen Maßstab anzuwenden, um die örtlichen Werte besser zur Geltung kommen zu lassen.[20] Zugleich begegnete das Gericht der Gefahr, daß sich hieraus eine kommunale Zensur entwickelt, durch eigene Überprüfung des Materials auf Anstößigkeit und auf Inhalte im Sinn des Beispielskatalogs zu Teil (b).[21]

Der Miller-Test wird seit 1973 von einer soliden Mehrheit der Richter verfochten. Er hat trotz gelegentlicher Abschwächung seiner Voraussetzungen[22] mehr Rechtssicherheit und Stabilität in die Obszönitätsrechtsprechung gebracht.

---

17 In den Worten des Gerichts: »(a) Patently offensive representations or descriptions of ultimate sexual acts, normal or perverted, actual or simulated. (b) Patently offensive representations or descriptions of masturbation, excretory functions, and lewd exhibition of the genitals.« 413 U.S. 25.
18 Dazu allgemein unten § 8.
19 413 U.S. 27, 36 f. Das Gericht spricht von »hard core pornography«. Vgl. Jenkins v. Georgia, 418 U.S. 153, 160 f. (1974), zum Sinn der Beispiele. Im Schrifttum war schon früh die These von der Identität des Roth-Tests mit dem Begriff der Pornographie vertreten worden; vgl. *Lockhart/McClure,* 45 Minn.L.Rev. 5, 60 (1960); *Kalven,* 1960 Sup.Ct.Rev. 1, 43; *Magrath,* 1966 Sup.Ct.Rev. 7, 24; differenzierend *Emerson,* System S. 491 f.
20 413 U.S. 30–34; Hamling v. United States, 418 U.S. 87, 104, 106 f. (1974). Die Feststellung der örtlichen Anschauungen ist Tatfrage und unterliegt nicht der Revision durch den Supreme Court.
21 Vgl. Jenkins v. Georgia, 418 U.S. 153, 160 (1974). Ein signifikantes Ansteigen der Verurteilungsquote als Folge des restriktiven Miller-Tests ist nicht beobachtet worden; *Leventhal,* 52 N.Y.U.L.Rev. 810, 929 (1977).
22 Vgl. Ward v. Illinois, 431 U.S. 767, 774 ff. (1977), wonach es für die gesetzliche Spezifikation in Teil (b) ausreicht, wenn das zuständige Gericht bei der Gesetzesauslegung erkennen läßt, daß es sich die Beispiele aus Miller zueigen machen will. Kritisch *Schauer,* 58 B.U.L.Rev. 685, 718 (1978).

## II. Relative Obszönität

In drei Fallgruppen erstreckt sich die Obszönitätsprüfung nicht allein auf den Inhalt eines Werkes, sondern auch auf äußere Umstände (relative Obszönität).
Zur relativen Obszönität rechnet der Supreme Court die Anpassung der Definition je nach der Zielgruppe, an die sich ein Werk richtet. Wirkt ein Film oder eine Publikation auf den Durchschnittserwachsenen abstoßend, ist Teil (a) der Miller-Definition nicht erfüllt; dennoch kann das Werk als obszön eingestuft werden, wenn es die sexuellen Neigungen einer bestimmten Zielgruppe anzusprechen vermag und dazu auch bestimmt ist.[23]
Die zweite Fallgruppe betrifft die anreißerische Vermarktung von Werken, die nach ihrem Inhalt zwar nicht pornographisch sind, aber als Grenzfall angesehen werden. Betont die Werbung die (für sich genommen) wertlosen Passagen unter Vernachlässigung der Elemente, die den »rettenden sozialen Wert« verleihen, wird diese Bewertung des Werkes durch den Händler, Verleger etc. als schlüssiger Beweis für den pornographischen Charakter des Werkes angenommen.[24]
In einer besonders gelagerten Situation, in der dem Schutz der Privatsphäre maßgebende Bedeutung zukam, hat die Rechtsprechung schließlich den privaten Besitz von objektiv pornographischem Material in der Wohnung zum Zweck privater Lektüre etc. für verfassungsrechtlich geschützt erklärt.[25] Im Gegensatz zu den ersten beiden Fallgruppen kann hier der Schutz des 1. Amendment in Anspruch genommen werden, obwohl es nach dem definitorischen Ansatz nicht anwendbar wäre.[26]

---

23 Einerseits Mishkin v. New York, 383 U.S. 502, 509 (1966): Perversionen, andererseits Ginsberg v. New York, 390 U.S. 629 (1968): Anpassung der Definition an die besondere Empfänglichkeit von Jugendlichen ist zulässig, da ein besonderes Interesse des Staates am Jugendschutz besteht. Neuestens Pinkus v. United States, 436 U.S. 293, 302 f. (1978).
24 Ginzburg v. United States, 383 U.S. 463, 470 (1966); Hamling v. United States, 418 U.S. 87, 130 (1974).
25 Stanley v. Georgia, 394 U.S. 557 (1969). Ein korrespondierendes Recht zum Erwerb von pornographischem Material besteht dagegen nicht; United States v. Reidel, 402 U.S. 351, 355 f. (1971).
26 Ausführlich zur relativen (oder variablen) Obszönität *Schauer,* 28 Hast.L.J. 1275 (1977).

## III. Obszönitätsrechtsprechung und Auslegungsmethodik

### 1. Gründe für den Schutzbereichsausschluß und Methodik der Entscheidungsfindung

Im Fallrecht finden sich nur wenige kurze Ausführungen zu den Gründen für den Ausschluß der Pornographie vom 1. Amendment. Am ausführlichsten werden die tragenden Gründe in den Leitentscheidungen *Roth, Miller* und *Paris Adult Theatre* offengelegt. In *Roth* verwarf das Gericht zunächst das Argument, aus dem vorbehaltlosen Wortlaut des 1. Amendment sei zu schließen, daß Meinungsäußerungen überhaupt keinen Einschränkungen unterlägen. In der Mehrzahl der Einzelstaaten, die bis 1792 die Verfassung ratifiziert hatten, habe es eine schrankenlose Änderungsfreiheit nicht gegeben. Im Licht des damaligen Rechts sei klar, daß das 1. Amendment u. a. obszöne Äußerungen nicht schützen sollte.[27] Darüber hinaus bezwecke die Meinungsfreiheit die Gewährleistung des freien Austauschs von Gedanken, damit sich der vom Volk gewünschte politische und soziale Wandel durchsetzen könne; sie schütze jeden Gedanken, der auch nur die geringste »soziale Bedeutung« habe, sowie allgemein die Diskussion aller Angelegenheiten von öffentlichem Interesse, d. h. alle Themen, deren Behandlung geeignet sei, den Bürgern die Bewältigung anstehender Probleme zu ermöglichen.[28] Obszöne Äußerungen entbehrten aber nach übereinstimmender Auffassung von Kongreß, Einzelstaaten und vielen Staaten der Erde jeder rettenden sozialen Bedeutung.[29] Der Supreme Court beschloß seine Argumentation mit einem Zitat aus *Chaplinsky v. New Hampshire,* wo er den Ausschluß der Obszönität erstmals ausführlicher gerechtfertigt hatte. Unzüchtige und obszöne Äußerungen sind nach *Chaplinsky* »kein wesentlicher Bestandteil der Vermittlung von Gedanken ... und haben einen so geringen sozialen Wert als Schritt zur Wahrheit, daß jeglicher Nutzen eindeutig durch das öffentliche Interesse an Ordnung und Sittlichkeit aufgewogen wird.«[30] Im Ergebnis genügten die-

---

27 Roth v. United States, 354 U.S. 476, 482 f. (1957).
28 354 U.S. 484, 488.
29 354 U.S. 484 f.
30 315 U.S. 568, 572 (1942). Diese Argumentation erscheint in jeder wichtigen Entscheidung zur Schutzbereichsfrage; vgl. Beauharnaisv. Illinois, 343 U.S. 250, 255 ff. (1952): Kollektivbeleidigung; Roth v. United States, 354 U.S. 476, 485 (1957): Obszönität; Gertz v. Robert Welch, Inc., 418 U.S. 323, 340 (1974): Verleumdung; New York v. Ferber, 458 U.S. 747, 754 ff. (1982): Kinderpornographie. Zu Chaplinsky vgl. *Kalven,* Negro S. 47–50.

se Erwägungen, um den Ausschluß obszöner Äußerungen vom 1. Amendment zu begründen.[31]

In *Paris Adult Theatre* hob das Gericht hervor, daß ein Pornographieverbot nichts mit staatlicher Kontrolle von »Verstand und Geist« zu tun habe.[32]

Abgesehen vom zweiten Halbsatz des *Chaplinsky*-Zitats bewegt sich die Schutzbereichsbestimmung im Rahmen der herkömmlichen Auslegungsmethoden. Der Sinngehalt der Bestimmung[33] wird vom geschichtlichen Urteil über Obszönität und vom Normzweck her erschlossen. Bei der Diskussion des Normzwecks verwendet das Gericht drei Schlüsselbegriffe: Gedanken (ideas), Angelegenheiten von öffentlichem Interesse (public issues) und sozialer Wert (social value); das letztgenannte Kriterium hat auch Eingang in die Definition gefunden.[34] Die Meinungsfreiheit wird als Mittel zur Wahrheitsfindung und zum freien Austausch von Gedanken in öffentlichen Angelegenheiten verstanden.[35]

Im Schrifttum wird zum Teil angenommen, daß mit dem Kriterium des »sozialen Werts« der Pornographie der gesellschaftliche Nutzen obszöner Äußerungen zum Gegenstand der Rechtsprüfung gemacht werde, daß es um Kosten und Nutzen solcher Äußerungen gehe.[36] Träfe dies zu, wäre der Unterschied zwischen Schutzbereichs- und Schrankenbestimmung durch das (die Rechtsprechung beherrschende) Interessenabwägungsmodell[37] weitgehend eingeebnet.[38] Bei sorgfältiger Analyse ist jedoch festzustellen, daß der Regelungszweck von Pornographieverboten keinen Einfluß auf die Entscheidung über die Ausgrenzung der Materie nimmt. Wenn das Gericht mißverständlich[39] von mangelndem sozialen Wert spricht, ist damit nicht gemeint, daß pornographische Werke angesichts der mit dem Pornographieverbot verfolgten Gemeinschaftsinteressen

---

31 Die Ausführungen zum Normzweck wiederholen sich in Miller v. California, 413 U.S. 15, 34 f. (1973).
32 Paris Adult Theatre I v. Slaton, 413 U.S. 49, 67 (1973).
33 Dazu allgemein *Tribe* § 12-1; *Emerson,* General Theory S. 3–15.
34 Siehe oben § 2 I 2, 4.
35 Am Rande sei auf die Kritik von *Kalven* hingewiesen, daß diese Zweckbestimmung so restriktiv sei, daß es fraglich sei, ob die bisher geschützte Unterhaltungsliteratur weiterhin das 1. Amendment in Anspruch nehmen dürfe; vgl. 1960 Sup.Ct.Rev. 1, 16. Siehe dazu Winters v. New York, 333 U.S. 507, 510 (1948), sowie Stanley v. Georgia, 394 U.S. 557, 566 (1969). Kritisch auch *Monaghan,* 76 Yale L.J. 127, 133 (1966).
36 Beispielhaft *Kalven,* 1960 Sup.Ct.Rev. 1, 11; *Shiffrin,* 25 UCLA L.Rev. 915, 950, 951 (1978); *Emerson,* System S. 489; *Shapiro* S. 62, 78.
37 Dazu ausführlich unten §§ 4 III, 5.
38 In diesem Sinne *Kauper,* Civil Liberties S. 67.
39 *Schauer,* 67 Geo.L.J. 899, 927 (1979).

wertlos seien; vielmehr bezieht sich dieser Begriff auf den speziellen Beitrag pornographischer Werke zum Normzweck des Grundrechts.[40] Das zeigt schon der Wortlaut des *Chaplinsky*-Zitats (»geringer sozialer Wert *als Schritt zur Wahrheit*«), aber auch die wiederholte Gegenüberstellung von Ideen und Obszönität. Darüber hinaus knüpft die Rechtsprechung sowohl bei der Begriffsbestimmung als auch bei der Rechtfertigung des Ausschlusses der Pornographie vom Schutzbereich letztlich an die – im Normzweck angelegte – Unterscheidung von geistig-intellektuellen und rein physischen Wirkungen einer Äußerung an.[41] Versteht man das »social value«-Kriterium als Forderung nach Eigenschaften einer Äußerung, die sie über den Bereich des rein Sinnlichen hinaus wirken lassen,[42] wird deutlich, daß sich das Kriterium auf den Zweck des Grundrechts bezieht. Soweit das *Chaplinsky*-Zitat Andeutungen in Richtung einer Interessenabwägung enthält, sind sie ein Fremdkörper in der ansonsten historisch-teleologisch geprägten Argumentation in *Roth*. Auch in späteren Entscheidungen hat der Supreme Court nicht mit der öffentlichen Sittlichkeit und Ordnung oder anderen Eingriffszwecken argumentiert, um den kommunikativen Wert obszöner Darstellungen zu ermitteln.[43] Diese Tatsache legt den Schluß nahe, daß das Gericht mit dem *Chaplinsky*-Zitat lediglich seine Übereinstimmung mit dem allgemeinen Urteil über den Status der Pornographie kundgeben, nicht aber auf eine Abwägung widerstreitender Interessen verweisen wollte.

Der Supreme Court artikulierte einige öffentliche Interessen, die das Verbot von pornographischen Werken rechtfertigen können, erstmals 1973 in *Paris Adult Theatre I v. Slaton*. Genannt wurde insbesondere das Interesse daran, die Umwelt in moralischer und ästhetischer Hinsicht vor Beeinträchtigungen zu bewahren, aber auch die Abwehr sozialschädlichen Verhaltens.[44] Diese Argumente beziehen sich jedoch nicht auf die Vereinbarkeit des Pornographieverbots mit dem 1. Amendment; sie setzen vielmehr

---

40 *Finnis*, 116 U.Pa.L.Rev. 222, 240 (1967); *Schauer*, 67 Geo.L.J. 899, 927 (1979); nicht ganz klar *Erbel*, VerwArch Bd. 59 (1968), 197, 213. Allgemein dazu *Tribe* § 12-8 (S. 604 f.).
41 *Schauer*, 67 Geo.L.J. 899, 920–926 (1979), im Anschluß an *Finnis*, 116 U.Pa.L.Rev. 222 (1967).
42 So wohl Paris Adult Theatre I v. Slaton, 413 U.S. 49, 67 (1973); vgl. auch Ginzburg v. United States, 383 U.S. 463, 471 (1966).
43 Dazu allgemein *Schauer*, 1982 Sup.Ct.Rev. 285, 302 f.; anders, aber ohne nähere Begründung *Shapiro* S. 62, 78.
44 413 U.S. 49, 58–64 (1973). Bezüglich der Frage, ob Pornographie zu Straftaten führt, läßt der Supreme Court unbewiesene Annahmen des Gesetzgebers genügen. Siehe auch Orito v. United States, 413 U.S. 139, 143 (1973); Kaplan v. California, 413 U.S. 115, 120 (1973).

den Ausschluß der Pornographie vom Schutzbereich voraus. Die Diskussion der zulässigen Eingriffszwecke trägt dem allgemeinen rechtsstaatlichen Grundsatz der Due Process Clause Rechnung, wonach hoheitliche Eingriffe in Freiheit und Eigentum wenigstens auf nicht unvernünftigen Erwägungen beruhen müssen.[45]

## 2. Verhältnis von Normzweck und Definition

Die derzeit geltende Begriffsbestimmung der Pornographie läßt sich weitgehend aus dem soeben diskutierten Normzweck ableiten. Am deutlichsten schlägt sich die Forderung nach geistigen Wirkungen einer Äußerung[46] in Teil (c) der Miller-Definition nieder; dort wird auf die literarische, künstlerische, politische bzw. wissenschaftliche Qualität von Darstellungen sexuellen Inhalts abgestellt.[47] Allgemein sind aber auch die übrigen Merkmale bestimmt, Werke mit ausschließlich sinnlicher Wirkung zu eliminieren. Allerdings lassen sich einige Voraussetzungen nicht aus dem vom Gericht umschriebenen Sinn des Grundrechts herleiten. So ist die Spezifikationsforderung in Teil (b) Ausdruck des Strebens nach größerer Tatbestandsbestimmtheit; auch die »offenkundige Anstößigkeit« sowie die »lokalen Wertvorstellungen« in Teil (b) sind nicht als Folgerungen aus dem Normzweck anzusehen.[48]

Die Definitionsbildung wird von der Erwägung beeinflußt, daß bei der Umschreibung der Pornographie mit besonderer Vorsicht vorzugehen ist,

---

45 Zum Wortlaut der Due Process Clause vgl. oben S. 20. Im Bereich der Wirtschafts- und Sozialgesetzgebung erlegt sich der Supreme Court erhebliche Beschränkungen bei der Nachprüfung von hoheitlichen Maßnahmen auf, sofern sie kein ausdrücklich in den ersten zehn Amendments verbürgtes Grundrecht beeinträchtigen. Es gilt der Grundsatz, daß das Gericht nur gegen offensichtlich unvernünftige, irrationale Maßnahmen einschreitet; Duke Power Co. v. Carolina Environmental Study Group, 438 U.S. 59, 83 f. (1978); New Orleans v. Dukes, 427 U.S. 297, 303 f. (1976); Williamson v. Lee Optical, 348 U.S. 483, 487 f. (1955).
46 Dazu s. o. S. 37
47 Zum Wortlaut des Tests s. o. S. 32. Bedenken werden gegen die Formulierung »serious« erhoben; diss.op. *J. Brennan* in Paris Adult Theatre I v. Slaton, 413 U.S. 49, 97 (1973). Als »ernsthaft, gewichtig« verstanden wäre sie nicht mit dem Zweck des Grundrechts vereinbar, alle Äußerungen mit Ausnahme derjenigen zu schützen, die auf rein sinnliche Wirkung angelegt sind. Der Wortsinn umfaßt aber auch die Variante »ernstgemeint«; damit würde der Gegensatz zu einem nur vorgeschobenen Wert des Werkes (Anreicherung eines pornographischen Bandes mit einem Zitat eines Philosophen) ausgedrückt. Vgl. *Schauer*, 67 Geo.L.J. 899, 929 (1979).
48 *Schauer*, 56 N.C.L.Rev. 1, 14–16, 18 f. (1978); *ders.*, 67 Geo.L.J. 899, 929 f. (1979). Die Anstößigkeit einer vom Schutzbereich erfaßten Äußerung ist allein noch kein Grund für ihre Beschränkung; Cohen v. California, 403 U.S. 15, 21 (1971).

damit die Freiheit der Meinungsäußerung für nichtobszöne Darstellungen sexuellen Inhalts nicht unversehens beeinträchtigt wird.[49] Diese Gefahr ist in der Unbestimmtheit des Obszönitätsbegriffs angelegt. Um zu verhindern, daß die präventive Wirkung zulässiger Pornographieverbote auf geschützte Äußerungen ausstrahlt, schließt sich der von der Definition abgegrenzte Bereich der Pornographie nicht unmittelbar an die Schutzbereichsgrenze an. Vielmehr schafft die Definition eine »Pufferzone« zwischen Schutzbereich und Obszönität, in der Darstellungen sexuellen Inhalts Schutz vor Eingriffen genießen, obwohl sie nicht mehr als »speech« im Rechtssinne zu qualifizieren sind.[50]

Diese »strategische« Schutzzone[51] wird primär von Teil (b) des Miller-Tests geschaffen. Einerseits verschärft die Forderung nach deskriptiven Tatbestandsmerkmalen die im Bereich des 1. Amendment schon gesteigerten Bestimmtheitsanforderungen an meinungseinschränkende Vorschriften;[52] damit trägt das Gericht dem in der Obszönitätsgesetzgebung besonders zugespitzten Problem der hinreichenden Bestimmtheit des Straftatbestands Rechnung. Andererseits wird pornographisches Material insoweit gegen Eingriffe immunisiert, als es nach Maßgabe lokaler Anschauungen nicht offenkundig anstößig ist.[53]

Die Abgrenzungsformel ist demnach nicht nur auf die Umsetzung des Normzwecks in einen verfassungsrechtlichen Prüfungsmaßstab zurückzuführen, sondern auch auf das Bestreben, den Grundrechtsschutz für Äußerungen im Grenzbereich zwischen Schutzbereich und Pornographie möglichst effektiv zu gewährleisten. Die Definition ist Ausdruck der besonderen Wachsamkeit, welche die Rechtsprechung angesichts der Möglichkeit an den Tag legt, daß verfassungsmäßige Einschränkungen von ungeschützten Äußerungen (non-speech) indirekt auch privilegierte Äußerungen verhindern oder den Grundrechtsschutz für solche Äußerungen schwächen.

---

49 Roth v. United States, 354 U.S. 476, 488 (1957); Miller v. California, 413 U.S. 15, 22 f. (1973).
50 Grundlage ist die Doktrin von der unzulässigen Präventionswirkung (»chilling effect«-Doktrin); dazu vgl. §§ 7 I, 8 II 1. Siehe auch *Amsterdam*, 109 U.Pa.L.Rev. 67, 75 (1960); *Schauer*, 58 B.U.L.Rev. 685, 714–721 (1978). Zur Unbestimmtheit des Obszönitätsbegriffs vgl. *Lockhart/McClure*, 38 Minn.L.Rev. 295, 320–324 (1954); *Tribe* § 12–16 (S. 656).
51 Zur Übertragung dieses Gedankens in das Recht der persönlichen Ehre s. o. S. 27 (Fn. 4).
52 Dazu s. u. § 8 II 2. Mittlerweile läßt der Supreme Court auch Formulierungen zu, die sich an den Beispielskatalog in Miller v. California anlehnen; s. o. S. 33 (Fn. 22).
53 *Schauer*, 56 N.C.L.Rev. 1, 19 (1978); allgemein *ders.*, 67 Geo.L.J. 899, 928–932 (1979).

Im Bereich der relativen Obszönität, also außerhalb der Definition, liegt eine Entscheidung vor, die sich mit den voranstehenden Erwägungen nicht erklären läßt. In *Ginzburg v. United States*[54] wurde die Anwendbarkeit des 1. Amendment verneint, weil ein Verleger Darstellungen sexuellen Inhalts, die bei Anwendung des Memoirs-Tests[55] noch einen knapp ausreichenden Bezug zu den vom 1. Amendment vorausgesetzten geistigen Wirkungen einer Meinungsäußerung aufwiesen, als pornographische Werke vermarktet hatte.[56]

Es ist nicht ganz klar, warum dieser Fall der Verbreitung von Darstellungen sexuellen Inhalts nicht in den Schutzbereich fallen sollte. Andeutungen in *Ginzburg* lassen darauf schließen, daß es weniger um die Ahndung »unausgewogener« Werbung durch Vortäuschen von Pornographie als vielmehr darum ging, das »schmutzige Geschäft«[57] der Ausbeutung des menschlichen Interesses an Sex zu bekämpfen.[58] Dieser Gesichtspunkt scheint den festgestellten (geringen) »sozialen Wert« der Publikationen aufgehoben zu haben.

In dieser Entscheidung berücksichtigte das Gericht ausnahmsweise staatliche Regelungsinteressen zu Lasten von an sich in den Schutzbereich fallenden Äußerungen. Sieht man aber von dieser Ausnahme ab, so erweist sich die Rechtsprechung zur Begriffsbestimmung der Pornographie – unter Einschluß der sog. relativen Obszönität – in wesentlichen Teilen als Umsetzung von Normzweckerwägungen in praxisgerechte Prüfungsmaßstäbe. Der eingangs erwähnte Vorwurf aus der Literatur, die Obszönitätsrechtsprechung verdecke eine stillschweigend durchgeführte Abwägung von Kosten und Nutzen pornographischer Äußerungen,[59] bestätigt sich also nicht. Die grundlegende Unsicherheit, von der die Rechtsprechung zur Definition der Pornographie gekennzeichnet ist, reflektiert nicht etwa ausschließlich schwankende Wertungen zur Sozialschädlichkeit solcher Werke; sie ist vielmehr Ausdruck der zugespitzten Probleme bei dem Be-

---

54 383 U.S. 463 (1966).
55 S. o. S. 31.
56 S. o. S. 34.
57 383 U.S. 463, 467 (1966).
58 Vgl. 383 U.S. 467–472; *Monaghan,* 76 Yale L.J. 127, 143 (1966). Nach einer anderen Deutung könnte die Doktrin als Präklusionsregel gemeint sein: Wer ein nichtobszönes Werk als obszön anpreist, kann sich nicht auf den rettenden geistigen Wert des Materials berufen, wenn ihm der Prozeß wegen Verbreitung von Pornographie gemacht wird; *Schauer,* 28 Hast.L.J. 1275, 1281 (1977).
59 S. o. S. 29.

mühen, eine aus dem Zweck der Meinungsfreiheit abgeleitete Grenzziehung vorzunehmen, die einerseits für Bürger und Gesetzesvollzug nachvollziehbar ist und andererseits sicherstellt, daß die in den Schutzbereich des 1. Amendment fallenden Meinungsäußerungen nicht durch die Definition beschnitten werden.

## § 3 Werbung (commercial speech): Ein Beispiel für den Wandel des Schutzbereichsverständnisses

Auf Grund der commercial speech-Doktrin war die Werbung lange vom Schutzbereich der Meinungsfreiheit ausgeschlossen. Die Doktrin wurde 1976 in einer Entscheidung zur Apothekerwerbung aufgegeben.[1] Kommerzielle Äußerungen genießen seither den Schutz des 1. Amendment. Die vollständige Gleichstellung mit nichtkommerziellen Äußerungen ist allerdings nicht vollzogen worden.

Drei Gründe rechtfertigen eine nähere Betrachtung der Rechtsprechung zur Werbung. Zum einen handelt es sich um das einzige Beispiel der jüngeren Rechtsprechung für einen Wandel im Schutzbereichsverständnis; insofern interessieren die Gesichtspunkte, die das Gericht zur Aufwertung der Werbung bestimmt haben. Des weiteren gibt die ausführliche Begründung des Supreme Court Gelegenheit zu einer Analyse der Auslegungsmethodik; dabei wird die Frage nach dem Verhältnis von teleologischer Auslegung und Interessenabwägung im Vordergrund stehen. Schließlich wirft die Assimilation der Werbung die Frage auf, ob die Erweiterung des Schutzbereichs zu einer Schwächung des Grundrechtsschutzes auf der Schrankenebene geführt hat.

Bevor sich die Untersuchung diesen Aspekten zuwendet (IV.), wird sie nach einer Begriffsbestimmung der »commercial speech« (I.) zunächst kurz auf die Behandlung der Werbung als Begleiterscheinung wirtschaftlicher Betätigung eingehen (II.) und anschließend die Doktrin vom Ausschluß der Werbung vom Schutzbereich des 1. Amendment (commercial speech-Doktrin) darstellen (III.).

I. *Die begriffliche Umschreibung von Äußerungen kommerzieller Natur*

Sowohl vor als auch nach der Integration der Werbung in das 1. Amendment bestand die Notwendigkeit, den Lebenssachverhalt Reklame gegen

---

1 Dazu im einzelnen unten § 3 IV 1a.

andere Äußerungen im Sinne des Rechts auf freie Meinungsäußerung abzugrenzen. Wegen der rechtlichen Sonderstellung der Werbung innerhalb des Grundrechts bemüht sich die neuere Rechtsprechung um eine klare Trennung von ideellen und kommerziellen Äußerungen. Bei der nachfolgenden Zusammenfassung der heutigen Rechtslage ist zu beachten, daß es nur um diese Grenze geht; ob eine kommerzielle Äußerung den Schutz des Grundrechts genießt, hängt von weiteren Faktoren ab, die für die Definition selbst keine Rolle spielen.

Unter einer kommerziellen Äußerung versteht die Rechtsprechung Reklame für Waren oder Dienstleistungen mit dem Ziel, den potentiellen Vertragspartner zum Vertragsschluß zu bewegen.[2] Angesichts des fließenden Übergangs von ideell und wirtschaftlich motivierten Äußerungen[3] wird zusätzlich gefordert, daß sich eine kommerzielle Äußerung ausschließlich auf die wirtschaftlichen Interessen des Werbenden und des potentiellen Vertragspartners bezieht.[4] Erscheint eine werbende Äußerung in Form einer bezahlten Anzeige oder nennt sie den Hersteller eines bestimmten Produkts, so ist dies für sich genommen noch kein Grund, einen Fall von »commercial speech« anzunehmen. Gleiches gilt bei Vorliegen einer auf Gewinnerzielung gerichteten Motivation des Werbenden. Treten aber diese drei Faktoren gemeinsam auf, spricht dies dafür, daß es ausschließlich um die Steigerung des Umsatzes geht.[5]

Auch die verbreitet anzutreffende Mischung von allgemeiner Aufklärung und spezieller Produktwerbung (z. B. Ausführungen über die Schwierigkeiten bei der Erschließung neuer Erdölfelder unter gleichzeitiger Nennung des Markennamens für ein Produkt des werbenden Unternehmens) wird als Werbung qualifiziert, selbst wenn das werbende Element unauffällig und nur zur Bezeichnung des für die Publikation verantwortlichen Unternehmens in den Text eingeflochten ist. Wer Werbung betreibt, kann sich den erweiterten Regelungsmöglichkeiten des Staates nicht dadurch

---

2 Pittsburgh Press Co. v. Pittsburgh Commission on Human Relations, 413 U.S. 376, 385 (1973); Bolger v. Youngs Drug Products, 103 S.Ct. 2875, 2880 (1983).
3 Vgl. *Tribe* § 12–15 (S. 656): Werbung für Kohleförderung unter Hinweis auf die Gefahren der Nutzung von Kernenergie.
4 Central Hudson Gas & Electric v. Public Service Commission, 447 U.S. 557, 561 (1980); kritisch dazu *J. Stevens,* 447 U.S. 579 f. (conc.op.). Keine Rolle spielt, ob ein Unternehmen selbst wirbt oder der Interessenverband einer Branche allgemeine Öffentlichkeitsarbeit für ein Produkt oder eine Dienstleistung betreibt; siehe Bolger v. Youngs Drug Products, 103 S.Ct. 2875, 2880 Fn. 13 (1983); vgl. dort aber auch Fn. 14. – Ähnlich unterscheidet das Gericht kommerzielle und ideelle Spendensammler; vgl. Village of Schaumburg v. Citizens, 444 U.S. 620, 632 (1980).
5 Bolger v. Youngs Drug Products, 103 S.Ct. 2875, 2880 (1983), mit Nachweisen zur älteren Rechtsprechung.

entziehen, daß er zugleich ein Thema von allgemeinem Interesse erörtert.[6]

Wegen der potentiell weittragenden Werbewirksamkeit von Firmennamen hat die Rechtsprechung auch deren Gebrauch als kommerzielle Äußerung behandelt.[7] Als politische Äußerung wird die direkte Mandantenwerbung der Anwälte von Bürgerrechtsorganisationen qualifiziert, wenn sie auf die Einleitung von Musterprozessen zur Überprüfung von rechtlich bedenklichen Normen zielt und ein wirtschaftliches Eigeninteresse fehlt.[8] Umgekehrt gehört die rein wirtschaftlich motivierte herkömmliche Mandantenwerbung von Anwälten zur Werbung.[9]

Sieht man von diesen an Grenzfällen orientierten Feinheiten einmal ab, genügt die eingangs zitierte Definition als Faustformel zur Umschreibung von kommerziellen Äußerungen.

## II. *Werbung als Begleiterscheinung wirtschaftlicher Betätigung*

Bevor sich der Supreme Court 1942 zum ersten Mal mit der Forderung nach Grundrechtsschutz für die Werbung nach Maßgabe des 1. Amendment konfrontiert sah, hatte er die Grenzen staatlicher Eingriffe in die Werbung nach den Verfassungsbestimmungen beurteilt, die für die wirtschaftliche Betätigung selbst maßgeblich waren. Im Mittelpunkt der Rechtsprechung stand der im allgemeinen Rechtsstaatsprinzip der Due Process Clause angesiedelte Schutz von Eigentum und unternehmerischer Freiheit; in geeigneten Fällen kam ferner der Gleichheitssatz des 14. Amendment zum Zuge.[10]

---

6 Bolger v. Youngs Drug Products, 103 S.Ct. 2881 (Empfängnisverhütung/Geschlechtskrankheiten); Zauderer v. Office of Disciplinary Counsel of the Supreme Court of Ohio, 105 S.Ct. 2265, 2275 (1985).
7 Friedman v. Rogers, 440 U.S. 1, 11 (1979).
8 In re Primus, 436 U.S. 412, 427–431 (1978): Führen von Musterprozessen ist Ausübung der Meinungs- und Vereinigungsfreiheit.
9 Wie oben schon unterstrichen wurde, ist der Begriff »commercial speech« nicht mit dem für Werbung vorgesehenen Anteil am Schutzbereich des 1. Amendment identisch. Das zeigt sich bei der Anwaltswerbung: In den Schutzbereich fällt allein die Preis- oder Gebührenwerbung in einfachen Routineangelegenheiten. Preiswerbung für andere Leistungen sowie Qualitätswerbung gelten als irreführend und sind nicht vom 1. Amendment erfaßt; Bates v. State Bar, 433 U.S. 350, 383 f. (1977).
10 Rechtsquellen für das Rechtsstaatsprinzip sind das 5. und 14. Amendment; s. o. S. 20. Zur Equal Protection Clause s. u. S. 104 (Fn. 92).

Für Regelungen der Werbung war der »minimum rationality«-Test anwendbar. Danach waren die zumeist ordnungsrechtlich begründeten Maßnahmen lediglich auf Unvernunft (unreasonableness) und Willkür zu überprüfen.[11] Unter diesem Standard wurden Einschränkungen der Werbung stets aufrechterhalten. So genügte beispielsweise das ästhetische Interesse einer Kommune an einem bestimmten Erscheinungsbild der Gemeinde, um eine auf die Due Process Clause gestützte Klage gegen die Regulierung von Werbetafeln abzuweisen.[12] Desgleichen blieb die gesetzliche Qualifikation der vergleichenden Werbung als standeswidriges Verhalten von Zahnärzten unbeanstandet. Dabei gestand der Supreme Court dem Gesetzgeber zu, auch wahrheitsgemäße vergleichende Werbung mit Rücksicht auf ihre generelle Mißbrauchs- und Täuschungseignung zu untersagen.[13]

III. *Die Doktrin vom Ausschluß kommerzieller Äußerungen vom Schutzbereich des 1. Amendment*

1. *Die commercial speech-Doktrin*

Einschränkungen der Werbung gehen im wesentlichen von Gemeinden und Einzelstaaten aus. Bevor das 1. Amendment für sie – über die Due Process Clause des 14. Amendment – für verbindlich erklärt worden war, bestand keine Veranlassung, die Regelungen am Recht auf freie Meinungsäußerung zu messen. Aber erst siebzehn Jahre nach der Verbindlicherklärung des 1. Amendment[14] setzte sich der Supreme Court mit diesem Problem auseinander.

In *Valentine v. Chrestensen* (1942) begründete er die commercial speech-Doktrin, die den kategorischen Ausschluß der Werbung vom

---

11 Vgl. Halter v. Nebraska, 205 U.S. 34 (1907); Fifth Avenue Coach Co. v. New York, 221 U.S. 467 (1911); Thomas Cusack Co. v. Chicago, 242 U.S. 526 (1917); St. Louis Poster Advertising Co. v. St. Louis, 249 U.S. 269 (1919); Packer v. Utah, 285 U.S. 105 (1932); Semler v. Oregon State Board of Dental Examiners, 294 U.S. 608 (1935); Railway Express Agency v. New York, 336 U.S. 106 (1949); Head v. New Mexico Board of Examiners in Optometry, 374 U.S. 424 (1963). Vgl. auch *Ehmke* S. 401 Fn. 894; *Kommers* S. 35 f.; s. o. S. 38 (Fn. 45) und u. S. 134 (Fn. 213).
12 St. Louis Poster Advertising Co. v. St. Louis, 249 U.S. 269, 274 (1919).
13 Semler v. Oregon State Board of Dental Examiners, 294 U.S. 608, 612 f. (1935).
14 Diese erfolgte in Gitlow v. New York, 268 U.S. 652 (1925).

Schutzbereich des 1. Amendment beinhaltete, und bestätigte die Verfassungsmäßigkeit einer New Yorker Satzung, die das Verteilen von Flugblättern u. ä. mit kommerziell-werbendem Inhalt untersagte.[15] *Valentine* läßt sich dahin auslegen, daß das Gericht in rein kommerzieller Werbung nicht die vom 1. Amendment geschützte Verbreitung von Information und Meinung erblickte, sondern sie ausschließlich als wirtschaftliche Betätigung des Werbenden verstand.[16]

Warum der in der Reklame enthaltene Informationsgehalt nicht an die Schwelle zum 1. Amendment heranreichen und nach welchen Maßstäben die Abgrenzung erfolgen sollte, wurde nicht erläutert. Offenbar ging das Gericht von einem eng verstandenen Informationsbegriff aus, wie er kurz zuvor im Zuge der Anerkennung von Streikposten im Arbeitskampf als geschützte Meinungsäußerung entwickelt worden war. In *Thornhill v. Alabama* war die Bekanntmachung von Informationen über einen Arbeitskampf durch Streikposten zwar ebenso sehr wirtschaftlich motiviert wie die in New York verbotene Flugblattwerbung.[17] Dort konnte der Supreme Court jedoch auf die weitreichende gesellschaftliche Bedeutung verweisen, die der Regelung des Rechtsverhältnisses zwischen Unternehmern und Arbeitern in der modernen Industriegesellschaft zukommt.[18] Der Schlüssel zum Verständnis von *Valentine* könnte also die Abwesenheit eines überindividuellen Interesses an dem Gegenstand der Mitteilung sein. Jedenfalls konnte Emerson noch 1970 bemerken, daß die tragenden Prinzipien der commercial speech-Doktrin und ihr Umfang durchaus nicht so klar waren, wie es dem Gericht in *Valentine* erschienen sein muß.[19]

2. *Einschränkungen der commercial speech-Doktrin*

Daß das pekuniäre Interesse als solches dem Werbenden noch nicht den Schutz des 1. Amendment entzieht, machte der Supreme Court bald dar-

---

15 316 U.S. 52 (1942).
16 Vgl. 316 U.S. 54 f.
17 Allgemein in diesem Sinn *Cox,* 94 Harv.L.Rev. 1, 36 (1980).
18 310 U.S. 88, 102–104 (1940). Zur Abgrenzung von allgemein interessierenden und rein persönlichen Angelegenheiten im Arbeitsrecht vgl. Connick v. Myers, 103 S.Ct. 1684 (1983).
19 System S. 416. Richter *Douglas,* der die Begründung in Valentine mitgetragen hatte, charakterisierte die Entscheidung später als unbedacht; Cammarano v. United States, 358 U.S. 498, 514 (1959), conc.op.

auf klar.[20] Ausdrücklich nahm er allerdings erst mehr als 30 Jahre nach *Valentine* wieder zu Inhalt und Reichweite der Doktrin Stellung. Ein abschließendes Urteil über den Fortbestand der Doktrin wurde zwar vertagt, doch ging die Lehre mit deutlich reduziertem Umfang aus diesen Entscheidungen hervor.

In der *Pittsburgh Press*-Entscheidung billigte der Supreme Court ein gegen einen Verlag ausgesprochenes Verbot, die Stellenanzeigen im Anzeigenteil einer Zeitung nach dem Geschlecht zu gliedern. Der Verfügung lag ein Verstoß gegen eine kommunale Satzung zugrunde, welche die Ungleichbehandlung von Männern und Frauen in der Arbeitswelt untersagte.[21] Das Gericht wandte sich zunächst den Stellenanzeigen selbst zu und qualifizierte sie als »klassische« kommerzielle Äußerungen; sie enthielten keine wertende Stellungnahme zur Diskriminierung im Arbeitsleben. Auch die redaktionelle Einordnung der Anzeigen führe nicht zur Anwendbarkeit des Grundrechts, weil sie mit den Anzeigen eine untrennbare Einheit bilde.[22] Auf die Forderung des Verlags nach Aufgabe der commercial speech-Doktrin reagierte das Gericht differenziert. Während es durchblicken ließ, daß Werbung unter Umständen auch der vom 1. Amendment verbürgten »Interessen« dienen könne, sah es im konkreten Fall keine Veranlassung zu einer grundsätzlichen Auseinandersetzung mit der Doktrin. Werbung sei in jedem Fall nicht geschützt, wenn ihr Gegenstand rechtswidrig sei. Hier treffe dies auf die Stellenangebote in Verbindung mit der redaktionellen Klassifizierung zu. Die Werbebeschränkung sei zwangsläufige Folge der zulässigen arbeitsrechtlichen Regelung.[23]

Nach *Pittsburgh Press* war klar, daß Werbung für rechtswidrige Handlungen weiterhin vom Schutz der Meinungsfreiheit ausgenommen blieb. Offen blieb dagegen das weitere Schicksal der commercial speech-Doktrin. Auch in der zweiten Entscheidung wurde *Valentine* nicht ausdrücklich aufgegeben, wenn auch seine praktische Wirkung dem fast gleich-

---

20 Joseph Burstyn v. Wilson, 343 U.S. 495, 501 f. (1952); New York Times v. Sullivan, 376 U.S. 254, 266 (1964).
21 Pittsburgh Press Co. v. Pittsburgh Commission on Human Relations, 413 U.S. 376, 378 (1973). Das Verbot erstreckte sich nur auf die von der Redaktion gewählte Einordnung der Anzeigen, nicht aber auch auf die Veröffentlichung von Anzeigen, deren Text erkennen läßt, daß der Unternehmer nach einem Arbeitnehmer bestimmten Geschlechts sucht.
22 413 U.S. 385–388.
23 413 U.S. 388 f. Die vier überstimmten Richter lehnten die Verfügung als verfassungswidrigen Eingriff in die Pressefreiheit ab. *C. J. Burger* sprach von einer bedenklichen Ausdehnung der commercial speech-Doktrin; 413 U.S. 393.

kam. *Bigelow v. Virginia* betraf die Verurteilung eines Redakteurs wegen Veröffentlichung einer Anzeige, mit der eine New Yorker Frauengruppe im Staat Virginia – dort war Abtreibung noch verboten – auf die Legalität von Abtreibungen in New York aufmerksam gemacht und ihre (entgeltlichen) Beratungsdienste angeboten hatte.[24] Abgesehen von dem Hinweis auf die Gesetzeslage lag auch hier eine typische kommerzielle Werbung vor. Dennoch konnte sich der Redakteur auf die Pressefreiheit berufen. Der Supreme Court stellte entscheidend auf den in der Anzeige enthaltenen Hinweis auf die New Yorker Rechtslage ab. Die Anzeige verbreite eine Information von »klarem öffentlichen Interesse«, die nicht nur für Frauen, die ihr Recht auf Abtreibung ausüben wollten,[25] sondern für die gesamte interessierte Öffentlichkeit von Bedeutung sei. In dem allgemeinen Nachrichtenwert unterscheide sich die Anzeige von jenen in *Valentine* und *Pittsburgh Press*.[26] Der Supreme Court begrenzte die Geltungskraft von *Valentine* als Präjudiz auf den konkreten Sachverhalt, das Verteilen werbender Flugblätter auf öffentlichen Straßen: *Valentine* stehe nicht für den kategorischen Ausschluß jeglicher Art von Reklame vom Schutzbereich.[27]

Mit *Bigelow* war die Doktrin praktisch auf ein Minimum geschrumpft. Wer sich den Schutz der Meinungsfreiheit sichern wollte, mußte seine kommerzielle Äußerung lediglich mit *allgemein* interessierenden Tatsachen oder Meinungsäußerungen anreichern. Von diesem »Umweg« war es nur noch ein kleiner Schritt bis zur völligen Aufgabe der commercial speech-Doktrin. Dies galt um so mehr, als eine Abgrenzung von allgemein interessierenden und nur die potentiellen Vertragspartner angehenden Informationen kaum praktikabel erschien und ohne weitere Begründung vom Gericht eingeführt worden war.[28]

---

24 421 U.S. 809 (1975).
25 Mit dieser Information bezog sich die Annonce zudem auf ein fundamentales Recht, nicht auf ein verbotenes Handeln; 421 U.S. 822.
26 421 U.S. 822. In Valentine hatte ein U-Boot-Besitzer für die (entgeltliche) Besichtigung seines Bootes geworben; 316 U.S. 52, 53 (1942).
27 421 U.S. 819 f.
28 In diesem Zusammenhang ist darauf hinzuweisen, daß die verfassungsrechtlichen Anforderungen an das Ehrschutzrecht zwischen »speech of public concern« und »speech of purely private concern« unterscheiden; vgl. Philadelphia Newspapers v. Hepps, 106 S.Ct. 1558, 1563 (1986).

IV. *Abkehr von der Doktrin: Begründung und Folgen für die Schrankensystematik des 1. Amendment*

1. *Werbung, (wirtschafts-)politische Willensbildung und Staatsfreiheit des freien Flusses von Informationen*

Der vielleicht wesentlichste Beitrag der *Bigelow*-Entscheidung zum Niedergang der commercial speech-Doktrin war die Feststellung, daß Tatsachenbehauptungen den Schutz des 1. Amendment auch unabhängig von einer Einkleidung in Meinungsäußerungen beanspruchen können. Zur Auslegungsmethodik hatte das Gericht in *Bigelow* angemerkt, daß es um die Einschätzung des kommunikativen Wertes der jeweiligen Äußerung und um die Abwägung dieses »Interesses« gegen das öffentliche Interesse an der Einschränkung gehe.[29]

Als sich eine Entscheidung über den Fortbestand der Doktrin nicht mehr vermeiden ließ, sprach sich das Gericht mit 7 zu 2 Stimmen für die Einbeziehung der Werbung in den Schutzbereich der Redefreiheit aus; in dieser Entscheidung *(Virginia State Board of Pharmacy)* ging es um die Grundsatzfrage, ob die schlichte Preiswerbung für ein Wirtschaftsgut als »speech« im Sinne des 1. Amendment gelten könne.[30] In *Virginia State Board of Pharmacy* wird das Für und Wider der Integration der Werbung offen und ausführlich diskutiert. Bemerkenswert ist dabei die weite Auslegung des 1. Amendment bei der Untersuchung, ob kommerzielle Aussagen einen für das 1. Amendment relevanten kommunikativen Wert aufweisen. In methodischer Hinsicht erinnert die Begründung streckenweise an die Interessenabwägung, die die Rechtsprechung zu den Grundrechtsschranken seit etwa 30 Jahren beherrscht.[31] Mit dieser Methode

---

29 Bigelow v. Virginia, 421 U.S. 809, 826 (1975).
30 Virginia State Board of Pharmacy v. Virginia Citizens Consumer Council, 425 U.S. 748 (1976). Einzelheiten wie die Regelungsmöglichkeiten für unwahre oder täuschende Werbung wurden nur beiläufig angesprochen; vgl. 425 U.S. 770–773. Das Gericht betonte zudem nachdrücklich die begrenzte Reichweite der Entscheidung und behielt sich ein Urteil über den Rechtscharakter individualisierter Dienstleistungen vor; 425 U.S. 773 Fn. 25 (z. B. Werbung von Anwälten und Angehörigen anderer freier Berufe). Kurz darauf erstreckte der Supreme Court den Schutz des Grundrechts auf diejenige Anwaltswerbung, die sich auf Preisangaben für unkomplizierte Routinegeschäfte beschränkt; Bates v. State Bar, 433 U.S. 350 (1977). Weitere Fälle zur Anwaltswerbung: In re Primus, 436 U.S. 412 (1978); Ohralik v. Ohio State Bar, 436 U.S. 447 (1978); Matter of R.M.J., 455 U.S. 191 (1982); Zauderer v. Office of Disciplinary Counsel of the Supreme Court of Ohio, 105 S.Ct. 2265 (1985).
31 Dazu ausführlich unten §§ 4 III, 5.

hinterfragte das Gericht die vom Staat vorgebrachten Argumente für ein völliges Verbot der Werbung kritisch.

a) *Die Begründung des Supreme Court in Virginia State Board of Pharmacy*

Gegenstand der Entscheidung war die Verfassungsmäßigkeit eines allgemeinen Werbeverbots für Apotheker im Staate Virginia. Nachdem der Supreme Court den Schutz des Grundrechts für Tatsachen von öffentlichem Interesse bestätigt hatte, formulierte er das Problem negativ. Zu prüfen sei, ob Werbung sich nach ihrem Inhalt so stark von der »Darstellung von Gedanken«, von »Wahrheit, Wissenschaft, Sittlichkeit und der Kunst im allgemeinen« im Hinblick auf ihre Ausstrahlung auf die Meinungsbildung in öffentlichen Angelegenheiten unterscheide, daß sie überhaupt keinen Schutz genieße.[32] Auf der Grundlage der folgenden Erwägungen verneinte das Gericht diese Frage und verwarf das Gesetz als unvereinbar mit dem 1. Amendment.

Im ersten Teil der Entscheidung stand das Interesse der Allgemeinheit sowie der von der Reklame angesprochenen potentiellen Vertragspartner am freien Fluß kommerzieller Informationen im Mittelpunkt. Dem werbenden Apotheker wollte das Gericht ein solches »First Amendment interest« nicht wegen seiner rein wirtschaftlichen Motivation absprechen. Bei den Apothekenkunden konstatierte es sogar ein manchmal lebenswichtiges Interesse an Preisinformationen, weil gerade die Kranken und Ärmsten von der Werbung am meisten profitierten; daran seien sie vielleicht stärker interessiert als z. B. an wichtigen tagespolitischen Auseinandersetzungen.[33]

Auch die Öffentlichkeit habe ein starkes Interesse am freien Austausch wirtschaftlicher Informationen, weil Reklame nicht selten Aussagen enthalte, die für die Allgemeinheit von Belang seien. Solche Informationen und andere, die nur für die potentiellen Vertragspartner des Unternehmers von Interesse seien, könnten und brauchten nicht unterschieden werden.[34] Selbst die Kundgabe des Preises für das Produkt X beim Apo-

---

32 425 U.S. 748, 762 (1976).
33 425 U.S. 762–764.
34 Damit erklärte das Gericht die in Bigelow vorgeschlagene Anreicherung kommerzieller Werbung mit allgemein interessierenden Informationen oder Meinungen für unnötig; 425 U.S. 764 f. Seither wurde geklärt, daß die Anreicherung nicht zum vollen, sondern nur zu dem für Werbung vorgesehenen Grundrechtsschutz führt; Central Hudson Gas & Electric v. Public Service Commission, 447 U.S. 557, 562 Fn. 5 (1980).

theker Y weise eine indirekte Beziehung zur demokratischen Meinungs- und Willensbildung auf: Werbung sei Verbreitung von Tatsachen – solche Informationen seien in der freien Marktwirtschaft für durchdachte Entscheidungen des Bürgers in wirtschaftlichen Angelegenheiten unentbehrlich – also sei die Reklame auch für die Meinungs- und Willensbildung hinsichtlich der Gestaltung des Wirtschaftssystems nicht ohne Bedeutung.[35] Damit war ein im 1. Amendment verankertes Interesse am freien Fluß kommerzieller Mitteilungen festgestellt.

Im Anschluß daran befaßte sich der Supreme Court mit einer Reihe von Gründen für die Verfassungsmäßigkeit des Werbeverbots. Im wesentlichen machte der Staat Virginia geltend, das Verbot bezwecke den Schutz des Bürgers vor nachteiligen Auswirkungen der Werbung.[36] Nach kritischer Überprüfung reduzierte das Gericht die vorgebrachten Gründe auf das Anliegen, den Bürger zu seinem eigenen Besten über die legale Preisgestaltung der Apotheker in Unkenntnis zu lassen. Dies gab nochmals Anlaß, den Sinn des Grundrechts zu beleuchten. Das 1. Amendment verwehre dem Staat Eingriffe in den öffentlichen Kommunikationsprozeß, wenn davon nur unschädliche Mitteilungen betroffen seien. Es sei Sache des Bürgers, wie er mit Tatsachen über rechtmäßige Vorgänge umgehe. Die wohlwollende Bevormundung des Bürgers (»paternalism«) im Wege der Unterdrückung harmloser Informationen sei mit dem Sinn des 1. Amendment nicht zu vereinbaren.[37] Die vorgebrachten Eingriffszwecke waren also verfassungswidrig wenigstens im Kontext der Preiswerbung für standardisierte Waren.[38]

Im Ergebnis konnte der Staat eine überzeugende Begründung für die behauptete Schädlichkeit der Werbung nicht vorbringen, so daß der Kommunikationswert der Werbung ohne Abstriche aufrechterhalten werden konnte. Danach waren kommerzielle Äußerungen als »speech« des 1. Amendment zu behandeln.

---

35 425 U.S. 765. In der Sache ebenso schon Bigelow v. Virginia mit der prägnanten Formulierung: »The relationship of speech to the marketplace of products or of services does not make it valueless in the marketplace of ideas.« 421 U.S. 809, 826 (1975). Kritisch *Jackson/Jeffries*, 65 Va.L.Rev. 1, 15-25 (1979); *Cox*, 94 Harv.L.Rev. 1, 27 (1980).
36 Eine ausführliche Wiedergabe ist hier nicht erforderlich; eine detaillierte Analyse der Entscheidung und der Stichhaltigkeit der Eingriffszwecke findet sich bei *Gründler* S. 156-181.
37 425 U.S. 770. Ebenso z. B. Linmark v. Willingboro, 431 U.S. 85, 96 f. (1977).
38 *Tribe* § 12-15 (S. 654).

b) *Werbung und Normzweck*

Die Aufwertung der Werbung beruht auf einer expansiven Auslegung des 1. Amendment. Die rechtliche Qualifikation richtet sich nicht wie in *Valentine v. Chrestensen* nach der subjektiven Motivation des Unternehmers. Maßgeblich ist vielmehr der objektive Beitrag der Werbung zu einzelnen Zwecken der Redefreiheit. In dieser Hinsicht hebt das Gericht die objektivrechtliche Funktion des 1. Amendment als Mittel zur Sicherung der freien Meinungs- und Willensbildung hervor;[39] sie erfordere den freien Fluß von Informationen.

Von diesem Ausgangspunkt ergibt sich, daß neben Meinungen auch Tatsachenbehauptungen geschützt werden müssen, wenn das Grundrecht die Meinungsbildung wirksam sichern soll. Der entscheidende Schritt wird mit dem Verzicht auf die Forderung nach einer erheblichen Beziehung der Tatsache zu einem Thema, das die (politische) Öffentlichkeit beschäftigt, getan. Der Standpunkt des Supreme Court scheint dahin zu gehen, daß jede Information – auch die ausschließlich von wirtschaftlichem Eigennutz diktierte Werbung – geeignet ist, mehr oder weniger direkten Einfluß auf die Anschauungen zur Gestaltung des Gemeinwesens zu nehmen.[40] Daß die Begründung den Eindruck vermittelt, das Gericht sehe den Problemschwerpunkt weniger bei der Frage nach dem kommunikativen Wert der Werbung als bei etwaigen sozialschädlichen Nebenwirkungen, erklärt sich aus diesem expansiven Grundrechtsverständnis.[41] Die Suche nach sozialschädlichen Nebenwirkungen bleibt ergebnislos, so daß der Kategorie »kommerzielle Äußerungen« nicht nur die Förderung der objektivrechtlichen Funktion des 1. Amendment in der repräsentativen Demokratie bescheinigt wird, sondern – gerade wegen der Unschädlichkeit der Reklame – die subjektivrechtliche Komponente des Grundrechts in Form des Schutzes des Bürgers vor staatlicher Bevormundung hervortritt.[42]

---

39 425 U.S. 765. Vgl. weiter Thornhill v. Alabama, 310 U.S. 88, 103 (1940); Mills v. Alabama, 384 U.S. 214, 218 f. (1966); Police Department of Chicago v. Mosley, 408 U.S. 92; 95 f. (1972); Buckley v. Valeo, 424 U.S. 1; 14 (1976); NAACP v. Claiborne Hardware, 458 U.S. 886, 913 (1982). Im Schrifttum vgl. *Emerson,* General Theory S. 8–11.
40 Ähnlich die Rechtsprechung zu gewerkschaftlichen Äußerungen im Arbeitskampf sowie zur Mitgliederwerbung; vgl. *Cox,* 94 Harv.L.Rev. 1, 36 (1980).
41 Darin liegt auch ein Teil des Sinns der wiederholten Negativformulierungen in den Gründen (z. B. » . . . we could not say that the free flow of information does not serve (the public decisionmaking in a democracy).« 425 U.S. 765). Sie sollen die Skepsis vermitteln, mit der das Gericht der Relegation der Werbung vom Schutzbereich begegnet; *Schauer,* 34 Vand.L.Rev. 265, 281 f. (1981).
42 Vgl. 425 U.S. 769 f. Das Anti-Paternalismus-Argument ist seit 1978 allerdings etwas in den Hintergrund getreten. Seit der Central Hudson-Entscheidung (447 U.S. 557/1980)

Kommerzielle Äußerungen werden also in erster Linie wegen ihres Beitrags zu dem »informationellen Zweck« der Redefreiheit geschützt.[43] Wo Werbung durch ihren Informationsgehalt nicht wenigstens indirekt zum Austausch von Gedanken beiträgt oder wo ihr Gegenstand selbst rechtswidrig ist, so daß die Mitteilung keinen legitimen Informationszweck erfüllt, bleibt sie weiterhin außerhalb des Schutzbereichs. Dies gilt für unwahre, irreführende und täuschende kommerzielle Äußerungen ebenso wie für Reklame für strafbare Handlungen.[44] Dagegen überwiegt der Informationswert einer zutreffenden, aber für einen Teil der Öffentlichkeit mißverständlichen werbenden Äußerung. Zu den potentiell irreführenden, aber geschützten Äußerungen wird die Werbung der freien Berufe für standardisierte Routinedienstleistungen gezählt, z. B. die Bearbeitung einer einvernehmlichen Ehescheidung.[45]

c) *Zur Methodik der Schutzbereichsbestimmung*

Die Neuordnung des Schutzbereichs gibt wertvolle Aufschlüsse über die Auslegungsmethoden zum 1. Amendment. Angesichts des offenen und unbestimmten Wortlauts der Bestimmung und der Unergiebigkeit der historischen und systematischen Auslegung verbleibt dem Gericht aus dem klassischen Auslegungskanon nur die teleologische Auslegung. Deren Ergebnisse werden – anders als bei der Obszönitätsrechtsprechung[46] – je-

---

bekennt sich der Supreme Court auch ausdrücklich zu der Möglichkeit, daß wahre Werbung bei Vorliegen gewichteter öffentlicher Interessen gänzlich verboten werden kann. Diese Rechtsprechung wäre im Bereich nichtkommerzieller Äußerungen nicht möglich und belegt die begrenzte Wirksamkeit des Bevormundungsschutzes für die Werbung. Vgl. *Note,* 82 Col.L.Rev. 720, 726–729 (1982). Daß der Staat wahre, nicht täuschende Werbung verbieten kann, dürfte sich aus der Nähe der Reklame zu wirtschaftlichen Vorgängen ergeben, die selbst unterbunden werden könnten; das Werbeverbot ist hier der mildere Eingriff. Siehe auch *Cox,* 94 Harv.L.Rev. 1, 33 (1980). – Daß wirtschaftliche Tatsachenmitteilungen auch einen Bezug zum »marketplace of ideas«, den zu sichern eine weitere Funktion der Redefreiheit ist, aufweisen, hatte schon Bigelow v. Virginia angedeutet, 421 U.S. 809, 826 (1975); die Virginia Pharmacy-Entscheidung greift diesen Aspekt stillschweigend bei der Analyse der kommunikativen Interessen von Unternehmer und Verbraucher auf; vgl. 425 U.S. 762–764, wo jedoch unklar bleibt, welche Verbindung zwischen ihren wirtschaftlichen Interessen und der Suche nach Wahrheit durch den freien Wettbewerb von Gedanken besteht.

43 Metromedia v. San Diego, 453 U.S. 490, 505 Fn. 12 (1981), plural.op.; vgl. First National Bank of Boston v. Bellotti, 435 U.S. 765, 783 Fn. 12 (1978).
44 Central Hudson Gas & Electric v. Public Service Commission, 447 U.S. 557, 563 f., 566 (1980); Matter of R.M.J., 455 U.S. 191, 203 (1982); Bolger v. Youngs Drug Products, 103 S.Ct. 2875, 2881 (1983).
45 Bates v. State Bar, 433 U.S. 350, 372 f. (1977); Matter of R.M.J., 455 U.S. 191, 203 (1982). Werbung für andere Geschäfte gilt als irreführend; sie ist nicht geschützt.
46 S. o. § 2 III 1.

doch noch einer Art Sozialschädlichkeitsprüfung unterzogen, bevor feststeht, ob die Kategorie Werbung als »speech« im Rechtssinne gelten kann. In der Gesamtbewertung werden der kommunikative Gehalt der Werbung, d. h. ihre Teilhabe an einem oder mehreren Normzwecken, und etwaige Nebenwirkungen oder Eigenschaften gegenübergestellt, die berechtigte öffentliche Interessen beeinträchtigen und daher eine Gleichbehandlung mit schädlichem nichtkommunikativen Verhalten nahelegen. Man kann diesen Vorgang als Kosten/Nutzen-Analyse bezeichnen. Auf der Nutzen-Seite steht der Beitrag der Kategorie Werbung zur demokratischen Meinungs- und Willensbildung, während auf der Kosten-Seite die typischen Gefahren der Werbung berücksichtigt werden. Das Schrifttum bezeichnet diesen Wertungsvorgang als Interessenabwägung.[47]

In *Virginia State Board of Pharmacy* ist nicht zu übersehen, daß die Analyse mit einer gewissen Voreingenommenheit zugunsten der Einbeziehung der Werbung in den Schutzbereich beginnt. Die schon erwähnten Negativformulierungen[48] deuten die Neigung des Gerichts an, der Werbung wegen ihrer über ihren Informationsgehalt vermittelten Beziehung zum geistigen Kommunikationsprozeß einen Platz im Schutzbereich zuzuweisen. Diese »Vermutung« wird durch die Analyse der Apothekerwerbung bestätigt. Damit ist die Prüfung noch nicht beendet, denn nicht jede Kommunikation ist »speech« im Rechtssinne.[49] Das Gericht weist jedoch dem Hoheitsträger die Aufgabe zu, die für die Werbung sprechende »Vermutung« mit überzeugenden Gründen zu widerlegen.[50] Die Nachprüfung der vorgebrachten Regelungsinteressen und des Eingriffsmittels ähnelt der Prüfung, die auf der Schrankenebene im Rahmen der Interessenabwägung praktiziert wird.[51] Insoweit verwischen sich hier die methodischen Unterschiede zwischen Schutzbereichs- und Schrankenbestimmung.[52]

Die Feinabstimmung des Schutzbereichs bei unwahrer und täuschender Werbung erschließt sich allerdings unmittelbar aus der informationellen

---

47 Vgl. *Note,* 82 Col.L.Rev. 720, 728 Fn. 63 (1982); *Emerson,* 68 Cal.L.Rev. 422, 459 (1980); *Cox,* 94 Harv.L.Rev. 1, 26 (1980). Ebenso Friedman v. Rogers, 440 U.S. 1, 8 f. (1979).
48 Dazu siehe oben S. 52 (Fn. 41).
49 Vgl. *Schauer,* 67 Geo.L.J. 899, 911 f. (1979).
50 Vgl. *Schauer,* 34 Vand.L.Rev. 265, 281 (1981), zu Vermutung und Beweislast.
51 Ausführlich dazu unten § 5. Im wesentlichen geht es um Stichhaltigkeit und Gewicht der Zwecke sowie um Geeignetheits- und Erforderlichkeitserwägungen beim Mittel.
52 Auf der Seite der Grundrechtsposition unterscheiden sich die Faktoren, die in die Bewertung einfließen. Bezugsobjekt auf der Schrankenebene sind die Intensität der Grundrechtsbeeinträchtigung bzw. bestimmte suspekte Anknüpfungspunkte für einen Eingriff (vgl. unten § 5 I 1a, b), während es bei der Schutzbereichsbestimmung der kommunikative Wert einer Äußerung ist.

Funktion des Grundrechts. Hingegen steht beim Ausschluß der Reklame für rechtswidriges Tun die Legitimität des Informationsflusses im Vordergrund; hier wird die Sozialwidrigkeit der Äußerung in die Wertung eingebracht. Insgesamt läßt die Rechtsprechung jedoch klare Kriterien vermissen, nach denen sich beurteilt, welches Maß an Schädlichkeit schon zur Verweigerung des Grundrechtsschutzes führt und warum manche nachteiligen Folgen der Werbung erst bei den Grundrechtsschranken Berücksichtigung finden.[53] Festzuhalten ist, daß sich Kosten/Nutzen-Urteile und teleologische Auslegung bei der Auslegung des 1. Amendment im Bereich der kommerziellen Werbung ergänzen.

## 2. *Dynamik der Schutzbereichsvergrößerung*

Von besonderem Interesse ist die Rechtsprechung zur Werbung wegen der möglichen Auswirkungen auf die Schrankenlehre. Im Schrifttum ist u. a. die Befürchtung geäußert worden, daß der Schutz für traditionell geschützte Meinungsäußerungen durch die Integration des Fremdkörpers Werbung verwässert werden könnte.[54] Im folgenden sollen daher die Konsequenzen der Assimilation der Werbung für ihren eigenen Status und für die Struktur des Grundrechtsschutzes untersucht werden.

### a) *Schranken des Grundrechts auf Werbung*

Die Aufwertung der Werbung hatte eine Verringerung der staatlichen Regelungsmöglichkeiten zur Folge, doch blieb ihr die volle Gleichstellung mit nichtkommerziellen Äußerungen versagt. Der Supreme Court machte von Anfang an deutlich, daß rechtlich relevante Unterschiede zwischen den beiden Kategorien bestünden. So sei der Wahrheitsgehalt von Reklame leichter zu ermitteln als derjenige von Nachrichten; auch sei nicht zu befürchten, daß sich ein Unternehmer von kommerziellen Äußerungen abhalten lasse, wenn die Grenzen eines Werbeverbots nicht ganz eindeutig sind.[55] Der wohl entscheidende Gesichtspunkt wurde in *Metromedia v.*

---

53 In anderem Zusammenhang spricht das Gericht von einem »»überwältigenden Überwiegen des Übels« gegenüber dem Interesse an der Kundgabe der Äußerung; vgl. New York v. Ferber, 458 U.S. 747, 763 f. (1982), zum Ausschluß der Kinderpornographie vom 1. Amendment.
54 Vgl. *Emerson,* 68 Cal.L.Rev. 422, 460 f. (1980).
55 Virginia State Board of Pharmacy v. Virginia Citizens Consumer Council, 425 U.S. 748, 771 Fn. 24 (1976). Zur verfassungsrechtlichen Bedeutung der Präventionswirkung siehe unten § 7 I.

*San Diego* angeführt: Kommerzielle Äußerungen sind nur am Rande, wenn überhaupt, mit der Entwicklung von Ideen befaßt.[56] Ihre Wirkung entfaltet sich am unmittelbarsten nicht auf dem Markt der Meinungen, sondern auf dem der Güter und Dienstleistungen. Daraus folgerte das Gericht, daß die Werbung lediglich eine »untergeordnete Position« unter den vom 1. Amendment gesicherten Werten einnehme.[57]
In der Rechtspraxis bedeutet diese Einsicht, daß sich die allgemeinen Schrankenregeln nicht automatisch auf die Werbung übertragen lassen.[58] So hat der Supreme Court entschieden, daß

- das grundsätzliche Verbot der Anknüpfung von staatlichen Maßnahmen an den Inhalt einer geschützten Äußerung nicht anwendbar ist,[59]
- sich der Bürger nicht auf die overbreadth-Doktrin berufen kann, die es ihm ermöglichen würde, die Verfassungswidrigkeit einer ihn belastenden Norm auch dann geltend zu machen, wenn sein eigenes Verhalten von dem verfassungsmäßigen Kern der Bestimmung gedeckt ist,[60]
- und daß entgegen den Regeln der prior restraint-Doktrin kommerzielle Äußerungen einer Vorzensur unterworfen werden dürfen.[61]

Insoweit hat sich mit der Eingliederung in den Schutzbereich für die Werbung nichts geändert.[62] Davon abgesehen greifen die allgemeinen Regeln

---

56 453 U.S. 490, 505 Fn. 12 (1981), plural.op., wo aus dem Sondervotum von *J. Stewart* in Virginia Pharmacy zitiert wird.
57 Ohralik v. Ohio State Bar, 436 U.S. 447, 456 (1978).
58 Friedman v. Rogers, 440 U.S. 1, 10 Fn. 9 (1979).
59 Bolger v. Youngs Drug Products, 103 S.Ct. 2875, 2879 (1983); Central Hudson Gas & Electric v. Public Service Commission, 447 U.S. 557, 563 (1980); Bates v. State Bar, 433 U.S. 350, 383 (1977). Hierzu gehört es, daß potentiell mißverständliche Äußerungen verboten oder ihre Kundgabe von erläuternden Zusätzen abhängig gemacht werden darf; Friedman v. Rogers, 440 U.S. 1 (1979); Matter of R.M.J., 455 U.S. 191, 203 (1982); Zauderer v. Office of Disciplinary Counsel of the Supreme Court of Ohio, 105 S.Ct. 2265, 2282 f. (1985). Allgemein zu dem Grundsatz unten § 5 I 1a.
60 Bates v. State Bar, 433 U.S. 350, 380 f. (1977). Ausführlich zur overbreadth-Doktrin unten § 7. Wegen der guten Kenntnis seiner Angebote und mit Rücksicht auf das Gewinnstreben des Unternehmers hält der Supreme Court die Voraussetzung für das Eingreifen der Doktrin nicht für erfüllt. Es handelt sich dabei um die Abschreckung von geschützten Äußerungen durch zu weit gefaßte, nur teilweise zulässige Regelungen. Kritisch *Schauer*, 58 B.U.L.Rev. 685, 698 Fn. 61 (1978); *Shiffrin*, 25 UCLA L.Rev. 915, 957 Fn. 251, 252 (1978).
61 Obiter dictum in Virginia State Board of Pharmacy v. Virginia Citizens Consumer Council, 425 U.S. 748, 771 Fn. 24 (1976); Central Hudson Gas & Electric v. Public Service Commission, 447 U.S. 557, 571 Fn. 13 (1980). Zum Verbot der Vorzensur vgl. *Tribe* § 12-31 bis § 12-33; *Pritchett* S. 334-338.
62 Dies klingt auch in Ohralik v. Ohio State Bar, 436 U.S. 447, 456 (1978), an; ähnlich *Cox*, 94 Harv.L.Rev. 1, 32 (1980).

des 1. Amendment ein, wenn auch unter einem weiteren wesentlichen Vorbehalt. Als allgemeiner Schrankentest für Werbebeschränkungen kommt der strenge Abwägungstest nicht in Betracht; es gilt der gemäßigte Abwägungstest in der folgenden Fassung:

»A restriction on otherwise protected commercial speech is valid only if it ...
(2) seeks to implement a substantial governmental interest,
(3) directly advances that interest, and
(4) reaches no farther than necessary to accomplish the given objective.«[63]

Insgesamt geht die Aufwertung der Werbung mit einer für das 1. Amendment ungewöhnlich eingriffsfreundlichen Gestaltung der Grundrechtsschranken einher. Die Werbung nimmt damit eine Mittelposition zwischen dem strengen Grundrechtsschutz des 1. Amendment und dem schwachen Schutz vor Willkür und Unvernunft ein, den das 5. und 14. Amendment mit der Due Process Clause und der Equal Protection Clause gewähren.[64]

b) *Zweitrangigkeit der Werbung und Normstruktur*

Die Eingliederung kommerzieller Äußerungen hat eine Aufspaltung des Grundrechts in zwei Kategorien von »speech« bewirkt. An die Stelle des Grundsatzes, daß alle in den Schutzbereich fallenden Äußerungen gleichwertig sind, gleichgültig ob es sich um eine politische Meinung in wichtigsten öffentlichen Angelegenheiten oder um Literatur von zweifelhafter Güte handelt,[65] ist eine zweistufige Hierarchie getreten. Die traditionell geschützten Äußerungen nehmen wegen größerer Nähe zu den Zwecken des 1. Amendment die obere Position ein, während der Werbung die rechtliche Zweitrangigkeit vorbehalten ist. Dogmatisch ist dies die wich-

---

63 Metromedia v. San Diego, 453 U.S. 490, 507 (1981), plural.op.; in Metromedia wird unter (1) eine hier nicht relevante Voraussetzung zum Schutzbereich berücksichtigt. Ausführlich zum Schrankenstandard für die Werbung unten § 5 II im Rahmen der Diskussion des gemäßigten Abwägungstests. Der im Text zitierte Abwägungstest soll nach einer neuen Entscheidung nicht anwendbar sein, wenn das Gesetz die Aufnahme von klärenden Zusätzen für wahre, aber potentiell mißverständliche Reklame verlangt; ein solches Erfordernis braucht nur in »vernünftigem Zusammenhang« mit dem Ziel, Täuschungen vorzubeugen, zu stehen (»reasonably related«). Auch die Erforderlichkeit eines Zusatzes unterliegt weniger strengen Anforderungen. Zur Begründung wird auf das rechtlich als nur geringfügig einzustufende Interesse des Werbenden daran verwiesen, die zusätzlichen Informationen nicht zu geben. Vgl. Zauderer v. Office of Disciplinary Counsel of the Supreme Court of Ohio, 105 S.Ct. 2265, 2282 mit Fn. 14 (1985).
64 Vgl. dazu oben S. 38 (Fn. 45) und unten S. 134 (Fn. 213).
65 Police Department of Chicago v. Mosley, 408 U.S. 92, 96 (1972).

tigste Neuerung der jüngeren Rechtsprechung zum 1. Amendment.[66] Sie belegt, daß sich die Werbung nicht ohne weiteres in das traditionelle System der Kommunikationsfreiheit einfügen läßt.

Der Supreme Court hat diese Differenzierung schon frühzeitig für erforderlich gehalten, um einer allgemeinen Abschwächung des Grundrechtsschutzes als Folge der Schutzbereichserweiterung vorzubeugen.[67] Es wird von der Präzision, mit der die Grenze zwischen Werbung und ideellen Äußerungen markiert wird, abhängen, ob die Rechtsprechung zur Werbung eine Sogwirkung »nach unten« auslösen, also eine Zuordnung von bisher voll geschützten Äußerungen zu dem schwächeren Grundrechtsschutz für kommerzielle Äußerungen provozieren wird. Der Supreme Court hat diese Gefahr erkannt und verfeinert von Fall zu Fall das Instrumentarium zum Schutz ideeller Meinungsäußerungen.[68]

Insgesamt strebt diese Rechtsprechung einen Mittelweg zwischen dem vollständigen Schutz des freien Flusses von Informationen und den Erfordernissen des Verbraucherschutzes an, eines öffentlichen Interesses, das auf Wahrheit und Verläßlichkeit der Werbung abstellt und somit einen Regelungszweck darstellt, der im Bereich geschützter nichtkommerzieller Äußerungen geradezu gegen den zentralen Normzweck der Meinungsfreiheit verstoßen würde.

Der Übertragbarkeit dieses Ansatzes auf andere Äußerungen steht die Eigenart der Werbung als reine Tatsachenmitteilung entgegen. Ob die abgestufte Gliederung des Schutzbereichs langfristig zu einer Schwächung des Grundrechtsschutzes insgesamt führen wird, läßt sich nach den noch kurzen Erfahrungen mit der neuen Rechtsprechung zur Werbung nicht absehen. Bisher sprechen die Anzeichen jedoch eher dafür, daß der Supreme Court den umfassenden Schutz der bisher voll privilegierten Äußerungen nicht aufzugeben bereit ist.[69]

---

66 Ebenso *Schauer,* 1982 Sup.Ct.Rev. 285, 306. Vgl. auch *Kommers/Ripple/Scalan,* JöR N.F. Bd. 30 (1981), 457, 552 f. zur Abstufung des Grundrechtsschutzes.
67 Ohralik v. Ohio State Bar, 436 U.S. 447, 456 (1978). Vgl. auch *Stephan,* 68 Va.L.Rev. 203, 212–214 (1982); *Schauer,* 1982 Sup.Ct.Rev. 285, 314 f.
68 Vgl. Bolger v. Youngs Drug Products, 103 S.Ct. 2875, 2880 (1983). Gerade diese Entscheidung markiert einen gewissen Rückzug vom vollen Grundrechtsschutz für Anzeigen mit allgemein interessierenden Informationen; dies folgt aus der Gegenüberstellung mit Bigelow v. Virginia, wo für die Mischung von Reklame und nichtkommerzieller Information von einem abgeschwächten Schutz noch nicht die Rede war; vgl. 421 U.S. 809, 821 ff. (1975). In Bolger wurde eine medizinische Informationsbroschüre als Werbung qualifiziert, obwohl die Produkte des Unternehmens nicht vorgestellt wurden und der Firmenname nur einmal unauffällig erschien; 103 S.Ct. 2880 Fn. 13. – Zu den Erfolgsaussichten der wirksamen Abgrenzung der Werbung vgl. *Schauer,* 34 Vand.L.Rev. 265, 290 f. (1981).
69 Siehe aber unten S. 137 (Fn. 225).

*Zweiter Teil*

# Dogmatik der Einschränkungen der Kommunikationsrechte

Im Mittelpunkt des Zweiten Teils stehen die wichtigsten allgemeinen Schrankenstandards zum 1. Amendment. Zunächst wendet sich die Untersuchung den bis etwa Ende der sechziger Jahre in der Rechtsprechung vertretenen Prüfungsmaßstäben zu und gibt einen Überblick über Inhalt, Entwicklung und Stellenwert dieser Theorien (§ 4). Die folgenden beiden Abschnitte vertiefen die Analyse der Strukturen und Variationen des Abwägungs- (§ 5) und des Gefahrentests (§ 6), also der beiden Schrankenstandards, die aus dem Kreis der in § 4 diskutierten älteren Theorien allein noch vom Supreme Court fortgeführt werden. Dabei soll die Behandlung des Abwägungstests entsprechend seiner die Rechtsprechung seit rund drei Jahrzehnten beherrschenden Stellung besonders genau die Argumentationsfiguren und Wertungen aufzeigen, mit denen der Supreme Court die Verfassungsmäßigkeit von Einschränkungen der Meinungs-, Presse- und Versammlungsfreiheit sowie der sonstigen Äußerungsrechte beurteilt. Aus demselben Grund ist der theoretischen Darstellung des Abwägungstests eine Auswahl wichtiger Entscheidungen zu zentralen Auslegungsfragen des 1. Amendment angefügt.

Die besondere Bedeutung der Schrankentheorien ergibt sich aus dem Fehlen jeglicher Anhaltspunkte für die Schrankenbestimmung in der amerikanischen Verfassung. Obwohl die Freiheiten des 1. Amendment nach seinem Wortlaut vorbehaltlos gewährleistet sind, hat die Rechtsprechung stets betont, daß dieses Grundrecht Einschränkungen unterliegen könne. Die Kriterien, nach denen die Rechtsprechung zu verschiedenen Zeiten das Problem der Schrankenbestimmung gelöst hat, sind Gegenstand der folgenden Darlegungen.

# § 4 Überblick: Die wichtigsten allgemeinen Schrankenstandards in der älteren Rechtsprechung des Supreme Court

## I. Der bad tendency-Test

Der bad tendency-Test ist der älteste Schrankenstandard in der Rechtsprechung zur Meinungsfreiheit. Seine Wurzeln reichen zurück bis in das 18. Jahrhundert zum englischen common law-Delikt des »seditious libel«. Dieser Tatbestand stellte solche Äußerungen in öffentlichen Angelegenheiten unter Strafandrohung, die nach ihrer Tendenz geeignet waren, die öffentliche Ruhe zu stören oder das Ansehen der Regierung oder ihrer Beamten zu verletzen.[1] Hinter diesem sehr vage umrissenen Delikt stand die Vorstellung, daß kritische Meinungsäußerungen auf lange Sicht die Stabilität des politischen Systems bedrohen könnten.[2] Nach Erlangung der Unabhängigkeit übernahmen die amerikanischen Gerichte die seditious libel-Doktrin mit einigen kleineren Korrekturen, ohne aber von dem Strafbarkeitskriterium der »bösen Tendenz« einer Äußerung abzugehen.[3] Den Inhalt des bad tendency-Tests faßte der Supreme Court 1925 in *Gitlow v. New York* wie folgt zusammen:

> »That a State in the exercise of its police power may punish those who abuse this freedom by utterances inimical to the public welfare, tending to corrupt public morals, incite to crime, or disturb the public peace, is not open to question.«[4]

Wie in einer anderen Passage der Entscheidung zum Ausdruck kommt, sollte sich die richterliche Nachprüfung auf willkürliche oder unvernünftige Eingriffe in das 1. Amendment beschränken.[5] Verfassungsrechtliche

---

1 *Chafee* S. 23; *Steinberger* S. 277; *Levy* S. 10.
2 *Chafee* S. 23; *Steinberger* S. 277.
3 *Pritchett* S. 302.
4 268 U.S. 652, 667 (1925); ebenso Whitney v. California, 274 U.S. 357, 371 (1927).
5 »It cannot be said that the State is acting arbitrarily or unreasonably when ... it seeks to extinguish the spark without waiting until it has enkindled the flame ...«, 268 U.S. 669; ähnlich Whitney v. California, 274 U.S. 371.

Einwände gegen die Unterdrückung von Äußerungen bestanden danach nicht, wenn die Meinungsäußerung nach ihrer potentiellen Wirkung in der Öffentlichkeit geeignet war, ein rechtlich geschütztes Interesse zu beeinträchtigen. Wann die Gefährdung oder der Schaden eintreten würde, spielte dabei keine Rolle. Maßgeblich war die Möglichkeit, daß die Äußerung allein oder gemeinsam mit anderen Faktoren den unerwünschten Erfolg näher bringen würde.[6]

Auf der Grundlage des bad tendency-Tests bestätigte der Supreme Court die Verfassungsmäßigkeit eines Straftatbestandes, der sich gegen die Befürwortung des gewaltsamen Umsturzes der Regierung richtete;[7] desgleichen erhielt das Gericht das Verbot aufrecht, eine Gruppe zu organisieren oder ihr anzugehören, welche die Anwendung von Gewalt als Mittel des politischen Kampfes propagiert.[8] Ausdrücklich wurde auf die Vermutung der Verfassungsmäßigkeit für diese abstrakten Gefährdungsdelikte abgestellt.[9] Danach durfte das Grundrecht der Meinungsfreiheit grundsätzlich eingeschränkt werden, wenn bestimmte Meinungsäußerungen nach dem Urteil des Gesetzgebers zwar keine unmittelbare, aber möglicherweise eine langfristige Gefahr für die Stabilität des politischen Systems verursachten.

Unter dem bad tendency-Test konnte die Meinungsfreiheit erheblichen Einschränkungen ausgesetzt werden. Da es nicht auf die konkrete Gefährlichkeit ankam,[10] hing der Schutz des Grundrechts letztlich davon ab, ob die Befürchtungen von Gesetzgeber oder Rechtsanwendern hinsichtlich schädlicher Langzeitwirkungen von bestimmten Meinungen nicht völlig unhaltbar erschienen. Der Test ließ nicht nur die Poenalisierung flammender radikaler Rhetorik zu, sondern versagte auch der Opposition gegen die Teilnahme der USA am 1. Weltkrieg den Schutz der Meinungsfreiheit.[11] Statt solche Meinungsäußerungen als Beitrag zum Prozeß der öffentlichen Meinungsbildung zu werten, durfte sie der Gesetzgeber ohne Verstoß gegen die Verfassung als Gefahrenquelle behandeln. Im Konflikt mit widerstreitenden öffentlichen Interessen mußte die Freiheit der Meinungsäußerung danach im Regelfall unterliegen.[12]

Der bad tendency-Test wurde zuletzt in *Whitney v. California* (1927) ein-

---

6 *Shapiro* S. 48; *Emerson*, General Theory S. 50.
7 Gitlow v. New York, 268 U.S. 652 (1925).
8 Whitney v. California, 274 U.S. 357 (1927).
9 Gitlow v. New York, 268 U.S. 652, 668 (1925).
10 Gitlow v. New York, 268 U.S. 671 f.
11 Vgl. die Zusammenstellung von Fällen bei *Chafee* S. 51 ff.
12 *Emerson*, General Theory S. 50 f.

gesetzt. An seine Stelle traten der Gefahrentest und später die Interessenabwägung.[13] Nach heutiger Verfassungsauslegung genügt der bad tendency-Test den Mindestanforderungen des 1. Amendment nicht; das Grundrecht darf nicht auf der Grundlage allgemeiner, unbelegter Befürchtungen über mögliche Rechtsgutgefährdungen eingeschränkt werden.[14]

## II. *Der Gefahrentest (clear and present danger-Test)*

Am Anfang der modernen Rechtsprechung zu den Schranken der Meinungsfreiheit stand der Gefahrentest. Gegenüber dem bad tendency-Test setzte dieser Standard die Schwelle für Grundrechtseinschränkungen höher an. Die Anwendung des Gefahrentests war maßgeblich von der Erkenntnis geprägt, daß die Verbürgung der Meinungsfreiheit nicht nur ein Wert an sich ist, sondern ein für die demokratische Staatsverfassung unentbehrliches Instrument der politischen Auseinandersetzung bildet. Anlaß für diese Auslegung des 1. Amendment war die Verfolgung und Bestrafung von Kriegsgegnern wegen regierungskritischer Äußerungen im 1. Weltkrieg.

Die Entwicklung des Tests vollzog sich in zwei Phasen. Von 1919 bis 1927 wurden seine Voraussetzungen herausgearbeitet und begründet (1.). Vor allem in den vierziger Jahren kombinierte der Supreme Court den Gefahrentest mit der Doktrin von der Vorzugsstellung der demokratischen Freiheitsrechte, der sog. preferred position-Doktrin (2.). Die damit verbundene Blütezeit endet zu Beginn der fünfziger Jahre mit einer wesentlichen Umdeutung der Voraussetzungen des Tests (3.).[15]

13 In Herndon v. Lowry, 301 U.S. 242, 258 (1937), wies der Supreme Court die Aufforderung der Regierung zur Wiederbelebung des Tests zurück; s. auch Dennis v. United States, 341 U.S. 494, 507 (1951). Verschiedentlich wird der sog. clear and probable danger-Test aus Dennis (vgl. dazu § 4 II 3) in die Nähe des bad tendency-Tests gerückt; vgl. *Steinberger* S. 362, *Stalder* S. 65, *Shapiro* S. 65, *Mason/Beaney* S. 297, *Abraham* S. 214. *Steinberger* (S. 305) interpretiert auch die ersten drei Entscheidungen zum clear and present danger-Test (vgl. im einzelnen § 4 II) aus dem Jahre 1919 (Schenck, Frohwerk, Debs) als bad tendency-Entscheidungen; er begründet dies damit, daß dort maßgeblich auf die Absichten und die möglichen Folgen des Verhaltens der Angeklagten abgestellt wurde. – Whitney v. California wurde 1969 als Präjudiz aufgegeben; vgl. Brandenburg v. Ohio, 395 U.S. 444, 449 (1969).
14 Police Department of Chicago v. Mosley, 408 U.S. 92, 101 (1972); Tinker v. Des Moines, 393 U.S. 503, 508 (1969).
15 Ausführliche Rechtsprechungsanalysen zum Gefahrentest liegen in deutscher Sprache vor bei *Steinberger* S. 303–329; *Großmann*, JöR N.F. Bd. 10 (1961), 181, 186–194, 198–201.

## 1. Entwicklung des Gefahrentests durch die Richter Holmes und Brandeis

Die klassische Formulierung des Gefahrentests stammt aus der Feder von J. Oliver W. Holmes, der in *Schenck v. United States* (1919) für das Gericht die Grenzen der Meinungsfreiheit wie folgt absteckte:

> »The question in every case is whether the words are used in such circumstances and are of such a nature as to create a clear and present danger that will bring about the substantive evils that Congress has a right to prevent. It is a question of proximity and degree.«[16]

Danach war in jedem Einzelfall zu prüfen, ob eine Meinungsäußerung zu einer klaren und unmittelbar drohenden[17] Gefahr für ein geschütztes Rechtsgut geführt hat. Der entscheidende Unterschied zum bad tendency-Test lag in dem Unmittelbarkeitskriterium; die nur entfernte Möglichkeit der Gefährdung eines öffentlichen Interesses konnte fortan nicht mehr zur Rechtfertigung von Eingriffen herangezogen werden. Zur Begründung verwies Holmes in einem Sondervotum in *Abrams v. United States* darauf, daß das 1. Amendment den freien Gedankenaustausch zu dem Zweck gewährleiste, daß sich letztlich die Wahrheit im Wettbewerb der Ideen durchsetzen könne.[18]

*Abrams* markiert den Beginn eines vorübergehenden Schattendaseins des Gefahrentests. Während die Mehrheit der Richter bis 1927 wieder auf den bad tendency-Test zurückgriff, befürworteten nur Holmes und Brandeis seine Anwendung. So erweiterten sie in *Gitlow v. New York* den Anwendungsbereich des Tests auf Verurteilungen wegen Begehung eines abstrakten Gefährdungsdelikts.[19] War es in *Schenck* noch um die Abgrenzung des Versuchs von strafloser Vorbereitungshandlung gegangen, lag in *Gitlow* eine ausdrückliche legislative Wertung vor, daß schon das Äußern bestimmter Meinungen (hier: der Lehre von der Pflicht zum gewaltsamen Umsturz der Regierung) ohne Rücksicht auf zusätzliche konkrete Gefahren gefährlich genug sei, um die Strafbarkeit zu begründen. Die Erstreckung des Gefahrentests auf solche abstrakten Gefährdungsdelikte bedeu-

---

16 249 U.S. 47, 52 (1919). Zu Richter *O. W. Holmes* vgl. *Pritchett* S. 39 f.
17 In diesem Sinn wurde der Begriff »present« in Abrams v. United States ausgelegt; vgl. 250 U.S. 616, 630 (1919), diss.op. *J. Holmes*.
18 250 U.S. 630, diss.op. *J. Holmes* und *J. Brandeis*. Ausführlich zu der Metapher vom »Marktplatz der Meinungen« und zu Abrams *Shapiro* S. 51–55, *Steinberger* S. 306 f.
19 268 U.S. 652, 672 f. (1925), diss.op.

tete eine Korrektur der Entscheidung des Gesetzgebers im Einzelfall. Der Sache nach, wenn auch nicht im rechtstechnischen Sinn, fungierte der Test als Mittel der verfassungskonformen Auslegung von Straftatbeständen, indem er die Strafbarkeit vom Vorliegen einer klaren und unmittelbar drohenden Gefahr abhängig machte.[20]

In *Whitney v. California* verschärften Brandeis und Holmes den Schrankenstandard weiter dahin, daß die Meinungsfreiheit nicht schon bei geringfügigen Schäden eingeschränkt werden dürfe. Nur die Gefahr ernster Schäden rechtfertigte nach ihrer Auffassung staatliche Eingriffe in den Wettbewerb der Ideen, und dies auch nur als ultima ratio für den Fall, daß die Gefahr nicht wirksam durch die Mechanismen des »Meinungsmarktes«, insbesondere durch erzieherische Gegenrede, abgewendet werden konnte. Danach mußte eine Notlage eintreten, bevor ein Eingriff in das Grundrecht zulässig war.[21]

Brandeis gewann diese Auslegung des Gefahrentests aus dem Zweck der Meinungs- und Versammlungsfreiheit. Beide Grundrechte sollten die Kräfte der Vernunft zur Geltung bringen, die Entschärfung schädlicher Ideen durch den klärenden Prozeß von Rede und Gegenrede ermöglichen und schließlich die Wahrheit durchsetzen. In dem freiheitlichen Staatswesen der USA sei die öffentliche Auseinandersetzung eine politische Pflicht.[22] Damit hob Brandeis maßgeblich auf die öffentliche Funktion der Kommunikationsrechte des 1. Amendment ab und machte diese Erkenntnis für die Gewinnung der Grundrechtsschranken fruchtbar. Dieses Grundrechtsverständnis bestimmt seither die Rechtsprechung des Supreme Court zum 1. Amendment.

Holmes und Brandeis entwickelten den Gefahrentest zunächst für das Gericht und später in Sondervoten an Hand von Fällen aus dem Staatsschutzrecht. Die Faustformel »clear and present danger of a serious evil« trug deutlich strafrechtliche Züge; sie wurzelte in der strafrechtlichen Versuchslehre des common law.[23]

Sieht man von drei Entscheidungen aus dem Jahr 1919 ab,[24] konnte sich der Gefahrentest bis 1937 nicht im Gericht durchsetzen. Bis *Whitney* ver-

---

20 Als Gericht des Bundes fehlt dem Supreme Court die Kompetenz zur Auslegung von gliedstaatlichen Vorschriften; Grayned v. Rockford, 408 U.S. 104, 110 (1972). Vgl. auch *Hailbronner,* JöR N.F. Bd. 22 (1973), 579, 593.
21 Whitney v. California, 274 U.S. 357, 377 (1927), conc.op. *J. Brandeis;* vgl. auch *Steinberger* S. 312.
22 274 U.S. 375.
23 *Tribe* § 12-9 (S. 610 Fn. 15); *Shapiro* S. 56; *Steinberger* S. 318 f.
24 Schenck v. United States, 249 U.S. 47; Frohwerk v. United States, 249 U.S. 204; Debs v. United States, 249 U.S. 211 (alle 1919).

focht die Mehrheit den bad tendency-Test; danach – etwa von 1927 bis 1937 – hatte der Supreme Court zu besonders gelagerten Problemen Stellung zu nehmen, die keinen Bezug zur Frage des allgemeinen Schrankenstandards aufwiesen.[25]

## 2. *Verbindung des Gefahrentests mit der Doktrin von der Vorzugsstellung der demokratischen Freiheitsrechte (preferred position-Doktrin)*

Erstmals in der Entscheidung *Herndon v. Lowry* (1937)[26] machte sich wieder eine Mehrheit im Supreme Court den Gefahrentest zueigen. Sein Anwendungsbereich wurde weit über das Antisubversionsrecht hinaus auf verschiedenartige Fallgestaltungen ausgedehnt, so daß man ihn als dominierenden Prüfungsmaßstab für Eingriffe in die Meinungsfreiheit bezeichnen konnte. In den Jahren bis 1950 trug die Rechtsprechung jedoch wenig zur Klärung der Begriffe »clear« und »present« bei.[27] Von Fall zu Fall wurden die Voraussetzungen des Tests unterschiedlich scharf formuliert. Besonders streng war die Formel in *Bridges v. California,* wo eine Verurteilung wegen Mißachtung des Gerichts, gestützt auf massive öffentliche Kritik an einem Urteil, wegen fehlender Gefährdung der Rechtspflege aufgehoben wurde:

> ». . . the substantive evil must be extremely serious and the degree of imminence extremely high«.[28]

Für die Entscheidung im Einzelfall war es aber nicht von Bedeutung, für welche Formulierung sich das Gericht jeweils aussprach. Dies beruhte darauf, daß die Anwendung des Gefahrentests maßgeblich von der Doktrin von der Vorzugsstellung der demokratischen Freiheitsrechte (preferred position-Doktrin) bestimmt wurde.[29] Die Doktrin war nicht als Schrankenstandard konzipiert[30] und stand auch nicht in einer notwendi-

---

25 Siehe die Übersicht bei *Großmann,* JöR N.F. Bd. 10 (1961), 181, 194–197.
26 301 U.S. 242 (1937).
27 *Redish,* 70 Cal.L.Rev. 1159, 1180 (1982).
28 314 U.S. 252, 263 (1941); vgl. auch Thomas v. Collins, 323 U.S. 516, 530 (1945), plural.op.
29 Ausführlich zur preferred position-Doktrin *Ducat* S. 199–205; *Shapiro* S. 58 f.; *Stalder* S. 69–89; *Steinberger* S. 322–329; *Ehmke* S. 437–450; *Krislov* S. 116–119.
30 Vgl. *Krislov* S. 116–119, der die Unbestimmtheit der Doktrin sowie das Fehlen einer umfassenden Begründung moniert.

gen Beziehung zu einem bestimmten Test.[31] Vielmehr war sie Ausdruck des Grundsatzes, daß Einschränkungen der Meinungsfreiheit der strengen richterlichen Nachprüfung unterliegen.[32]

Die Doktrin klang erstmals 1937 in einigen Entscheidungen an. Ihr lag – ebenso wie dem Gefahrentest – die Erkenntnis zugrunde, daß bestimmte Grundfreiheiten in höherem Maß als andere zur Erhaltung der demokratischen Ordnung beitragen und deshalb des besonderen Schutzes vor staatlichen Einschränkungen bedürfen. Als unentbehrlich wurde das 1. Amendment angesehen: »Freedom of thought and speech ... is the matrix, the indispensable condition, of nearly every other form of freedom.«[33] Die grundlegende Bedeutung der Meinungs-, Presse- und Versammlungsfreiheit wurde in der Gewährleistung eines freien Meinungs- und Willensbildungsprozesses im Rahmen der demokratischen Staatsverfassung erblickt.[34] Stärker als bei Brandeis und Holmes wurde die Einbindung dieser Rechte in das System der repräsentativen Demokratie betont. Hoheitliche Eingriffe konnten nicht nur subjektive Bürgerrechte verletzen, sondern den demokratischen Meinungs- und Willensbildungsprozeß und indirekt die freiheitliche demokratische Staatsordnung selbst beeinträchtigen. Es war vor allem diese objektivrechtliche Dimension des 1. Amendment, die dem Supreme Court zur Begründung einer strengen Kontrolle von meinungseinschränkenden Hoheitsakten diente. Eine wesentliche Folgerung aus den Grundgedanken der Doktrin war das Postulat unabhängiger richterlicher Beurteilung der Verfassungsmäßigkeit von Einschränkungen des 1. Amendment;[35] richterliche Selbstbeschränkung im Sinne einer grundsätzlichen Hinnahme gesetzgeberischer Entschei-

---

31 *Kauper,* Frontiers S. 74 f.
32 *Ehmke* S. 446. Die Forderung nach strengen Prüfungsmaßstäben hatte erstmals Richter *Stone* in United States v. Carolene Products Co., 304 U.S. 144, 152 Fn. 4 (1938), zur Diskussion gestellt. Die Carolene Products-Fußnote, ein obiter dictum, bezog sich allgemein auf Eingriffe in die ersten zehn Amendments. Soweit sie sich mit Eingriffen in den politischen Meinungs- und Willensbildungsprozeß beschäftigte, lassen die angeführten Beispiele und Präjudizien erkennen, daß die Anmerkung im wesentlichen auf das 1. Amendment gemünzt war. In zwei weiteren Absätzen griff *Stone* diesen Gedanken auch für diskriminierende Bestimmungen gegen Religionen und ethnische bzw. rassische Minderheiten auf. – Die historischen Quellen der Doktrin hat *McKay* nachgezeichnet; er führt sie auf *James Madison* zurück; vgl. 34 N.Y.U.L.Rev. 1182, 1184 f. (1959).
33 Palko v. Connecticut, 302 U.S. 319, 326 f. (1937).
34 Vgl. DeJonge v. Oregon, 299 U.S. 353, 364 f. (1937); Schneider v. State, 308 U.S. 147, 161 (1939); Thomas v. Collins, 323 U.S. 516, 530 (1945), plural.op.; Cantwell v. Connecticut, 310 U.S. 296, 310 (1940). Siehe auch das Sondervotum von *J. Brandeis* in Whitney v. California, 274 U.S. 357, 374 ff. (1927).
35 Vgl. Schneider v. State, 308 U.S. 147, 161 (1939); Thomas v. Collins, 323 US. 516, 532 f. (1945), plural.op.

dungen kam für die Gerichte deshalb nicht in Betracht, weil meinungsbeschränkende Gesetze – im Gegensatz etwa zu wirtschaftsregulierenden Bestimmungen – den politischen Willensbildungsprozeß verkürzen und somit den Weg zu friedlichen Änderungen der Gesetze erschweren. Auch die Forderung nach Abschwächung bzw. Aufhebung der im Verfassungsrecht grundsätzlich geltenden Vermutung der Verfassungsmäßigkeit von Gesetzen ging auf die preferred position-Doktrin zurück.[36] Im Rechtsstreit oblag es dem Hoheitsträger, die Verfassungsmäßigkeit der Grundrechtseinschränkung überzeugend zu begründen.

Die Lehre von der Vorzugsstellung der demokratischen Mitwirkungsrechte ergänzte und konkretisierte den Gefahrentest durch ein klar umrissenes Verständnis von den Zwecken der Äußerungsfreiheit. Sie bestimmte zugleich die Rolle der Gerichte bei der Nachprüfung von Grundrechtsbeeinträchtigungen.[37] Insgesamt verschaffte die Kombination der preferred position-Doktrin mit dem Gefahrentest dem Recht auf freie Meinungsäußerung weitgehenden Schutz vor Eingriffen, ein Ergebnis, das der isolierte Gefahrentest in seiner Entwicklungsphase bis 1927 nicht erzielt hatte.[38]

### 3. Verzicht auf die Unmittelbarkeit der Gefahr

Die Ablösung des Gefahrentests als herrschender Prüfungsmaßstab für Einschränkungen des 1. Amendment kündigte sich 1950 in *American Communications Assn. v. Douds* an, wo eine indirekte Grundrechtsbeschränkung im Wege der Interessenabwägung auf ihre Verfassungsmäßigkeit überprüft wurde.[39] Im folgenden Jahr verzichtete der Supreme

---

36 Vgl. Thomas v. Collins, 323 U.S. 516, 529 f. (1945), plural.op.; *Pritchett* S. 305. Der Supreme Court ist nicht so weit gegangen, die Vermutung der Verfassungsmäßigkeit für meinungseinschränkende Gesetze umzukehren; *Shapiro* S. 116, *Stalder* S. 90 f.; a.A. *Frank* S. 133.
37 *Shapiro* S. 117; *Stalder* S. 98–100.
38 Der Einfluß der Doktrin reichte weit über den Gefahrentest hinaus. Unter anderem wirkte sie auf die Anforderungen an die Klagebefugnis (standing to sue), die Bestimmtheit von Grundrechtseinschränkungen durch Gesetz und an das Verfahren, das bei der Vorlagepflicht für Filme bzw. der Vorzensur für obszöne Publikationen zu beachten ist; vgl. im einzelnen *McKay*, 34 N.Y.U.L.Rev. 1182, 1217–1222 (1959); *Stalder* S. 96; *Monaghan*, 83 Harv.L.Rev. 518 (1970).
39 339 U.S. 382 (1950). Die Regelung sah vor, daß Gewerkschaften ihre Rechte aus dem National Labor Relations Act verlieren, wenn nicht alle Funktionäre förmlich ihre Nichtmitgliedschaft in der Kommunistischen Partei versichern. Die Bestimmung wurde bestätigt.

Court auf das Kriterium der Unmittelbarkeit der Gefahr und vollzog damit die Ablösung des Gefahrentests. In *Dennis v. United States*[40] lag nicht – wie in vielen älteren Entscheidungen – ein relativ leicht überschaubarer, einfacher Sachverhalt vor, in dem sich die Gefahrenprüfung auf die Tat eines Einzeltäters erstreckte. Vielmehr war die Verfassungsmäßigkeit eines Gesetzes zu beurteilen, das sich gegen die Verschwörung zur Bildung der Kommunistischen Partei und zur Befürwortung des gewaltsamen Umsturzes richtete. Angesichts der von der Kommunistischen Partei ausgehenden Gefahren für die freiheitliche Staatsverfassung hielt es der Supreme Court nicht für angebracht, dem Staat erst kurz vor Beginn eines Umsturzversuchs das Recht zum Eingreifen zuzubilligen. Die relative Mehrheit der Richter setzte den Gefahrentest ein, entschärfte jedoch seine bisherige Fassung, indem sie ausdrücklich auf den Zeitfaktor »present« verzichtete. Nach dem sog. Dennis-Test war zu prüfen,

> »whether the gravity of the evil, discounted by its improbability, justifies such invasion of free speech as is necessary to avoid the danger.«[41]

Danach galt die Regel, daß die Anforderungen an die zeitliche Nähe der Rechtsgutverletzung um so geringer werden, je wichtiger das bedrohte Gut ist, sofern nur der Eintritt des befürchteten Schadens (hier: des Umsturzversuchs) nicht völlig unwahrscheinlich ist. Der Dennis-Test rückte hierdurch von dem zentralen Anliegen des Gefahrentests ab, die öffentliche Auseinandersetzung so lange offenzuhalten, bis der Eintritt des Schadens auch durch das Korrektiv der freien Gegenrede nicht mehr verhindert werden kann.[42] Bemerkenswert erscheint ferner der Ansatz zu einer Akzentverschiebung bei der Sachverhaltsanalyse. Vor *Dennis* richtete sich der Schutz des 1. Amendment nach äußeren, objektiven Umständen; maßgeblich war nicht der Charakter der Rede, sondern der Nachweis einer Rechtsgutgefährdung.[43] Dagegen war in *Dennis* die Differenzierung nach Maßgabe des Inhalts der Äußerung ohne Rücksicht auf äußere Um-

---

40 341 U.S. 494 (1951).
41 341 U.S. 510.
42 Vgl. *J. Brandeis*, conc.op. in Whitney v. California, 274 U.S. 357, 377 (1927): »If there be time to expose through discussion the falsehood and fallacies, to avert the evil by the processes of education, the remedy to be applied is more speech, not enforced silence.«; *Steinberger* S. 362; *Voss* S. 21 f.
43 *Linde*, 22 Stan.L.Rev. 1163, 1169 (1970); s. u. S. 155.

stände angelegt.⁴⁴ Dies war zumindest mit der traditionellen Konzeption des Gefahrentests nicht zu vereinbaren.

Trotz der verbalen Beibehaltung des Gefahrentests wird *Dennis* allgemein als stillschweigende Aufgabe des Tests als Hauptdoktrin des 1. Amendment ausgelegt.⁴⁵ Während die am Inhalt der Meinungsäußerung orientierte Differenzierung nach geschützter Befürwortung von Ideen und verbotener Befürwortung von Gesetzesverstößen später fest im Antisubversionsrecht verankert wurde, griff die Rechtsprechung nur noch selten auf den Gefahrentest in seiner traditionellen Fassung zurück.⁴⁶ Auch der Terminus »preferred position« wurde seit *Dennis* gemieden, doch ist nicht zu übersehen, daß die Grundgedanken der Doktrin auch unabhängig von dem Gefahrentest in der Rechtsprechung verwirklicht werden.⁴⁷

III. *Interessenabwägung im Supreme Court (balancing of interests)*

Die Methode der Interessenabwägung zur Bestimmung der Schranken des 1. Amendment fand 1939 Eingang in die Rechtsprechung. Ihr Anwendungsbereich beschränkte sich zunächst auf meinungsneutrale Regelungen des Zeitpunkts, des Orts und der Modalitäten der Äußerung; insoweit herrschte von Anfang an Einigkeit im Gericht über Inhalt und Angemessenheit des Tests.⁴⁸

---

44 Vgl. Dennis v. United States, 341 U.S. 494, 502 (1951); siehe auch Yates v. United States, 354 U.S. 298, 321 f. (1957), wo als tragender Grund der Dennis-Entscheidung die Unterscheidung von Befürwortung von Ideen (advocacy of ideas) und Befürwortung von Rechtsbruch (advocacy of unlawful action) hervorgehoben wird.
45 Vgl. z. B. *Frantz*, 71 Yale L.J. 1424, 1428 (1962); *McCloskey* S. 197; *Emerson*, General Theory S. 53; *Shapiro* S. 65. Der Dennis-Test wurde nur einmal angewendet. Im Staatsschutzrecht wurde der Dennis-Test schon bald »korrigierend« ausgelegt; siehe dazu die vorige Fußnote. Erst 25 Jahre später wurde er wieder – in einem Fall im Spannungsfeld von Pressefreiheit und Anspruch auf fairen Strafprozeß – als Schrankenstandard benannt, ohne daß bei der Anwendung ein Unterschied zum strengen Abwägungstest (s. u. § 5 I) erkennbar wurde; vgl. Nebraska Press Assn. v. Stuart, 427 U.S. 539, 562 (1976).
46 Der gegenwärtige Status des Tests wird nachstehend in § 6 I 2, II untersucht.
47 Vgl. z. B. NAACP v. Alabama, 357 U.S. 449 (1958); siehe auch *Shapiro* S. 83. *Ducat* S. 201 Fn. 22 und S. 200; *Stalder* S. 80–82; *Steinberger* S. 329.
48 Dazu ausführlich unten § 5 III. In diesem Gebiet hat sich der Gefahrentest nicht durchgesetzt; *Shapiro* S. 78. Zur Haltung der Vertreter der absoluten Theorie s. u. S. 82.

Als *allgemeiner* Ansatz zur Schrankenbestimmung kündigte sich die Interessenabwägung 1950 in *American Communications Assn. v. Douds* an,[49] als sich das Gericht erstmals mit der vor allem gegen die Kommunisten gerichteten Antisubversionsgesetzgebung befaßte. Das weitere Vordringen der Interessenabwägung erklärt sich aus der Unzufriedenheit mit dem Gefahrentest und der erheblich veränderten personellen Zusammensetzung des Gerichts;[50] hinzu kam die Materie des Antisubversionsrechts, dessen Verfassungsmäßigkeit innerhalb des Gerichts heftig umstritten war und das letztlich zu einer Polarisierung mit konträren Vorstellungen von der Rolle des Gerichts im Verfassungsgefüge führte.[51]

Die Interessenabwägung hat sich auch nach Abklingen der Streitigkeiten zum Antisubversionsrecht behauptet. Am Ende der Amtszeit von Chief Justice Warren (1969) war die Methode als allgemeiner Ansatz fest etabliert, wenn auch Anwendungsbereich und Voraussetzungen noch nicht ausdifferenziert waren. Soweit sich der Supreme Court nicht für spezielle

---

49 339 U.S. 382 (1950).
50 Zum Gefahrentest s. o. § 4 II und u. § 6. *J. Frankfurter* war der nachdrücklichste Kritiker des Gefahrentests in der Kombination mit der Doktrin von der Vorzugsstellung des 1. Amendment. Vgl. seine Voten in Kovacs v. Cooper, 336 U.S. 77, 89 ff. (1949), conc. op.; Dennis v. United States, 341 U.S. 494, 517 ff. (1951), conc.op., wo er den Gefahrentest als inflexibles Dogma, das zur Lösung schwieriger Rechtsfragen nichts hergibt, verwirft (S. 524 f.). Die personelle Zusammensetzung des Gerichts hatte 1949 durch den Tod zweier als liberal geltender Richter und die Ernennung von zwei Nachfolgern, die in der Folge ständig mit der bisherigen konservativen Minderheit stimmten, eine einschneidende Veränderung erfahren.
51 Man kann das Antisubversionsrecht als Triebfeder der Weiterentwicklung der Schrankentheorien zum 1. Amendment charakterisieren. Aus der Auseinandersetzung um das Staatsschutzrecht sind zwei konkurrierende Ansätze von allgemeinem Geltungsanspruch hervorgegangen: Die Interessenabwägungstechnik und die Theorie vom absoluten Schutz des 1. Amendment (s. u. § 4 IV). Während sich »balancing of interests« vor allem als Reaktion auf den Gefahrentest, insbesondere auf das für einen wirksamen Staatsschutz problematische Merkmal der Unmittelbarkeit (s. o. § 4 II 1) durchsetzte, war die Herausbildung des »absolutism« eine Antwort auf die vermeintliche Verwässerung des Grundrechtsschutzes durch die Interessenabwägungstechnik. Nicht zufällig formulierte *J. Black* die absolute Theorie erstmals in seiner abweichenden Meinung zu Douds, der Leitentscheidung für die von *Black* abgelehnte Abwägung im 1. Amendment; 339 U.S. 382, 445 ff. (1950). Die heftige Diskussion innerhalb und außerhalb des Gerichts um die Grenzen des Staatsschutzes spiegelt sich in der Frage nach dem anwendbaren Prüfungsmaßstab wider. Vor diesem Hintergrund wird der Hinweis von *Shapiro* (S. 87) auf die »polemical origins of the doctrines« verständlich. *Krislov* (S. 127) interpretiert beide Tests als zeitgebundene Produkte der erwähnten Auseinandersetzung; vgl. auch *Carstens* S. 192 f. Die Analyse der heutigen Gestalt des Interessenabwägungstests wird zeigen, daß die anfänglich mit ihm verbundene richterliche Selbstbeschränkung einer durchaus aktiven Rolle des Gerichts gewichen ist; s. u. § 5. Eine umfassende Darstellung und Würdigung des Streits zwischen Abwägung und Absolutismus präsentiert *Voss*, Meinungsfreiheit und verfassungsmäßige Ordnung (1969).

Probleme (z. B. tatbestandliche Unbestimmtheit, verfassungswidrige Überweite von Eingriffstatbeständen)[52] anderer Doktrinen bediente, wurden Schrankenfragen zumeist auf der Grundlage der Abwägungsmethode gelöst.[53]

## 1. *Interessenabwägung, richterliche Selbstbeschränkung und nationale Sicherheit*

In der Leitentscheidung *American Communications Assn. v. Douds* beschreibt der Supreme Court die Aufgabe eines Gerichts im Rahmen der Interessenabwägung wie folgt:

> »When particular conduct is regulated in the interest of public order, and the regulation results in an indirect, conditional, partial abridgment of speech, the duty of the courts is to determine which of these conflicting interests demands the greater protection under the particular circumstances.«[54]

Diese Formulierung weist den Gerichten die Aufgabe zu, im Fall eines Konflikts zwischen der Meinungsfreiheit und einem entgegenstehenden Interesse im Einzelfall darüber zu befinden, welches »Interesse« Vorrang genießt.[55] In dem Abwägungsmodell kommt dem Grundrecht auf freie Meinungsäußerung lediglich der Stellenwert eines individuellen Interesses zu, welches Geltung nur unter dem Vorbehalt beanspruchen darf, daß andere Belange nicht als vorrangig eingestuft werden.[56] Welche materiellen Regeln die Gewichtung leiten sollen, kommt in der Abwägungsformel nicht zum Ausdruck. Damit könnte zumindest theoretisch jedes öffentliche Interesse, das der Gesetzgeber als höherrangig bezeichnet, zur Verdrängung des 1. Amendment führen; insofern sind der Relativierung des Grundrechts keine Grenzen gesetzt.[57]

In dieser Situation gewinnt das richterliche Rollenverständnis besonderes

---

52 Dazu s. u. §§ 7, 8.
53 Die Fortführung und Verfeinerung der Methode durch den Burger Court (1969-1986) wird in § 5 ausführlich analysiert.
54 339 U.S. 382, 399 (1950); ähnlich Barenblatt v. United States, 360 U.S. 109, 126 (1959). Allgemein zur Abwägung im Verfassungsrecht *Ducat* S. 116 ff. (Kap. 3).
55 Der Begriff »interest« schließt sowohl die Grundrechtsposition des Bürgers als auch alle öffentlichen und privaten Belange einschließlich der Grundrechte Dritter ein.
56 *Frantz,* 71 Yale L.J. 1424, 1442 f. (1962); *Voss* S. 124 f.
57 *Frantz,* 71 Yale L.J. 1424, 1442 f. (1962); *Voss* S. 137-139.

Gewicht, weil es die Anwendung der Interessenabwägungsformel[58] prägt. In dieser Hinsicht war der Abwägungstest – anders als der Gefahrentest – von Anbeginn an der richterlichen Selbstbeschränkung verpflichtet. Bei der Nachprüfung von Maßnahmen zur Abwehr subversiver, kommunistischer Einflüsse schuf der Abwägungstest einen beträchtlichen Regelungsfreiraum für den Gesetzgeber.

Für die Würdigung der Interessenabwägung als Schrankenstandard ist daher eine Analyse der Rechtsprechung zur Meinungsfreiheit vonnöten, die sich nicht an den Formeln, sondern an den tragenden Gründen der Entscheidungen orientiert. In dieser Hinsicht geht es insbesondere um die Art der Bestimmung und Gewichtung der Interessen, die Verteilung der Argumentations- und Beweislast[59] sowie die grundsätzliche Einstellung des Gerichts zu gesetzgeberischen Wertungen bezüglich des Zwecks und des Mittels von Grundrechtsbeeinträchtigungen.

Zu diesen Punkten ergibt die Durchsicht des Fallrechts, daß der Supreme Court der Qualität des Eingriffsmittels bis etwa 1961 nicht ernsthaft nachgegangen ist;[60] eine solche Prüfung war in der Abwägungsformel allerdings auch nicht vorgesehen. Stattdessen hat das Gericht regelmäßig versucht, das Gewicht des nachzuprüfenden Eingriffs unmittelbar aus dem dem Antisubversionsrecht zugrunde liegenden Zweck der nationalen Selbsterhaltung abzuleiten. Skepsis gegenüber der Notwendigkeit einer Einzelmaßnahme konnte so im Regelfall kaum aufkeimen.[61] Darin lag unausgesprochen eine Gleichsetzung des konkreten Gewichts der Eingriffsmaßnahme mit dem abstrakten Wert der Selbsterhaltung, so daß der Sache nach das öffentliche Interesse an der Grundrechtsbeschränkung auf einer allgemeinen Ebene bestimmt und gewichtet wurde. Dagegen legte das Gericht das individuelle Interesse des betroffenen Bürgers lediglich

---

58 Sie ist als konturenlose Ermahnung des Gesetzgebers bzw. Rechtsanwenders zur Berücksichtigung des 1. Amendment kritisiert *(Krislov* S. 127) und als Triumph der Methode über Inhalte charakterisiert worden *(Krislov* S. 108; vgl. auch *Emerson,* General Theory S. 54). Die Befürworter der Interessenabwägung haben ihrerseits den Zwang zur Offenlegung der entscheidungserheblichen Erwägungen als Vorzug dieses Ansatzes gepriesen; vgl. *Mendelson,* 50 Cal.L.Rev. 821, 825 f. (1962), und 17 Vand.L.Rev. 479, 481–483 (1964); *J. Frankfurter,* conc.op. in Dennis v. United States, 341 U.S. 494, 524 f. (1951).
59 Dazu vgl. unten S. 85 f.
60 Kritisch *Kauper,* Civil Liberties S. 121; *Frantz,* 71 Yale L.J. 1424, 1439 (1962).
61 Vgl. z. B. Uphaus v. Wyman, 360 U.S. 72, 80 (1959): Die amtliche Ermittlung der Teilnehmer eines politischen Sommercamps zum Zweck der Feststellung, ob sich in dem Staat New Hampshire subversive Personen aufhalten, geschieht im Interesse der nationalen Selbsterhaltung. Ausgangspunkt für die Untersuchung war die Tatsache gewesen, daß einige Teilnehmer Verbindungen zur Kommunistischen Partei gehabt hatten.

als Einzelinteresse in die Waagschale. Die öffentliche Funktion des Grundrechts blieb außer Betracht. Die Bestimmung der abzuwägenden Interessen erfolgte also auf unterschiedlichen Ebenen.[62]
Daß das Abwägungsergebnis bei der Gegenüberstellung des nationalen Rechts auf Selbsterhaltung und des persönlichen Interesses des Bürgers an der Ausübung der Meinungs- und Vereinigungsfreiheit vorbestimmt war, liegt auf der Hand.[63] Von einer ernsthaften Abwägung konnte daher keine Rede sein. In dieses Bild paßt die Position des Gerichts zur Verteilung der Beweis- und Argumentationslast. Seit *Douds* galt der Grundsatz, daß eine unklare oder widersprüchliche Tatsachengrundlage die Berechtigung der Eingriffsmaßnahme nicht beeinträchtigen kann.[64] Der Supreme Court war zudem bereit, sich in richterlicher Selbstbeschränkung zu üben und Wertungen des Gesetzgebers hinzunehmen.[65] Damit fiel dem Bürger die Aufgabe zu, die Stichhaltigkeit gesetzgeberischer Wertungen überzeugend zu widerlegen.
In dieser Kombination von Abwägung und richterlicher Selbstbeschränkung hatte der Grundsatz, daß die Vermutung der Verfassungsmäßigkeit nicht für Eingriffe in die Kommunikationsrechte des 1. Amendment gelte, keinen Platz mehr. Im Gegenteil profitierten die Antisubversionsmaßnahmen von einer kaum überwindlichen Vermutung der Verfassungsmäßigkeit.[66] Unter dem Schrankenstandard des Abwägungstests griff der Grundrechtsschutz nach dem Urteil von Kritikern erst bei Überschreiten

---

62 *J. Black* hat dies kritisch angemerkt, als er in seiner dissenting opinion in Barenblatt v. United States demonstrierte, daß auf Seiten des Bürgers mehr als nur ein persönliches Interesse auf dem Spiel stand; 360 U.S. 109, 144 f. (1959). Allgemein dazu auch *Fried*, 76 Harv.L.Rev. 755, 763–770 (1963).

63 Vgl. *Krislov* S. 112 f.; *Fried*, 76 Harv.L.Rev. 755, 763 (1963); *Voss* S. 131–136; *Frantz*, 71 Yale L.J. 1424, 1438 (1962); *Shapiro* S. 84. Wo der Supreme Court ausnahmsweise Schutz vor parlamentarischen Untersuchungen gewährt hat, ist er zur Begründung auf formale Mängel – Unbestimmtheit des Straftatbestandes (Watkins v. United States, 354 U.S. 178/1957) und unbestimmte Delegation der legislativen Untersuchungskompetenz auf die Exekutive (Sweezy v. New Hampshire, 354 U.S. 234/1957) – ausgewichen. Eine Ausnahme bilden die Antisubversionsfälle ohne Beteiligung von Kommunisten, d. h. die Prozesse um die Bestrebungen der Südstaaten, die Bürgerrechtsorganisationen der farbigen Bevölkerung auszuschalten. Auf sie wird unten zurückzukommen sein (§ 4 III 2).

64 American Communications Assn. v. Douds, 339 U.S. 382, 400 f. (1950).

65 Vgl. *Ducat* S. 157; *Frank* S. 134. Diese Einstellung kam am deutlichsten in Communist Party v. Subversive Activities Control Board, 367 U.S. 1, 93–97, 102–104 (1961), zum Ausdruck, wo *J. Frankfurter* nachdrücklich auf den Vorrang der gesetzgeberischen Wertung angesichts der komplexen weltpolitischen Lage hinweist.

66 Für den praktisch wichtigen Bereich der parlamentarischen Untersuchungen (House Un-American Activities Committee u. ä.) erklärt *Shapiro* (S. 165 f.) dieses Phänomen mit der Annahme des Supreme Court, daß jede parlamentarische Untersuchung einen legislativen Zweck verfolgte. Damit hatte sich das Gericht die Möglichkeit verschlossen,

der Grenze zur offensichtlichen Unvernunft ein, so daß sich die Frage stellte, ob das 1. Amendment neben der Due Process Clause des 14. Amendment, also der Abwehr von unvernünftigen Beschränkungen, überhaupt noch eigenständige Bedeutung hatte.[67] Zu einer Reduzierung des Sinns des 1. Amendment auf Schutz vor gesetzgeberischer Willkür und Unvernunft bekannte sich allerdings nur J. Frankfurter.[68] Die Mehrheit schloß sich diesem Kurs stillschweigend an, vermied aber eine unzweideutige Festlegung.

## 2. Interessenabwägung außerhalb des Staatsschutzrechts

Mit der Einführung des balancing of interests-Ansatzes war auch die Rhetorik von der bevorzugten Stellung des 1. Amendment aus den Entscheidungen verschwunden.[69] Die dem Richter eingeräumte Minimalkontrolle unter dem 1. Amendment war aber auf das Antisubversionsrecht – und damit auf die Abwehr der »kommunistischen Bedrohung« – beschränkt. Dies stellte sich spätestens 1958 in *NAACP v. Alabama* heraus,[70] wo der Abwägungstest einen erheblich strengeren Anstrich erhielt, der in den folgenden 5 Jahren ausgebaut wurde. In den letzten Antisubversionsfällen differenzierte der Supreme Court ausdrücklich zwischen kommunistischen Gruppen, die zu einer weltweiten kommunistischen Organisation unter Führung einer fremden Macht gerechnet wurden, und anderen Vereinigungen.[71] Während die legislative Gefahrenprognose hinsichtlich der Kommunisten als nicht offensichtlich unhaltbar hingenommen wurde,[72] wurde die richterliche Selbstbeschränkung gegenüber Eingriffen in die Rechte von anderen politischen Vereinigungen aufgegeben.

---

den Zweck der Befragung von Zeugen kritisch zu hinterfragen und das Motiv der Bloßstellung von vermeintlichen Kommunisten wenigstens in Erwägung zu ziehen. Vgl. allgemein zum Enquêterecht des Kongresses *Tribe* § 5–19.

67 Vgl. *Emerson*, General Theory S. 55; *Frantz*, 71 Yale L.J. 1424, 1444 (1962); *Voss* S. 138. Zur Due Process Clause s. o. S. 38 (Fn. 45).
68 Zu seiner Position vgl. sein Sondervotum in Dennis v. United States, 341 U.S. 494, 539 f. (1951).
69 Vgl. auch *Stalder* S. 78–90; s. o. § 4 II 2.
70 357 U.S. 449 (1958).
71 Siehe auch unten S. 117.
72 Communist Party v. Subversive Activities Control Board, 367 U.S. 1, 94 f., 102 f. (1961); vgl. auch *Steinberger* S. 479. Diese Entscheidung wurde wenig später so interpretiert, daß die weitreichenden indirekten Grundrechtsbeeinträchtigungen von Mitgliedern der CP wegen des Umstands bestätigt worden seien, daß die CP keine legitime politische Partei wäre; vgl. Gibson v. Florida Legislative Investigation Committee, 372 U.S. 539, 547 (1963).

a) *Strenge Nachprüfung von signifikanten Beeinträchtigungen des 1. Amendment (closest scrutiny)*

Die Rückkehr der preferred position-Doktrin kündigte sich in *NAACP v. Alabama* (1958) an. Ohne diesen Begriff zu erwähnen, legte der Supreme Court den Grundstein für den modernen Abwägungstest, der den Schutz der Redefreiheit wieder zur Regel und ihre Einschränkung zur Ausnahme erklärt.[73] In dieser Entscheidung formulierte der Supreme Court den Grundsatz, daß der mit dem Eingriff verfolgte Zweck zwingend sein müsse, wenn die Maßnahme das 1. Amendment signifikant beeinträchtigt. Dies gelte auch für Nebenfolgen einer an sich legitimen Maßnahme.[74] Darüber hinaus genüge ein Eingriff nur dann den Anforderungen des 1. Amendment, wenn das Eingriffsmittel den Zweck erheblich fördert.[75] Diese Voraussetzungen hatte der Hoheitsträger überzeugend zu belegen; der Richter hatte dessen Rechtfertigung für die Maßnahme kritisch nachzuprüfen. Diese Auslegung des 1. Amendment schloß aus, daß Beeinträchtigungen der Meinungsfreiheit – wie noch in den Staatsschutzfällen – mit vernünftigen Erwägungen des Gemeinwohls aufrechterhalten werden konnten. Die neuen Strukturen des Abwägungsmodells beugten der richterlichen Respektierung gesetzgeberischer Wertungen vor, ließen aber Raum für unerläßliche Beeinträchtigungen der Äußerungsfreiheit zur Verwirklichung übergeordneter Interessen.

In den zwischen 1958 und 1963 entschiedenen Fällen prüfte der Supreme Court vor allem die Berechtigung und Überzeugungskraft des Eingriffszwecks. Die Zweck/Mittel-Beziehung wurde hierfür fruchtbar gemacht; eine isolierte Betrachtung des Eingriffsmittels fand nicht statt. Danach ergab sich ein zweistufiger Prüfungsvorgang. Wenigstens theoretisch war zunächst festzustellen, ob der mit dem Eingriff verfolgte Belang allgemein einen so hohen Wert verkörpert, daß zu seinem Schutz auch eine schwere Grundrechtsbeeinträchtigung vertretbar wäre. Sodann war zu prüfen, ob dieser öffentliche Belang seine Bedeutung auch unter den Umständen des Einzelfalls, d. h. unter Berücksichtigung des Eingriffsmittels, nicht einbüßt. In diesem System konnte ein unzulängliches Mittel die Überzeugungskraft des Zwecks untergraben.

*NAACP v. Alabama* veranschaulicht den zweiten Teil der Interessenabwägung. Alabama hatte von der Bürgerrechtsorganisation u. a. eine Liste

---

73 Vgl. *Shapiro* S. 169: »preferred position balancing«.
74 NAACP v. Alabama, 357 U.S. 449, 461, 463 (1958).
75 357 U.S. 464; ebenso Gibson v. Florida Legislative Investigation Committee, 372 U.S. 539, 546 (1963).

mit Namen und Adressen aller Mitglieder in diesem Staat verlangt und
dies damit begründet, daß sich die Behörden ein Urteil über die gesellschaftsrechtliche Gesetzmäßigkeit der *NAACP*-Aktivitäten bilden wollten. Ohne sich mit der abstrakten Gewichtung dieses Zwecks aufzuhalten,
stellte der Supreme Court fest, daß die Offenlegung der Mitgliederlisten
keinen erkennbaren Bezug zu der Frage der Gesetzmäßigkeit der Vereinigung aufweise.[76] Sodann wurde die Aufhebung der Eingriffsmaßnahme
nicht mit fehlender Eignung des Mittels begründet, sondern mit dem nicht
erbrachten Nachweis eines zwingenden Interesses.[77]

b)  *Isolierte Prüfung des Eingriffsmittels*

In *Shelton v. Tucker* (1960) gründete das Gericht sein Urteil allerdings
isoliert auf die Überweite des Eingriffsmittels. Es setzte also den Erforderlichkeitsgrundsatz (least drastic means) nicht zur Schwächung des
Eingriffszwecks ein, sondern ließ ihn unberührt und beanstandete nur das
Mittel:

> ». . . even though the governmental purpose be legitimate and substantial, that
> purpose cannot be pursued by means that broadly stifle fundamental personal
> liberties when the end can be more narrowly achieved.«[78]

In einer Fußnote erklärte der Supreme Court, daß das 1. Amendment
hinsichtlich der Auswahl des Mittels nicht den in anderen Rechtsgebieten
vorhandenen Entscheidungsfreiraum gewähre; er ließ durchblicken, daß
der Hoheitsträger unter Umständen einen Effektivitätsverlust bei der
Verfolgung des Zwecks hinnehmen müsse.[79] Diese richterliche Kontrolldichte deutete auch bei der Mittelprüfung an, daß die Grundgedanken der
preferred position-Doktrin wieder Fuß faßten. Im Gegensatz zu der von
J. Frankfurter angeführten Minderheit wertete das Gericht die strengen

---

76 357 U.S. 449, 464 (1958).
77 357 U.S. 465. Ähnlich Bates v. Little Rock, 361 U.S. 516, 527 (1960): Keine Relevanz
der Mitgliederlisten für Erhebung einer Gewerbesteuer; Gibson v. Florida Legislative
Investigation Committee, 372 U.S. 539, 557 (1963): An parlamentarischer Untersuchung von kommunistischen Aktivitäten besteht ein zwingendes Interesse, nicht aber am
Verlangen einer Mitgliederliste von der NAACP, weil der Nachweis einer substantiellen
Beziehung der NAACP zu kommunistischen Aktivitäten nicht erbracht sei.
78 364 U.S. 479, 488 (1960). Siehe auch Talley v. California, 362 U.S. 60 (1960).
79 364 U.S. 488 Fn. 8.

Anforderungen an die Erforderlichkeit nicht als Übergriff in die Domäne des Gesetzgebers.

In *Mills v. Alabama* (1966) dehnte der Supreme Court die isolierte Mittelprüfung auf die Geeignetheit aus. Ohne eine Bewertung des Verbotszwecks erklärte er das Verbot, am Wahltag öffentlich Empfehlungen zur Stimmabgabe zu machen, wegen fehlender Förderung des Zwecks (Unterbindung von nicht mehr korrigierbarer Wählerbeeinflussung durch unwahre Behauptungen) für verfassungswidrig.[80] Ausdrücklich wurde dabei auch bestätigt, daß der schwache reasonableness-Test als Schankenstandard unter dem 1. Amendment keinen Platz habe.[81]

Entscheidungen wie *Shelton* und *Mills* haben den Eindruck erweckt, daß sich der Supreme Court bei der isolierten Prüfung der Verfassungsmäßigkeit des Mittels einer selbständigen Doktrin bediente, die von der Abwägung von Interessen zu trennen sei.[82] Das Fallrecht demonstriert jedoch, daß wenigstens die Prüfung der Geeignetheit im Rahmen der Gewichtung des Eingriffsinteresses – also bei dem Vorgang, den das Gericht mit balancing of interests bezeichnete[83] – spätestens seit *NAACP v. Alabama* (1958) zum Bestandteil der Interessenabwägung geworden war.

c)  *Interessenabwägung als kombinierte Zweck/Mittel-Prüfung*

Chief Justice Warren unternahm 1968 den Versuch einer Synthese der in der Abwägungsrechtsprechung eingesetzten Kriterien. Erstmals faßte das Gericht das Instrumentarium der Interessenabwägung in einem Schrankenstandard zusammen, allerdings beschränkt auf die sog. indirekten Beeinträchtigungen. Darunter verstand das Gericht Maßnahmen zur Erreichung eines Zwecks, der nichts mit der Unterdrückung von Überzeugung, Meinung, Vereinigung u. ä. zu tun hat. Dem Gericht schwebten meinungsneutrale Regelungen nach Art allgemeiner Gesetze vor, die für jedermann oder bestimmte Personengruppen Geltung beanspruchen. Der O'Brien-Test erlaubte eine Einschränkung des 1. Amendment,

---

80  384 U.S. 214, 219 f. (1966).
81  384 U.S. 220.
82  So differenziert *Krislov* in seiner kurzen, aber gedankenreichen Studie zu den wichtigsten Schrankenstandards (vgl. S. 93–129) zwischen balancing (S. 108–115) und reasonable alternatives (S. 124–126).
83  Dazu gehört selbstverständlich auch die Feststellung des Eingriffsschadens und die Ermittlung des Gewichts, das dem Interesse an der Ausübung des Grundrechts beizumessen ist.

». . . if it furthers an important or substantial governmental interest;
if the governmental interest is unrelated to the suppression of free expression;
and if the incidental restriction on alleged First Amendment freedoms is no greater than is essential to the furtherance of that interest.«[84]

Das Merkmal »important or substantial interest« wurde hier zum Oberbegriff für die verschiedenen Bezeichnungen bestimmt, mit denen die Rechtsprechung das notwendige Gewicht des Eingriffsinteresses umschrieben hatte.[85] Wie unten ausführlich dargestellt wird, sollte sich der Oberbegriff bald wieder in zwei Hauptbegriffe auflösen, von denen der Terminus »compelling interest« den strengeren Schrankenstandard ankündigen würde, während der gemäßigte Standard mit dem Begriff »substantial interest« arbeiten würde.[86]

Am Ende der Amtszeit von Chief Justice Warren (1969) war der Inhalt des Abwägungstests wenigstens für ungezielt-indirekte Beeinträchtigungen des Grundrechts klar. Welcher Standard für direkte Verbote gelten sollte, war nicht ausdrücklich festgehalten worden. Fälle wie *Mills v. Alabama* und *Talley v. California*[87] hatten der Sache nach jedenfalls eine strikte Prüfung der Verfassungsmäßigkeit des Mittels gebracht, so daß zu erwarten war, daß direkte Eingriffe wenigstens einer ebenso strengen Prüfung unterworfen würden wie indirekte Belastungen unter dem O'Brien-Test. Für die Rechtsprechung des Burger Court waren damit die Grobstrukturen eines differenzierten Abwägungstests vorgezeichnet: Interessenabwägung verlangte grundsätzlich die Ermittlung des Ausmaßes der Grundrechtsbeeinträchtigung, die abstrakte und konkrete Gewichtung des Eingriffsinteresses sowie die Prüfung des Mittels auf hinreichende Eignung und die Existenz milderer Eingriffsmittel.

---

84 United States v. O'Brien, 391 U.S. 367, 377 (1968).
85 Vgl. 391 U.S. 376 f.: »compelling; substantial; subordinating; paramount; cogent; strong.« Die Austauschbarkeit der Begriffe ohne Änderung des Prüfungsmaßstabs veranschaulicht NAACP v. Button, 371 U.S. 415, 438, 444 (1963).
86 S. u. § 5 I, II. Die Strukturen des O'Brien-Tests werden unter § 5 II eingehend analysiert.
87 362 U.S. 60 (1960).

IV. *Die Theorie vom absoluten Schutz des 1. Amendment*

Von den hier besprochenen vier allgemeinen Ansätzen zur Schrankenbestimmung hat allein die Theorie vom absoluten Schutz der Meinungsfreiheit zu keiner Zeit die Mehrheit im Gericht gewonnen.[88] Als Position der Minderheit konnte sie nicht in der Verantwortung einer vom Supreme Court getragenen Begründung reifen. Ihre Konturen sind daher vage geblieben.[89] Dennoch gebührt ihr besondere Aufmerksamkeit, weil sie zusammen mit ihrem Gegenpol, der Interessenabwägung, den Ton und die dogmatische Entwicklung der Rechtsprechung seit Beginn der fünfziger Jahre geprägt hat.[90] Die folgende Darstellung der Grundprinzipien der absoluten Theorie orientiert sich vor allem an den Äußerungen ihres Hauptvertreters, Justice Hugo Black.[91]

Ausgangspunkt der Theorie ist die Überzeugung, daß der Verfassungsgeber die freie Rede, Presse, Versammlung und Petition vor Unterdrückung durch die Hoheitsgewalt absichern wollte.[92] Dieser Zweck habe sich in dem eindeutigen Wortlaut des 1. Amendment niedergeschlagen. Der Normzweck müsse durch strenge Beachtung des Wortlauts verwirklicht werden. Die Freiheit der Meinungsäußerung reiche so weit wie der Inhalt der Begriffe »speech, press, assembly, petition«, eingeschränkt nur durch

---

88 Unter Führung von *J. Black* und *J. Douglas* zählte die Theorie nie mehr als vier Anhänger gleichzeitig. *Steinberger* (S. 577) spricht zwar vom Einschwenken der Mehrheit auf die Linie der »Absolutisten«; seine Nachweise lassen aber erkennen, daß es ihm um die liberale Grundhaltung und nicht um eine konkrete Schrankenlehre geht.
89 *Emerson*, General Theory S. 56; *Voss* S. 163 f., 168; *Stalder* S. 53. *Ducat* (S. 42) weist darauf hin, daß diese Auslegungsmethode außerhalb des 1. Amendment zu den ältesten der Supreme Court-Rechtsprechung gehört.
90 Zu den polemischen Auseinandersetzungen um die Verfassungsmäßigkeit des Antisubversionsrechts s. o. S. 70 (Fn. 51). Seit etwa Mitte der sechziger Jahre ist die Debatte abgeflaut.
91 Auch wenn er und *J. William O. Douglas* regelmäßig gemeinsam votierten, ist dies keineswegs immer geschehen. Bei *Douglas* setzte sich eine weniger strikte Orientierung am Wortlaut des Grundrechts und seine liberale Grundhaltung gelegentlich durch, wo *Black* sich stark dem Text der Verfassung verpflichtet fühlte. Ferner bestanden Unterschiede im Verständnis des 1. Amendment auch zu den führenden Vertretern der absoluten Theorie im Schrifttum, *Alexander Meiklejohn* und *Thomas I. Emerson*. Vgl. dazu eine Übersicht bei *Stalder* S. 54–56 und *Meiklejohn*, 1961 Sup.Ct.Rev. 245, 253 f.; *Emerson*, The System of Freedom of Expression (1970). Allgemein zur absoluten Theorie *Krislov* S. 95–108; *Steinberger* S. 575 ff.; *Emerson*, General Theory S. 56–58; *Pritchett* S. 308 f.; *Voss* S. 162 ff.
92 Communist Party v. Subversive Activities Control Board, 367 U.S. 1, 148 (1961), diss.op. *J. Black;* Barenblatt v. United States, 360 U.S. 109, 151 (1961), diss.op. *J. Black.*

den Begriff »abridge«.[93] Das folgende Zitat bringt die Grundüberzeugung von J. Black in klaren Worten zum Ausdruck:

> »I read ›no law abridging‹ to mean no law abridging. . . . No other provision of the Constitution purports to dilute the scope of these unequivocal commands of the First Amendment. Consequently I do not believe that any federal agencies, including Congress and this Court, have power or authority to subordinate speech and press to what they think are ›more important interests‹.«[94]

Für den Rechtsanwender stand damit die Definition der im 1. Amendment enthaltenen Begriffe im Mittelpunkt.[95] Im Gegensatz zu der partikularistischen Gegenüberstellung der Interessen der Parteien am Rechtsstreit, die den Abwägungstest kennzeichnet, verfochten die »Absolutisten« eine Auslegung, die dem Grundrecht einen festen, unantastbaren Kern geben und seiner Relativierung vorbeugen sollte.[96] Sie verstanden das 1. Amendment nicht als »unlimited license to talk«,[97] hielten die Meinungsfreiheit aber gegen direkte Einschränkungen für immun. Als Kurzformel für den absolut geschützten Umfang des Rechts diente ihnen die Unterscheidung von (geschützter) »expression« und (einschränkbarer) »action«.[98] Berechtigte Regulierungsinteressen wurden nur zugelassen, wenn sie sich nicht gegen den geistigen Inhalt der Äußerung richteten, sondern an schlichtes Verhalten anknüpften. Hinter der Unterscheidung stand die Erkenntnis, daß Meinungsäußerungen vielfach untrennbar mit Verhalten verbunden sind, das ohne Rücksicht auf den kommunikativen Charakter des Vorgangs berechtigte öffentliche oder private Interessen beeinträchtigt.[99]

---

93 Genau genommen ist für die absolute Theorie die Differenzierung von Schutzbereich und Schrankenbestimmung bedeutungslos. Die Definition der Begriffe im Verfassungstext grenzt den unantastbaren Freiheitsbereich ab; vgl. auch *Schauer,* 34 Vand.L.Rev. 265, 275 f. (1981).
94 Smith v. California, 361 U.S. 147, 157–159 (1959), conc.op.
95 *Kauper,* Civil Liberties S. 114; *Schauer,* 67 Geo.L.J. 899, 903 (1979).
96 Vgl. Beauharnais v. Illinois, 343 U.S. 250, 274 f. (1952), diss.op. *J. Black.*
97 *Meiklejohn,* 1961 Sup.Ct.Rev. 245, 250 (unter Bezugnahme auf *J. Harlans* Kritik an der absoluten Theorie in Konigsberg v. California, 366 U.S. 36, 49 f./1961); vgl. *J. Black,* diss.op. in Barenblatt v. United States, 360 U.S. 109, 141 f. (1959), und in Tinker v. Des Moines, 393 U.S. 503, 517, 522 (1969).
98 Vgl. z. B. Brandenburg v. Ohio, 395 U.S. 444, 456 (1969), conc.op. *J. Douglas.* Expression und action wurden also nicht wie bei *J. Holmes* als graduell abgestufte Begriffe, sondern als sich gegenseitig ausschließende verfassungsrechtliche Konzepte verstanden; vgl. *Ducat* S. 72–79.
99 Vgl. Brandenburg v. Ohio, 395 U.S. 454–457, conc.op. *J. Douglas.* »Freedom of expression . . . can be suppressed if, and to the extent that, it is so closely brigaded with illegal

Nach welchen Kriterien die Zuordnung erfolgen soll, ist allerdings nicht offengelegt worden. So muß man sich an den Ergebnissen ausrichten, zu denen die Theorie geführt hat. Nachteile wegen Ehrverletzungen in öffentlichen Angelegenheiten, Pornographieverbote, die Vorzensur von Filmen und die Differenzierung zwischen aktiven und passiven Mitgliedern der Kommunistischen Partei wurden für unzulässig gehalten, weil sie an Überzeugungen oder reine Äußerungen, nicht aber an Taten anknüpften. Gleiches galt für die weitverbreiteten Sicherheitsüberprüfungen im öffentlichen Dienst. Auf der anderen Seite stimmten J. Douglas und J. Black in dem berühmten Beispiel von J. Holmes (Verursachung einer Panik durch unbegründeten Ruf »Feuer«)[100] der Meinung zu, daß der Ausruf mit Strafe bedroht werden dürfe; und in seinem Votum in den Obszönitätsfällen von 1966 deutete J. Douglas an, daß er unter »action« unter Umständen auch die Anstiftung zu einer rechtswidrigen Tat fassen würde.[101]

Die unartikulierten Annahmen hinter diesen Einschätzungen waren nach Meinung von Kritikern stark von den persönlichen Wertvorstellungen des einzelnen Richters beeinflußt.[102] Dabei war es gerade J. Black, der es weit von sich wies, dem Richter die Einbringung persönlicher Wertvorstellungen in die Verfassungsauslegung zuzugestehen.[103] Das konsequente Beharren auf dem Text der Verfassung war für ihn ein Mittel zur Freihaltung der Grundrechte von den tagespolitischen Strömungen, zu einem Zweck also, der für Black den Sinn des Grundrechtskatalogs in der Bill of Rights ausmachte.[104] Zumindest für J. Black warf die strikte Anlehnung an die »speech/conduct«- oder »expression/action«-Dichotomie erhebliche Probleme im Zusammenhang mit neuartigen Formen des Protests

---

action as to be an inseparable part of it.«, Roth v. United States, 354 U.S. 476, 514 (1957), diss.op. *J. Douglas; ders.,* conc.op. in Speiser v. Randall, 357 U.S. 513, 535 f. (1958); *J. Black,* diss.op. in Barenblatt v. United States, 360 U.S. 109, 141 f. (1959). Vgl. auch *Meiklejohn,* 1961 Sup.Ct.Rev. 245, 252; *Emerson,* General Theory S. 60–62.

100 Schenck v. United States, 249 U.S. 47, 52 (1919).
101 Vgl. im einzelnen New York Times v. Sullivan, 376 U.S. 254, 293–297 (1964) – Ehre –; A Book Named »John Cleland's Memoirs of A Woman of Pleasure« v. Attorney General, 383 U.S. 413, 424 ff. (1966) – Obszönität –; Freedman v. Maryland, 380 U.S. 51, 61 f. (1965) – Vorzensur –; Scales v. United States, 367 U.S. 203, 259 ff., 262 (1961) – Mitgliedschaft in CP –; Brandenburg v. Ohio, 395 U.S. 444, 456 f. (1969) – zu Loyalitätsprogrammen und Panik-Beispiel –; Übereinstimmung mit dem Brandenburg-Test für Aufrufe zum Gesetzesbruch, 395 U.S. 450.
102 Vgl. *Bickel* S. 92–98; *Haller* S. 73.
103 Vgl. Tinker v. Des Moines, 393 U.S. 503, 519 f. (1969), diss.op.; siehe auch *Bickel* S. 85.
104 Vgl. Communist Party v. Subversive Activities Control Board, 367 U.S. 1, 163 (1961), diss.op.

wie friedlichen Sit-ins, aber auch mit Demonstrationen der traditionellen Art auf. Im Gegensatz zu J. Douglas rückte er den Verhaltensaspekt in den Mittelpunkt der Analyse und vernachlässigte somit den symbolischen Charakter der Handlung als Meinungsäußerung.[105] Letztlich sind die »Absolutisten« die Antwort auf die Frage schuldig geblieben, wie die Zuordnung eines Vorgangs in die eine oder andere Kategorie vorzunehmen ist.
Ergänzend ist anzumerken, daß auch die Vertreter der absoluten Theorie mit der Anwendung des Abwägungstests grundsätzlich einverstanden waren, wenn ein Eingriff »Verhalten« regeln soll und dabei ungezielte Einwirkungen auf den Schutzbereich des 1. Amendment zu verzeichnen sind.[106]
Seit den Rücktritten von J. Black (1971) und J. Douglas (1975) wird die Theorie vom absoluten Schutz des 1. Amendment im Supreme Court nicht mehr vertreten. Sie soll daher im Rahmen der Untersuchung nicht weiter verfolgt werden. Im Mittelpunkt des Interesses werden die herrschende Interessenabwägung und das Schicksal des Gefahrentests stehen.

---

105 Vgl. Brown v. Louisiana, 383 U.S. 131, 151 ff. (1966), diss.op.; Adderley v. Florida, 385 U.S. 39 (1966); Street v. New York, 394 U.S. 576, 610 (1969), diss.op. Dazu siehe auch *Krislov* S. 105 f.
106 Barenblatt v. United States, 360 U.S. 109, 141 f. (1959), diss.op. *J. Black;* Tinker v. Des Moines, 393 U.S. 503, 517 (1969), diss.op. *J. Black*. Dies galt vor allem für die unten unter § 5 III behandelten time, place, and manner-Einschränkungen.

## § 5 Der Abwägungstest in der jüngeren Rechtsprechung des Supreme Court

Unter Chief Justice Burger hat der Supreme Court den Abwägungstest seit 1969 als allgemeinen Standard zur Bestimmung der Schranken der Meinungsfreiheit bestätigt. Unbelastet von polemischen Grundsatzdiskussionen um die verfassungsrechtliche Zulässigkeit der Interessenabwägung hat das Gericht Anwendungsbereich und Voraussetzungen des Standards präzisiert und weiterentwickelt.

Im Anschluß an *United States v. O'Brien* hat der Supreme Court die Anforderungen des 1. Amendment an die Verfassungsmäßigkeit von Grundrechtsbeeinträchtigungen in verschiedenen Prüfungsmaßstäben erfaßt und somit einen Beitrag zu verstärkter Vorhersehbarkeit der Ergebnisse geleistet.[1] Das Modell der Interessenabwägung unterscheidet zwei nach der Strenge der Nachprüfung differenzierende Maßstäbe, den strengen strict scrutiny-Standard und den gemäßigten intermediate scrutiny-Test. Darüber hinaus unterliegt die Sondermaterie der Zeit-, Orts- und Modalitätenregelungen einem eigenen Standard. Er entspricht weitgehend dem gemäßigten Test, so daß die heutige Rechtsprechung über einen zweistufigen Ansatz verfügt.

Die bewußte Differenzierung nach strengem und gemäßigtem Abwägungstest ist das Ergebnis der jüngeren Rechtsprechung, die etwa mit der Entscheidung *Buckley v. Valeo* (1976)[2] einsetzte. Es ist denkbar, daß der Supreme Court die Prüfungsmaßstäbe in Anlehnung an die seit 1966 entwickelte umfangreiche Rechtsprechung zum Gleichheitssatz artikuliert hat; im Mittelpunkt dieser Rechtsprechung stand ein strenger Prüfungsmaßstab, der sich auf Eingriffszweck und -mittel erstreckte und dem erst später ausformulierten Standard für den strengen Abwägungstest fast auf das Wort glich.[3]

---

1 Zu O'Brien s. o. § 4 III 2c und u. § 5 II. Das Fehlen jeglicher materiellrechtlicher Leitprinzipien für die Entscheidungsfindung war ein wesentlicher Kritikpunkt an der Interessenabwägung gewesen. Überspitzt hat *Krislov* (S. 111) bemerkt, es gäbe ebenso viele Abwägungsansätze wie Richter. Kritisch auch *Frantz*, 51 Cal.L.Rev. 729, 749 (1963); *Emerson*, General Theory S. 55 f.; *Shapiro* S. 87, 97 f.; *Nimmer*, 56 Cal.L.Rev. 935, 939 (1968).
2 424 U.S. 1 (1976).
3 Siehe unten S. 105 (Fn. 94 m. w. N.).

Die Anwendungspraxis offenbart allerdings kein starres Schema, das nur zwei Alternativen kennt. Vielmehr bezeichnen die beiden Stufen eher den jeweiligen Schwerpunkt der durchschnittlichen verfassungsrechtlichen Anforderungen des 1. Amendment an bestimmte Eingriffsformen. Der Supreme Court geht von den beiden Prüfungsmaßstäben aus, doch scheint er eine dynamische Wechselbeziehung zwischen der Intensität der Belastung des Grundrechts und den Anforderungen an die Verfassungsmäßigkeit herzustellen. So hat er in *Buckley v. Valeo* einen direkten Eingriff in die Äußerungsfreiheit grundsätzlich dem strict scrutiny-Standard unterworfen, ihn jedoch weniger streng als dort üblich geprüft, weil der Eingriff die Äußerungsmöglichkeiten nur geringfügig beschnitt.[4]

Für den Schutz einer unter das 1. Amendment fallenden Äußerung ist ihr Gegenstand unerheblich. Politische, philosophische und wissenschaftliche Äußerungen genießen denselben Schutz wie künstlerische Ausdrucksformen, selbst wenn deren Inhalt nicht ohne weiteres einen Bezug zu Themen der öffentlichen Diskussion erkennen läßt.[5] Bemerkungen des Supreme Court, die eine bestimmte Thematik dem Kern des Grundrechts zuordnen, stehen dem nicht entgegen. Sie prägen den Ton der Urteilsbegründung, ohne die Prüfungsstrenge zu beeinflussen. Welcher Test eingreift, entscheidet sich in erster Linie nach Charakter und Zielrichtung des Eingriffstatbestandes sowie nach dem Ausmaß der Grundrechtsbeeinträchtigung.

Der Burger Court hat an der Grundstruktur des Abwägungstests keine Änderungen vorgenommen.[6] Unter Interessenabwägung versteht die

---

4  424 U.S. 1, 27 f. (1976) – s. u. § 5 I 6c aa. Der Duktus einer Entscheidung kann so stark durch den Richter geprägt sein, der die Begründung im Namen des Gerichts verfaßt, daß der falsche Eindruck erweckt werden könnte, eine nicht in die vorgegebenen Schemata passende Formulierung zeige eine Abweichung von den allgemeinen Regeln an. Dies gilt beispielsweise für manches Urteil von *J. Rehnquist*, der als gegenwärtig konservativster Richter im Supreme Court dem Staat oft weiterreichende Einschränkungsbefugnisse zubilligt als seine Kollegen. Er flicht zuweilen Formulierungen ein, die auf minimale Anforderungen schließen lassen. Das bedeutet aber keineswegs, daß sich damit die Schwelle für zulässige Beschränkungen des 1. Amendment verändert hätte. Vgl. z. B. Federal Election Commission v. National Right To Work Committee, 103 S.Ct. 552, 560 (1982): »considerable deference« gegenüber legislatorischer Entscheidung angebracht (mit Verweis auf eine Entscheidung zum Gleichheitssatz, in der das Gericht nur minimale Prüfungsstrenge erkennen ließ).
5  Vgl. dazu oben S. 24. Eine Ausnahme von dem Grundsatz der Gleichheit aller Ideen gilt seit 1976 für kommerzielle Äußerungen. Sie werden seit ihrer Integration in den Schutzbereich des 1. Amendment als zweitrangig bewertet und Beschränkungen unterworfen, die für andere Äußerungen nicht gelten. Ausführlich zur Werbung oben § 3 IV 2b.
6  Vgl. die Beschreibung der Interessenabwägung in Anderson v. Celebrezze, 103 S.Ct. 1564, 1570 (1983).

Rechtsprechung nicht die abstrakte Abwägung von abstrakten Rechtsgütern mit dem Ziel, eine Rangordnung von Werten zu begründen. Im Mittelpunkt der Interessenabwägung steht neben der Prüfung der Grundrechtsbeeinträchtigung die Qualität der Zweck/Mittel-Beziehung. Die Rechtmäßigkeit des Eingriffs hängt davon ab, ob ein hinreichend gewichtiger Zweck mit einem ihm überzeugend angepaßten Eingriffsmittel verfolgt wird. Das bedeutet für die Überprüfung von Einzelakten, daß die Rechtfertigung des Eingriffs nach den Umständen eines jeden Einzelfalls beurteilt wird. Daß es auch bei der Normenkontrolle nicht um abstrakte Abwägung von Werten oder Interessen geht, zeigt schon die Einbeziehung des Eingriffsmittels in die Prüfung; dies illustriert ferner die Sichtung des rechtlichen Umfelds, in das eine Eingriffsnorm gestellt wird: Für die Beurteilung ihrer Verfassungsmäßigkeit kann es ausschlaggebend sein, daß andere Normen dem vermeintlichen Mißstand teilweise oder ganz abhelfen oder gar die Erreichung des Eingriffszwecks vereiteln. Mit der Dominanz des Zweck/Mittel-Verhältnisses ist es zu erklären, daß nicht einmal beiläufig in den Entscheidungen von einer Über- oder Unterordnung von öffentlichen Interessen zum 1. Amendment die Rede ist.[7]

In diesem Abwägungsmodell trägt die Partei im Rechtsstreit die Beweis- bzw. Argumentationslast, die sich auf die Rechtmäßigkeit des Eingriffs beruft. Eine ungeklärte Tatsachenlage vermag einen Eingriff in das Grundrecht nicht zu rechtfertigen; geht es nicht um Tatsachen, sondern um Wertungen oder Prognosen, ist es Aufgabe des eingreifenden Hoheitsträgers, seine Entscheidung überzeugend zu begründen.[8]

Der Supreme Court spricht neuestens ausdrücklich von der Vermutung der Verfassungswidrigkeit, die für bestimmte Eingriffe in das 1. Amendment gilt.[9] Ob dieser Grundsatz auch auf ungezielte Eingriffe anzuwenden ist, kann nicht eindeutig gesagt werden, da eine Stellungnahme der Rechtsprechung fehlt. Dafür spricht die Verteilung der Beweis- und Argumen-

---

7   Soweit der Supreme Court die Nachprüfung nicht isoliert auf die Verfassungsmäßigkeit des Mittels richtet, sondern die Zweck/Mittel-Beziehung zur Diskreditierung des Zwecks einsetzt, wird in dieser Abhandlung der Begriff der konkreten Interessengewichtung verwendet. Hierzu ausführlich unten § 5 I 2b.
8   Speiser v. Randall, 357 U.S. 513, 525 f. (1958); Healy v. James, 408 U.S. 169, 184 (1972); Elrod v. Burns, 427 U.S. 347, 362 (1976); Widmar v. Vincent, 454 U.S. 263, 268 (1981); Press-Enterprise v. Superior Court of California, 104 S.Ct. 819, 824 (1984).
9   United States v. Grace, 103 S.Ct. 1702, 1708 (1983); Minneapolis Star v. Minnesota Commissioner of Revenue, 103 S.Ct. 1365, 1372 (1983); zurückhaltender noch Erznoznik v. Jacksonville, 422 U.S. 205, 215 (1975), wo nur von der Abschwächung der Vermutung der Verfassungsmäßigkeit die Rede ist. Vgl. auch das Sondervotum von *J. Powell*, PruneYard Shopping Center v. Robins, 447 U.S. 74, 98 (1980). Siehe auch oben S. 67 (Fn. 36) und unten S. 134 f.

tationslast, die die Bestätigung der Verfassungsmäßigkeit von der Begründung des Hoheitsträgers abhängig macht. Letztlich ist die Frage nach der Vermutung von untergeordneter Bedeutung. Die Begründung des Eingriffs muß das von dem anwendbaren Abwärungstest vorgeschriebene Niveau erreichen; wird es verfehlt, ist die Maßnahme verfassungswidrig. Daneben ist eine eigenständige Funktion der Vermutung der Verfassungswidrigkeit nicht auszumachen.[10]

Die folgende Untersuchung unterscheidet nach den beiden allgemeinen Varianten des Abwägungsmodells (I., II.) und derjenigen für das Sondergebiet der Zeit-, Orts- und Modalitätenregelungen (III.). Dabei steht die Rechtsprechung des Burger Court im Vordergrund. Das ältere Fallmaterial wird überall dort eingearbeitet, wo es die Grundlage der neueren Rechtsprechung bildet oder zum besseren Verständnis der modernen Abwägungsrechtsprechung beiträgt.

Die Darstellung einer jeden Abwägungsvariante gliedert sich in eine Analyse der Struktur des Tests und der Anforderungen an die Verfassungsmäßigkeit von Grundrechtseingriffen sowie in einen zweiten Teil, in dem der Abwägungstest anhand von Beispielen aus der neueren Entscheidungspraxis veranschaulicht wird. Die Exemplifizierung dient zugleich als Kurzübersicht zur Schrankenlehre in ausgewählten Sachbereichen.[11]

I. *Der strenge Abwägungstest (strict scrutiny)*

Im Rahmen des Abwägungsmodells stellt der strenge Abwägungstest (auch strict scrutiny bzw. compelling interest-Test genannt) die höchsten Anforderungen an die Rechtfertigung einer Eingriffsmaßnahme.[12] Eine instruktive jüngere Zusammenfassung stammt aus der Feder von Richter Brennan:

---

10 In diesem Sinne auch *Charles Black*, der darauf hinweist, daß die jeweilige Vermutung ihren Inhalt und Sinn erst aus den Anforderungen bezieht, die an die Widerlegung der Vermutung gestellt werden; S. 216, 218. Ähnlich *Tribe* § 12-2 (S. 581 f.).
11 Lediglich beim gemäßigten Abwägungstest ist die Übersicht kurz gehalten, weil – abgesehen von der Sondermaterie Werbung – nur wenige Entscheidungen auf der Grundlage dieses Tests gefällt worden sind.
12 Die Rechtsprechung kennt einen noch strengeren Abwägungstest für die Beurteilung der (Vor-)Zensur. Die prior restraint-Doktrin ist nicht Gegenstand dieser Untersuchung. Vgl. *Tribe* § 12-31 bis § 12-33 zu den materiellrechtlichen und prozessualen Voraussetzungen einer Vorzensur für Presseveröffentlichungen und Filme.

»It is firmly established that a significant impairment of First Amendment rights must survive exacting scrutiny. . . . The interest advanced must be paramount, one of vital importance, and the burden is on the government to show the existence of such an interest. . . . The gain to the subordinating interest provided by the means must outweigh the incurred loss of protected rights, and the government must ›employ means closely drawn to avoid unnecessary abridgment‹. . . . If the State has . . . a less drastic way of satisfying its legitimate interests, it may not choose a legislative scheme that broadly stifles the exercise of fundamental personal liberties.«[13]

Seine Voraussetzungen werden von Fall zu Fall verschieden formuliert, doch wird stets auf die Existenz eines zwingenden oder überragenden Eingriffszwecks und die Geeignetheit und Erforderlichkeit des Eingriffsmittels abgestellt.

1. *Anwendungsvoraussetzungen*

Über die Anwendbarkeit des compelling interest-Tests entscheiden vor allem die Struktur des Eingriffsmittels und die Intensität der Grundrechtsbeeinträchtigung. Jeder Gesichtspunkt genügt für sich allein, um die intensivierte Nachprüfung auszulösen. Damit werden Eingriffe erfaßt, die sich gegen die kommunikative Wirkung von Äußerungen richten.[14]

a) *Unterdrückungstendenzen im Eingriffsmittel: Prüfung der Normstruktur*

Eine strenge Nachprüfung wird ausgelöst, wenn der meinungseinschränkende Hoheitsakt erkennen läßt, daß er auf die Unterdrückung von Meinungen oder auf die Störung des freien Informationsflusses abzielt. Damit wird der strenge Abwägungstest von der gemäßigten Spielart der Abwägung abgegrenzt, für die ausdrücklich die Voraussetzung gilt, daß der

---

13 Elrod v. Burns, 427 U.S. 347, 362 f. (1976). Der Test geht auf NAACP v. Alabama zurück; s. o. § 4 III 2a.
14 Zu dieser Formulierung vgl. *Tribe* § 12-2 (S. 580); *Ely,* 88 Harv.L.Rev. 1482, 1497 (1975). Zustimmend *Schauer,* 34 Vand.L.Rev. 265, 278 f. (1981). Der Supreme Court hat ferner aufgrund der traditionellen Öffentlichkeit des Strafverfahrens ein im 1. Amendment verankertes Recht auf Zutritt zur Hauptverhandlung im Strafprozeß anerkannt. Einschränkungen dieses Rechts werden nach Maßgabe des strengen Abwägungstests beurteilt; Richmond Newspapers v. Virginia, 448 U.S. 555 (1980); Press-Enterprise v. Superior Court of California, 104 S.Ct. 819 (1984) – Auswahl der Geschworenen (sog. voir dire).

Eingriff »keine Beziehung zur Unterdrückung von Meinungen« aufweist.[15] Dabei ist es nicht nötig, repressive Absichten im Einzelfall nachzuweisen.[16] Die Rechtsprechung orientiert sich stattdessen an bestimmten objektiven Kriterien,[17] die typischerweise das Risiko der Unterdrückung von Ideen und Information mit sich bringen und daher den Verdacht begründen, mit dem Eingriff würden unerlaubte Ziele verfolgt. Knüpft der Eingriff an
- bestimmte Meinungen (sog. viewpoint restriction),
- bestimmte Themen der öffentlichen Diskussion (sog. subject matter restriction) oder an
- die Verbreitung von Tatsachen an, die zuvor schon in die öffentliche Sphäre gelangt waren oder rechtmäßig in Erfahrung gebracht worden waren,

droht eine Verkürzung des Grundrechtsschutzes in seinem Kernbereich. Die beiden erstgenannten Kriterien werden in der Rechtsprechung unter dem Begriff der »content control« (Inhaltskontrolle) zusammengefaßt. Unabhängig von diesen inhaltsbezogenen Kriterien hat sich der Schutz des freien Informationsflusses entwickelt; hier geht es vor allem um Versuche, die Veröffentlichung vertraulicher privater oder staatlicher Informationen zu poenalisieren, die ihren vertraulichen Charakter zwischenzeitlich verloren haben.[18]

---

15 Minneapolis Star v. Minnesota Commissioner of Revenue, 103 S.Ct. 1365, 1372 (1983); Buckley v. Valeo, 424 U.S. 1, 17 (1976); United States v. O'Brien, 391 U.S. 367, 377 (1968); Elrod v. Burns, 427 U.S. 347, 363 Fn. 17 (1976); First National Bank of Boston v. Bellotti, 435 U.S. 765, 786 Fn. 23 (1978); Speiser v. Randall, 357 U.S. 513, 519 (1958).
16 Minneapolis Star v. Minnesota Commissioner of Revenue, 103 S.Ct. 1365, 1376 (1983). Dies wäre sehr oft kaum zu bewerkstelligen, da Einschränkungen der Redefreiheit üblicherweise nicht mit einer Abneigung gegen die Meinung des Redners, sondern mit objektiven Sachzwängen gerechtfertigt werden; *Ely*, 88 Harv.L.Rev. 1482, 1496 (1975).
17 Allgemein zum Verhältnis von Motivation und objektiven Maßstäben *Bogen*, 35 Md.L.Rev. 555, 559–563 (1976).
18 Nicht hierher gehören nach der Systematik des 1. Amendment die Äußerungen kommerzieller Natur. Der Supreme Court hält ein Verbot von wahrhaftiger Reklame für grundsätzlich weniger bedenklich als ein Verbot nichtkommerzieller Informationen. Nach dem Central Hudson-Test für Einschränkungen kommerzieller Äußerungen ist es nicht ausgeschlossen, daß die Verbreitung wahrer kommerzieller Äußerungen gänzlich untersagt wird; dazu siehe oben S. 52 f. und Bolger v. Youngs Drug Products, 103 S.Ct. 2875, 2879 (1983).

aa) *Das Problem der thematischen Anknüpfung*

Schwierig ist in erster Linie das Verhältnis von meinungs- zu themenbezogenen Einschränkungen. Seit der Leitentscheidung zu inhaltsbezogenen Eingriffen, *Police Department of Chicago v. Mosley* (1972), behandelt die Rechtsprechung beide Aspekte als gleichrangig.[19] Daß Grundrechtseinschränkungen, die an eine bestimmte Meinung anknüpfen, der strengen Nachprüfung unterliegen, ist in Rechtsprechung und Schrifttum unumstritten.[20] Dagegen ist die uneingeschränkte Gleichsetzung von thematischen und meinungsbezogenen Eingriffen Gegenstand einer anhaltenden Auseinandersetzung. So weist Richter Stevens auf die Kluft zwischen Rhetorik und Praxis der Rechtsprechung des Supreme Court hin – dies wird sogleich erörtert – und befürwortet stattdessen eine differenzierende Betrachtung, die auf einem engeren Verständnis der im 1. Amendment angelegten Neutralitätspflicht des Staates im Prozeß der Meinungsverbreitung und -bildung beruht. Thematische Redebeschränkungen unterliegen seiner Ansicht nach nur dann dem strengen Abwägungstest, wenn sie dem Staat die Kontrolle über die »Agenda der öffentlichen Diskussion« ermöglichen oder dieselbe Wirkung wie eine »viewpoint restriction« entfalten, also eine (u. U. verdeckte) Begünstigung oder Benachteiligung von bestimmten Standpunkten bewirken.[21] Wo der Neutralitätsgrundsatz nicht erwiesenermaßen bedroht ist, zieht er einen milderen Schrankenstandard vor.[22]

19 ». . . above all else, the First Amendment means that government has no power to restrict expression because of its message, its ideas, its subject matter, or its content.« 408 U.S. 92, 95 (1972), Kritisch zur Entwicklung der Rechtsprechung *Stephan,* 68 Va.L. Rev. 203, 214–231 (1982).
20 Vgl. z. B. *J. Stevens,* conc.op. in Consolidated Edison v. Public Service Commission, 447 U.S. 530, 548 (1980); *Stone,* 46 U.Chi.L.Rev. 81, 103 f. (1978); *Redish,* 34 Stan. L.Rev. 113, 117 (1981); *Stephan,* 68 Va.L.Rev. 203, 203 f. (1982).
21 Metromedia v. San Diego, 453 U.S. 490, 555 (1981), diss.op.; Consolidated Edison v. Public Service Commission, 447 U.S. 530, 548 Fn. 9 (1980), conc.op. Ähnlich *Farber,* 68 Geo.L.J. 727, 737–739 (1980). Repräsentativ für *Stevens'* Auslegung des 1. Amendment sind die folgenden Ausführungen: »The essence of that rule is the need for absolute neutrality by the government; its regulation of communication *may not be affected by sympathy or hostility for the point of view* being expressed by the communicator.« Young v. American Mini Theatres, 427 U.S. 50, 67 (1976), plural.op. »The essential concern embodied in the First Amendment is that government not impose its viewpoint on the public or *select the topics on which public debate is permissible.«* Metromedia v. San Diego, 453 U.S. 553, diss.op. (Unterstreichungen hinzugefügt).
22 Vgl. seine Stellungnahmen in Widmar v. Vincent, 454 U.S. 263, 278, 281 (1981), conc.op.; FCC v. Pacifica Foundation, 438 U.S. 726, 744–748 (1978), plural.op.; Young v. American Mini Theatres, 427 U.S. 50, 70–73 (1976), plural.op.; FCC v. League of Women Voters of California, 104 S.Ct. 3106, 3135–3137 (1984), diss.op. *Tribe* kom-

Trotz seiner Kritik ist die vorherrschende Rhetorik des Gerichts beibehalten worden.[23] Die Reichweite des Grundsatzes, daß viewpoint bzw. subject matter-Beschränkungen gleichmäßig streng zu beurteilen sind, deckt sich jedoch nicht mit der Rhetorik der Mehrheit. So hat die Rechtsprechung in einigen neueren Entscheidungen zur sog. public forum-Doktrin ausdrücklich einen milderen verfassungsrechtlichen Standard für thematische Regelungen gutgeheißen;[24] ähnlich ist sie bei umfassenden Regelungen eines ganzen Rechtsgebietes (Arbeitsrecht, öffentliches Dienstrecht) und bei Maßnahmen gegen Sexkinos verfahren.[25]
Diese Rechtsprechung läßt sich dahin auslegen, daß die grundsätzlichen Bedenken gegen inhaltsbezogene Eingriffe in die Meinungsfreiheit auf thematische Anknüpfungspunkte nur eingeschränkt zutreffen.[26] Zum ei-

mentiert die damit verbundene Abschwächung des Grundrechtsschutzes für thematische Einschränkungen als »perspective novel in first amendment jurisprudence.« § 12–18 (S. 673). Vgl. auch *Kommers/Ripple/Scalan,* JöR N.F. Bd. 30 (1981), 457, 552 f.
23 Vgl. z. B. FCC v. League of Women Voters of California, 104 S.Ct. 3106, 3120 (1984); Consolidated Edison v. Public Service Commission, 447 U.S. 530, 537 (1980).
24 Vgl. z. B. Cornelius v. NAACP Legal Defense and Educational Fund, 105 S.Ct. 3439, 3451 (1985); Perry Education Assn. v. Perry Local Educators' Assn., 103 S.Ct. 948, 957 (1983); Jones v. North Carolina Prisoners' Labor Union, 433 U.S. 119 (1977); Greer v. Spock, 424 U.S. 828 (1976); siehe auch Lehman v. Shaker Heights, 418 U.S. 298 (1974). Im Mittelpunkt stand jeweils die Frage nach dem Recht auf Zugang zu einer öffentlichen Einrichtung oder Veranstaltung, die einem anderen Zweck als der Ausübung der Redefreiheit gewidmet war (innerbehördliche Spendenaktion, behördlicher Postaustausch, Haftanstalt, Militärstützpunkt; Werbung in öffentlichen Verkehrsmitteln). Das Gericht verneinte ein Recht auf gleichen Zugang unter Hinweis auf den nicht-öffentlichen Charakter dieser »Foren«; der strenge Abwägungstest kam nicht zur Anwendung. Stattdessen war nur zu prüfen, ob der Ausschluß von dem nicht-öffentlichen Forum (1) im Licht des Widmungszwecks vernünftig (»reasonable«) und (2) nicht gegen eine bestimmte Meinung gerichtet war. Nach diesem Test ist eine Differenzierung nach der Identität des Redners und dem Thema der Äußerung gestattet.
Kritisch zur public forum-Doktrin *Farber/Nowak,* 70 Va.L.Rev. 1219, 1222 ff. (1984).
25 Vgl. NLRB v. Retail Store Employees Union, 447 U.S. 607, 616–619 (1980), wo die Mehrheit auf den inhaltsbezogenen Anknüpfungspunkt des Verbots, Streikposten vor Geschäften von unbeteiligten Dritten aufzustellen, nicht einging und damit Kritik von *J. Stevens* und *J. Blackmun* provozierte. Vgl. ferner U.S. Civil Service Commission v. National Assn. of Letter Carriers, 413 U.S. 548 (1973), hier sah der Supreme Court keinen Verstoß gegen das Neutralitätsgebot in dem Verbot für Bedienstete des Staates, sich aktiv parteipolitisch zu betätigen, obwohl das Verbot an den Inhalt der Meinungsäußerung anknüpfte und damit einer strengen Nachprüfung hätte unterzogen werden können; 413 U.S. 564. Zur Zulässigkeit von Satzungen gegen Sexkinos vgl. Renton v. Playtime Theatres, 106 S.Ct. 925 (1986).
Zwei Entscheidungen zu sexuell expliziter Kommunikation gehören ebenfalls hierher, auch wenn sie keine Mehrheitsbegründung enthalten: Young v. American Mini Theatres, 427 U.S. 50 (1976), und FCC v. Pacifica Foundation, 438 U.S. 726 (1978). Hier knüpfte die Einschränkung jeweils an den anstößigen Charakter der Äußerung an. Im Ergebnis wurden die Grundrechtseingriffe dennoch bestätigt.
26 *Farber/Nowak,* 70 Va.L.Rev. 1219, 1220, 1222 (1984); *Stephan,* 68 Va.L.Rev. 203, 207 (1982).

nen geht die Neutralitätspflicht des Staates nicht so weit, daß er eine staatliche Einrichtung, die weder aus historischen Gründen noch auf Grund einer Widmung dem Austausch von Gedanken dient (ein sog. nonpublic forum), nach einer einmaligen Öffnung für einen bestimmten Redner fortan unter allen Umständen auch für weitere Redner mit anderen Anliegen offenhalten muß; hier überlagert das Interesse an der Durchsetzung des Widmungszwecks öffentlicher Einrichtungen das Neutralitätsgebot. Werden Meinungsäußerungen zu einem bestimmten Thema in einem *nichtöffentlichen* Forum nicht zugelassen, ist dies unbedenklich, wenn sachlich nachvollziehbare Erwägungen den Ausschluß rechtfertigen; so hat das Gericht die kommerzielle Werbung[27] in öffentlichen Verkehrsmitteln gebilligt und den Ausschluß politischer Werbung mit ihrer Unverträglichkeit mit den Aufgaben des Nahverkehrssystems gerechtfertigt.[28]

Zum anderen greift das thematische Differenzierungsverbot nicht ein, wenn es sinnlose Folgen zeitigen würde; diese Situation liegt bei Regelungen eines ganzen Rechtsgebiets vor: Eine arbeitsrechtliche Regelung, die nur Äußerungen von Gewerkschaften betrifft, kann schlechterdings nicht deshalb in den Verdacht der Verfassungswidrigkeit geraten, weil sie sich nicht auch mit nichtarbeitsrechtlichen Äußerungen befaßt.[29]

bb) *Selektive hoheitliche Begünstigung von Äußerungen*

Der strengen Nachprüfung unterliegen auch solche Gesetze, die bestimmte Äußerungsformen (wie z. B. Streikposten) verbieten, jedoch Ausnahmen zugunsten bestimmter Meinungen vorsehen. Probleme wirft hier nicht das Verbot, sondern die Begünstigung bestimmter Äußerungen auf. Die Rechtsprechung hat solche Fälle gelegentlich unter Hinweis auf die Ungleichbehandlung nach den zum Gleichheitssatz entwickelten Grundsätzen beurteilt.[30] Das Verhältnis zwischen Gleichheitssatz und 1. Amend-

---

27 Dazu ausführlich oben § 3.
28 Lehman v. Shaker Heights, 418 U.S. 298 (1974), in der Interpretation von Consolidated Edison v. Public Service Commission, 447 U.S. 530, 539 (1980). Vgl. weiter Greer v. Spock, 424 U.S. 828, 839, 838 Fn. 10 (1976): Wahlkampfauftritt auf einem Militärstützpunkt ist mit dem Prinzip der Freihaltung des Militärs vom politischen Alltag nicht vereinbar, während keine Bedenken gegen Vortrag zum Drogenmißbrauch bestehen. Ebenso Perry Education Assn. v. Perry Local Educators' Assn., 103 S.Ct. 948, 954–957 (1983): Beschränkter Zugang zum innerbehördlichen Postaustausch.
29 So richtig *Farber,* 68 Geo.L.J. 727, 737 (1980).
30 Vgl. vor allem Carey v. Brown, 447 U.S. 455 (1980); Police Department of Chicago v. Mosley, 408 U.S. 92 (1972).

ment ist weitgehend ungeklärt. Praktische Bedeutung gewinnt die Durchsetzung von Grundgedanken des 1. Amendment über den Gleichheitssatz nur dort, wo sich die Rechtsprechung der weiterreichenden Frage entziehen will, ob das Verbot als solches verfassungsmäßig ist. Diese Situation tritt nur bei meinungsbegünstigenden Ausnahmen von allgemeinen Verboten auf.[31]
Ausnahmsweise hat der Supreme Court – auf Grund einer historisch-teleologischen Auslegung des 1. Amendment – eine Sondersteuer für die Presse ausschließlich am 1. Amendment gemessen, obwohl sich mit der formalen Sonderbehandlung zumindest auch ein typisches Problem der Equal Protection Clause stellte. Da die Pressefreiheit nach dem Verständnis der Verfassungsväter gerade vor einer steuerlichen Sonderbehandlung schützen sollte, befürwortete das Gericht eine strenge Nachprüfung selbst für den Fall, daß die Presse von der Sondersteuer geringer belastet würde als von den allgemeinen Steuergesetzen.[32]

b) *Schwere Grundrechtsbeeinträchtigung*

Die jüngere Rechtsprechung hat den strengen Abwägungstest auch bei ernsten, schweren oder bedeutenden Belastungen des Grundrechts angewendet. Unter diesem Gesichtspunkt können auch diejenigen Gesetze, die nach ihrem Wortlaut nicht auf die Unterdrückung von Meinungen zielen, der strengen Nachprüfung unterliegen, wenn sie einzelne Grundrechtsträger härter treffen als andere.[33]
Da die oben unter a) behandelten Einschränkungen immer substantielle Belastungen hervorrufen, wird die Frage der Eingriffsintensität hauptsächlich bei indirekten (ungezielten) Eingriffen aufgeworfen. Zu diesen wird etwa die Pflicht zur Offenlegung politischer Verbindungen gegenüber staatlichen Stellen gerechnet. Der Supreme Court prüft in dieser Situation sorgfältig die Nachteile, die dem Bürger sowohl von staatlicher als auch von privater Seite drohen.[34] Die Darlegungs- und Beweislast für

---

31 Ausführlich zum Gleichheitssatz unten § 5 I 5.
32 Minneapolis Star v. Minnesota Commissioner of Revenue, 103 S.Ct. 1365, 1374 (1983).
33 Vgl. Branzburg v. Hayes, 408 U.S. 665 (1972), wo die Presse ohne Erfolg behauptete, die für jedermann geltende Pflicht zur Zeugenaussage im strafrechtlichen Ermittlungsverfahren belaste gerade die journalistische Berichterstattung schwer, soweit sie sich auf vertrauliche Beziehungen zu Informanten stütze.
34 Vgl. Buckley v. Valeo, 424 U.S. 1, 64 f. (1976); Branzburg v. Hayes, 408 U.S. 665, 690 ff. (1972); Brown v. Socialist Workers '74 Campaign Committee, 103 S.Ct. 416, 423 ff. (1982); siehe auch *Stone/Marshall*, 1983 Sup.Ct.Rev. 583, 607–611.

die Intensität der Beeinträchtigung obliegt dem betroffenen Bürger.[35] Auf Grund einer einzelfallbezogenen Folgenanalyse gelangte das Gericht erstmals in *NAACP v. Alabama* zur Anwendung des strengen Abwägungstests auf eine indirekte Grundrechtseinschränkung.[36]
Der Anwendungsbereich des Kriteriums geht über indirekte Eingriffe hinaus auf direkte Verbote von Grundrechtsaktivitäten.[37] So unterliegt ein Gesetz, das die zulässigen Höchstbeträge für Wahlkampfkosten festlegt und damit die Gesamtmenge der Wahlkampfäußerungen ohne Rücksicht auf bestimmte Standpunkte reguliert, wegen dieser unmittelbaren Wirkung auf die Redefreiheit der strengen Nachprüfung.[38]
Die Intensität der Belastung wird ohne Rücksicht auf etwaige Ausweichmöglichkeiten beurteilt, die dem Bürger zur Verbreitung seiner Ideen offenstehen.[39]

## 2. Erfordernis des zwingenden Eingriffszwecks

Ein lediglich legitimes, plausibles oder substantielles Interesse an der Einschränkung des 1. Amendment genügt den Anforderungen des strict scrutiny-Standards nicht.[40] Nur ein zwingendes öffentliches oder privates Interesse vermag einen direkten oder schweren Eingriff zu rechtfertigen. Dies entspricht der ständigen Rechtsprechung seit der 1958 verkündeten Entscheidung *NAACP v. Alabama*.[41]

### a) Abstrakte Interessengewichtung

Als Grobfilter läßt sich die Beurteilung der *generellen* Wertigkeit eines Regelungszwecks verstehen. An dieser Hürde scheitern nur wenige Eingriffe, weil das Eingriffsinteresse in der Regel erst unter Berücksichtigung des Eingriffsmittels oder der Umstände des Einzelfalls kritisch beleuchtet

---

35 Buckley v. Valeo, 424 U.S. 1, 71, 74 (1976); Brown v. Socialist Workers '74 Campaign Committee, 103 S.Ct. 416, 421 (1982).
36 357 U.S. 449 (1958).
37 Vgl. z. B. Village of Schaumburg v. Citizens, 444 U.S. 620, 636 (1980); Young v American Mini Theatres, 427 U.S. 50, 71 Fn. 35 (1976), plural.op.
38 Buckley v. Valeo, 424 U.S. 1, 16, 25, 39, 44 f. (1976).
39 Consolidated Edison v. Public Service Commission, 447 U.S. 530, 541 Fn. 10 (1980) m. w. N.; *Tribe* § 12-8 (S, 603). Vgl. dagegen zur gegenteiligen Praxis bei time, place, and manner-Beschränkungen unten § 5 III 4.
40 Vgl. z. B. Buckley v. Valeo, 424 U.S. 1, 64 (1976).
41 357 U.S. 449 (1958); dazu oben § 4 III 2a.

werden kann.[42] Aus Rechtsgründen können *verfassungswidrige* Normzwecke allerdings nie zwingend sein.[43] Da sich ein Hoheitsträger aber kaum jemals auf solche Erwägungen stützen dürfte, hat dieser Aspekt überwiegend theoretische Bedeutung. Allerdings hat der Supreme Court in der Grundsatzentscheidung zur Wahlkampffinanzierung das Bestreben nach Herstellung gleicher finanzieller Startbedingungen für Kandidaten als verfassungswidrigen Zweck gebrandmarkt.[44]

Wo der Supreme Court ein zwingendes Interesse bejaht hat, ist es zumeist um die Durchsetzung grundlegender Bedürfnisse eines geordneten Gemeinwesens gegangen. Als grundsätzlich geeignet, auch einen schweren Eingriff in das 1. Amendment zu begründen, sind beispielsweise anerkannt worden die nationale Sicherheit,[45] die Verbrechensbekämpfung,[46] die Durchsetzung des Verfassungsgrundsatzes der Trennung von Staat und Kirche,[47] die Einnahme von Steuern[48] und die Integrität des demokratischen Wahlverfahrens.[49]

b) *Konkrete Interessengewichtung: Berücksichtigung von offenkundigen Mängeln im Zweck/Mittel-Verhältnis*

In vielen Fällen untersucht der Supreme Court in einem zweiten Schritt, ob der Eingriffszweck auch im konkreten Fall als zwingend erachtet werden kann. Dabei wird das Verhältnis von Eingriffszweck und -mittel beur-

---

42 Als unzureichend sind bezeichnet worden: Die Rehabilitation von straffällig gewordenen Jugendlichen, Smith v. Daily Mail Publishing Co., 443 U.S. 97, 104 (1979); der Schutz der Ehre von Staatsbediensteten in dieser Funktion sowie der gute Ruf staatlicher Institutionen gegenüber wahren Informationen, Landmark Communications v. Virginia, 435 U.S. 829, 841 f. (1978); die Durchsetzung einer einzelstaatlichen Verfassungsbestimmung – hier: Trennung von Staat und Kirche – gegenüber den Bundesgrundrechten auf freie Religionsausübung und freie Meinungsäußerung, Widmar v. Vincent, 454 U.S. 263, 276 (1981).
43 »(T)here are some purported interests – such as a desire to suppress support for a minority party or an unpopular cause, or to exclude the expression of certain points of view from the marketplace of ideas – that are so plainly illegitimate that they would immediately invalidate the rule.« Members of the City Council v. Taxpayers for Vincent, 104 S.Ct. 2118, 2128 (1984).
44 Buckley v. Valeo, 424 U.S. 1, 54 (1976); gleiches gilt für die Begrenzung der Wahlkampfkosten im allgemeinen, 424 U.S. 56 f.
45 Snepp v. United States, 444 U.S. 507, 509 Fn. 3 (1980).
46 Branzburg v. Hayes, 408 U.S. 665, 700 (1972).
47 Widmar v. Vincent, 454 U.S. 263, 271 (1981) – hier derjenige in der Bill of Rights (1. Amendment).
48 Minneapolis Star v. Minnesota Commissioner of Revenue, 103 S.Ct. 1365, 1372 (1983).
49 Brown v. Hartlage, 456 U.S. 45, 54 (1982); First National Bank of Boston v. Bellotti, 435 U.S. 765, 789 (1978).

teilt. Ziel der Prüfung ist es, die objektive Bedeutung der vorgetragenen Eingriffszwecke zu ermitteln und jene öffentlichen Interessen auszuschalten, die nur vordergründig als dringlich erscheinen oder gar vorgeschoben sind, um von anderen Beweggründen abzulenken. Diese Prüfung wird also auch zur Diskreditierung von öffentlichen Interessen eingesetzt. Unter welchen Umständen die Zweck/Mittel-Analyse schon zur reinen Mittel-Prüfung zählt, ist nicht ganz klar; die Übergänge sind fließend. Seit Anfang der siebziger Jahre schält sich eine Entwicklung heraus, nach der auf der Ebene der Zweck-Prüfung nach Maßgabe der nachstehenden Gesichtspunkte nur nach evidenten Begründungsmängeln gefragt wird.[50]

aa) *Erkennbare Zweck/Mittel-Beziehung*

Ein angeblicher Regelungszweck muß in einer erkennbaren, nachvollziehbaren Beziehung zum Eingriffsmittel stehen. Mit dieser Mindestforderung werden Rechtfertigungen ausgeschaltet, deren Relevanz sich mit dem üblichen Auslegungskanon schlechterdings nicht feststellen läßt oder bei denen sich der Verdacht nicht ausräumen läßt, daß es sich um nachträglich herangezogene Gründe handelt, die für den Eingriff nicht bestimmend gewesen sein können.[51]

bb) *Gefährdung öffentlicher Interessen*

Die Dringlichkeit des Eingriffs steht in Frage, wenn die Meinungsäußerung den Zweck des Eingriffs nicht berührt. Im Fall der Normenkontrolle ist die allgemeine Gefährlichkeit des geregelten Verhaltens Gegenstand der Prüfung, während bei der Nachprüfung von Einzelakten eine Würdi-

---

50 Sie kann aber nicht als allgemeine Regel bezeichnet werden, da es offenbar weitgehend Ermessenssache ist, ob die Entscheidungsgründe eine unzureichende Zweck/Mittel-Relation zum Angriff auf die Glaubhaftigkeit des vorgebrachten Eingriffszwecks einsetzen oder lediglich klarstellen, daß sich der Gesetzgeber eines tauglicheren oder milderen Mittels bedienen muß. So wurde die völlige Ungeeignetheit eines Verbots in Smith v. Daily Mail Publishing Co., 443 U.S. 97, 104 f. (1979), im Sinne der letztgenannten Alternative diskutiert, während der Defekt in FCC v. League of Women Voters of California, 104 S.Ct. 3106, 3126 (1984), als Glaubhaftigkeitsproblem behandelt wurde.
51 Vgl. Erznoznik v. Jacksonville, 422 U.S. 205, 214 f. (1975); Schad v. Mount Ephraim, 452 U.S. 61, 72 f. (1981). Ein besonders krasses Beispiel findet sich in Craig v. Boren, 429 U.S. 190, 199 Fn. 7 (1976), einem Equal Protection-Fall ohne Bezug zur Meinungsfreiheit.

gung von Tatsachen und Beweislage stattfindet.[52] Gefährdet die Äußerung keinen öffentlichen Belang, ist der Eingriff verfassungswidrig.

cc) *Regelungsdefizit und Überweite*

Mit Hilfe von Argumentationsfiguren aus der Rechtsprechung zur Equal Proctection Clause, der sog. under- bzw. overinclusiveness (Regelungsdefizit bzw. Überweite),[53] werden Grundrechtseingriffe auf Schwachstellen geprüft. Die Überzeugungskraft eines Zwecks wird daran gemessen, inwieweit man von einer konzentrierten und umfassenden gesetzgeberischen Lösung gleichgelagerter Mißstände sprechen kann.
Eine Rechtsnorm weist ein *Regelungsdefizit* auf, wenn sie in einem Problemkreis einen gefährlichen Sachverhalt x regelt und einen wenigstens ebenso gefährlichen Sachverhalt y ungeregelt läßt. Verfassungsrechtliche Bedenken entzünden sich an der unvollständigen Lösung des Problems. Während dem Gesetzgeber etwa in der Wirtschafts- und Sozialgesetzgebung[54] sowie zum Teil im Rahmen des gemäßigten Abwägungstests[55] zugestanden wird, ein Problem Schritt für Schritt anzugehen, verlangt der strict scrutiny-Standard einen umfassenden Ansatz, wenn nicht die Dringlichkeit des Interesses selbst in Mißkredit gebracht werden soll.[56] Das Regelungsdefizit schlägt auf den Zweck durch, wenn es offenkundig und erheblich ist. Evidenzfälle sind bei völliger Untauglichkeit eines Mittels und bei einer nur geringfügigen oder spekulativen Förderung des Gesetzeszwecks angenommen worden. Das folgende Beispiel illustriert diese Fallgestaltung. Rundfunksendern, die nicht kommerziell betrieben wurden und sich zum Teil aus staatlichen Zuschüssen finanzierten, war es untersagt, Kommentare des Managements zu senden. Das Verbot sollte die Verbreitung »privater« Meinungen der Rundfunkbetreiber, mit denen sich der steuerzahlende Zuhörer nicht identifizieren könne, unterbinden. In Anbetracht der Tatsache, daß das Gesetz weder den Redakteuren noch

---

52 Vgl. In re Primus, 436 U.S. 412, 434 (1978); Bose Corp. v. Consumers Union, 104 S.Ct. 1949, 1960–1965 (1984). Zur Normenkontrolle vgl. Buckley v. Valeo, 424 U.S. 1, 45 f. (1976); Widmar v. Vincent, 454 U.S. 263, 271 ff. (1981); First National Bank of Boston v. Bellotti, 435 U.S. 765, 788–790 (1978).
53 Vgl. *Tribe* § 16-4.
54 Vgl. Semler v. Oregon State Board of Dental Examiners, 294 U.S. 608, 610 (1935); Williamson v. Lee Optical, 348 U.S. 483, 488 f. (1955); New Orleans v. Dukes, 427 U.S. 297, 305 (1976).
55 Dazu s. u. § 5 II 3a.
56 Erznoznik v. Jacksonville, 422 U.S. 205, 215 (1975).

Gastkommentatoren die Verbreitung irgendwelcher privater Standpunkte untersagte, konnte das Argument für das Verbot kaum ernstgenommen werden; es bewirkte nichts.[57]

Mit dem Begriff *Überweite* (overinclusiveness) ist der gegenteilige Defekt einer Regelung gemeint: Die Norm regelt einen gefährlichen und eine Reihe harmloser Sachverhalte. Der gesetzgeberische »Rundumschlag« weckt Zweifel daran, ob tatsächlich nur der angegebene Zweck verfolgt werden sollte. Voraussetzung ist allerdings ein offenkundiger Fall von unnötiger Grundrechtsbeeinträchtigung, wie er etwa in *First National Bank of Boston v. Bellotti* vorlag. Dort war ein thematisches Äußerungsverbot[58] für bestimmte juristische Personen mit dem Schutz der Minderheitsgesellschafter vor dem Zwang, unerwünschte Stellungnahmen finanziell mitzutragen, gerechtfertigt worden. Zur Verwirklichung dieses Anliegens hätte ein problembezogenes Verbot gereicht; mit dem generellen Verbot verhinderte der Gesetzgeber Diskussionsbeiträge von Wirtschaftsunternehmen aber selbst dann, wenn ihre Gesellschafter einstimmig hinter der politischen Äußerung standen.[59] Die Kontrolle auf overinclusiveness eliminiert also aus dem Kreis möglicher Normzwecke diejenigen, für deren Verwirklichung eine erheblich weniger drastische Maßnahme bereitsteht.[60]

dd) *Zweckerreichung durch andere Normen*

Erwähnenswert ist schließlich die Rechtsprechung, nach der ein Eingriffszweck als nicht überzeugend anzusehen ist, wenn der Zweck der Eingriffsnorm schon durch andere Vorschriften erreicht wird. Schützt z. B. ein Geflecht von Organisationsnormen die Unabhängigkeit der redaktionellen Arbeit privater Rundfunkanstalten vor staatlicher Beeinflussung, ist es fraglich, ob das erwähnte Verbot der Ausstrahlung von Kommentaren des Managements[61] zusätzlich dazu beiträgt, den Sender vor denkbarer staatlicher Benachteiligung wegen der in Kommentaren publizierten

---

57 FCC v. League of Women Voters of California, 104 S.Ct. 3106, 3120 Fn. 16 (1984). Weitere Beispiele für defizitäre Regelungen: FCC v. League of Women Voters of California, 104 S.Ct. 3126, 3127; Carey v. Brown, 447 U.S. 455, 468 Fn. 13, 469 (1980); First National Bank of Boston v. Bellotti 435 U.S. 765, 793 (1978); Buckley v. Valeo, 424 U.S. 1, 45 (1976); Erznoznik v. Jacksonville, 422 U.S. 205, 214 f. (1975).
58 Ausführlich dazu § 5 I 6a.
59 435 U.S. 765, 794 f. (1978). Vgl. auch FCC v. League of Women Voters of California, 104 S.Ct. 3106, 3124 (1984).
60 Ähnlich *Tribe* § 12-8 (S. 602 Fn. 2).
61 S. o. § 5 I 2b cc.

Standpunkte zu bewahren.[62] Hier verbindet der Supreme Court Zweifel an der hinreichenden Geeignetheit des Eingriffs mit Hinweisen auf effektive mildere Mittel, um den auf ersten Blick dringlichen Eingriffszweck zu entkräften.

### 3. *Grundsatz der erheblichen Förderung*

Geeignetheitserwägungen treten im Abwägungstest an drei Stellen auf. Bei der konkreten Interessengewichtung dienen sie zur Hinterfragung des Zwecks des Eingriffs. Im Rahmen der sogleich zu behandelnden Diskussion alternativer milderer Mittel beeinflußt die relative Tauglichkeit verschiedener Eingriffsmittel die Entscheidung über die Verfassungsmäßigkeit der Grundrechtsbeeinträchtigung. Schließlich ist die Geeignetheit ein selbständiges Element des Abwägungstests. Mit dieser Funktion befassen sich die folgenden Ausführungen.

Die Konturen des Geeignetheitsgrundsatzes ergeben sich aus einer recht spärlichen Rechtsprechung, die belegt, daß dieses Kriterium nur selten ernsthafte Probleme aufwirft. Unklar ist allerdings, warum die Argumentation um die Eignung des Mittels in einigen Fällen zur Diskreditierung des Eingriffszwecks, im übrigen aber zur selbständigen Beurteilung des Eingriffsmittels eingesetzt wird.[63]

Die Anforderungen an die Geeignetheit eines Eingriffsmittels werden in unterschiedlichen Formeln statuiert. Grundsätzlich muß der Nutzen des Eingriffs den Verlust an Freiheit überwiegen.[64] Im Mittelpunkt steht die Frage, inwieweit der Zweck von dem Mittel gefördert wird. Die Maßstäbe schwanken etwas. So hat der Supreme Court kürzlich nur eine vollständige Zweckerreichung im Einzelfall gelten lassen,[65] während er in der Mehrzahl der Fälle von einer substantiellen, direkten, effektiven oder materiellen Förderung eines zwingenden Interesses gesprochen hat.[66] Verfassungsrechtlich unbedenklich ist ein Grundrechtseingriff danach, wenn das Mit-

---

62 FCC v. League of Women Voters of California, 104 S.Ct. 3106, 3122, 3127 (1984).
63 Vgl. dazu allgemein oben § 5 I 2b (vor aa). Für die Abgrenzung der Wirkungssphären ist das Evidenzkriterium hilfreich, aber keineswegs erklärt es alle Anwendungsfälle.
64 Elrod v. Burns, 427 U.S. 347, 362 (1976).
65 Globe Newspaper v. Superior Court, 457 U.S. 596, 609 Fn. 26 (1982).
66 Globe Newspaper v. Superior Court, 457 U.S. 610; FCC v. League of Women Voters of California, 104 S.Ct. 3106, 3122 (1984); Roberts v. U.S. Jaycees, 104 S.Ct. 3244, 3253 (1984) – »strongly implicated«; Village of Schaumburg v. Citizens, 444 U.S. 620, 638 (1980); Buckley v. Valeo, 424 U.S. 1, 64, 68 (1976).

tel erheblich zur Förderung und Erreichung des Zwecks beiträgt.[67] Damit werden völlig untaugliche Mittel ebenso beanstandet[68] wie solche, die entweder einen nur spekulativen Gewinn versprechen[69] oder lediglich eine rationale Beziehung zu dem verfolgten Zweck aufweisen.[70]

Zu einer kritischen Nachprüfung unter dem strict scrutiny-Standard gehört auch die Frage nach der Ambivalenz von Mitteln. Eine hoheitliche Maßnahme kann sich nicht nur als förderlich erweisen, sondern zugleich auch schädliche Wirkungen entfalten, die ihre Tauglichkeit herabsetzen.[71]

In bestimmten Fallgestaltungen wird der begrenzte Wert der Geeignetheitsprüfung sichtbar. Hat der Supreme Court ein vage umrissenes öffentliches Interesse akzeptiert, ist es wenig wahrscheinlich, daß das vom Gesetzgeber gewählte Mittel nicht hinreichend geeignet ist.[72] Dann kommt eine strenge Nachprüfung kaum noch in Betracht, so daß sich der Schwerpunkt der kritischen Untersuchung auf die Erforderlichkeitsproblematik verlagert. Als Beispiel dient *Buckley v. Valeo,* wo die für jedermann geltende Pflicht zur Offenlegung wahlkampfbezogener Ausgaben von einem Betrag von 100 $ an damit verteidigt wurde, daß dem Wähler so viel Information wie möglich über die finanzielle Unterstützung eines Kandidaten und über seine Anhänger zur Verfügung stehen solle.[73] So formuliert wird der Zweck durch jede Offenlegung voll gefördert, auch wenn die im Hintergrund stehende Sorge um die Integrität des politischen Entscheidungsprozesses bei Bagatellspenden kaum berührt wäre.

---

67 Dies entspricht auch dem Test für Auskunftsverlangen des Staates an den Bürger; nach dem sog. Nexus-Test sind nur jene Fragen zulässig, die eine enge Beziehung zu dem Zweck der Befragung erkennen lassen. Vgl. Brown v. Socialist Workers '74 Campaign Committee, 103 S.Ct. 416, 420 (1982); Buckley v. Valeo, 424 U.S. 1, 64 (1976); Branzburg v. Hayes, 408 U.S. 665, 700 f. (1972); Gibson v. Florida Legislative Investigation Committee, 372 U.S. 539, 546 (1963); NAACP v. Alabama, 357 U.S. 449, 464 (1958).
68 Smith v. Daily Mail Publishing Co., 443 U.S. 97, 104 f. (1979); Elrod v. Burns, 427 U.S. 347, 364 (1976); Mills v. Alabama, 384 U.S. 214, 220 (1966).
69 Maryland v. Munson, 104 S.Ct. 2839, 2854 (1984); Village of Schaumburg v. Citizens, 444 U.S. 620, 636 (1980); CBS v. Democratic National Committee, 412 U.S. 94, 127 (1973).
70 Schad v. Mount Ephraim, 452 U.S. 61, 68 (1981); Elrod v. Burns, 427 U.S. 347, 362 (1976).
71 Vgl. Elrod v. Burns, 427 U.S. 347, 369 f. (1976).
72 Vgl. das Plädoyer von *J. Brennan* für eine besonders kritische Kontrolle der Zwecke bei subjektiv gefärbten Interessen (Verbesserung des städtischen Erscheinungsbildes), diss. op. in Members of the City Council v. Taxpayers for Vincent, 104 S.Ct. 2118, 2139 f. (1984).
73 424 U.S. 1, 80 f. (1976).

Das Fallbeispiel beleuchtet zugleich die praktischen Grenzen der Abwägungsrhetorik bei der Tauglichkeitsprüfung. Der Supreme Court befaßte sich in *Buckley* nicht – wie es der eingangs formulierte Grundsatz nahelegen würde – auch noch mit der Frage, ob der Nutzen den Eingriff in das Grundrecht rechtfertigt. So hält es das Gericht in fast allen Fällen. Eine offene, artikulierte Abwägung findet sich selten, was darauf zurückzuführen ist, daß Abwägungsfragen ihren eigentlichen Platz im Bereich der Zweckprüfung und der Erforderlichkeit des Mittels haben.

## 4. Erforderlichkeit des Eingriffsmittels

Die Grenzen gesetzgeberischer Entscheidungsfreiheit bei der Zweckverfolgung zeigt der Grundsatz des mildesten Mittels (less/least drastic means) auf. Während in der Wirtschafts- und Sozialpolitik weitgehende Wahlfreiheit hinsichtlich des Regelungsinstrumentariums herrscht, gewährt das Grundrecht auf freie Meinungsäußerung dem Gesetzgeber nur wenig Spielraum.[74] Das Prinzip des mildesten Mittels[75] besagt, daß eine Beschränkung der Redefreiheit nicht weiter gehen darf, als zur Erreichung des Zwecks notwendig ist. Stehen mehrere Mittel zur Verfügung, ist das schonendste zu wählen.[76]

Neben der konkreten Gewichtung des Regelungszwecks indiziert die Handhabung des Erforderlichkeitsprinzips am deutlichsten, wie sorgfältig der Supreme Court Grundrechtseingriffe nachprüft. Nach der allgemeinen Abstufung des Abwägungstests steigen die Anforderungen an das Eingriffsmittel mit zunehmender Belastung des Grundrechts.[77] Dementsprechend scharf untersucht das Gericht die möglichen Alternativen im Rahmen des strict scrutiny-Standards.

Die Erforderlichkeitsprüfung vollzieht sich theoretisch in mehreren Schritten. Zuerst muß eine schonendere Alternative benannt und auf Geeignetheit untersucht werden. Sodann werden die Vor- und Nachteile der

---

74 Vgl. *Wormuth/Mirkin*, 9 Utah L.Rev. 254, 296 (1964).
75 Es erscheint unter verschiedenen Bezeichnungen. Neben der erwähnten Variante gehören auch »precisely (oder: closely) drawn means«, »narrowly tailored means«, »tight fit« hierher; vgl. *Note*, 78 Yale L.J. 464, 464 Fn. 2 (1969), und *Ely*, Democracy S. 105.
76 Bietet sich keine Alternative zur Verfolgung des Zwecks an, läuft der Abwägungstest auf eine Beurteilung der Zumutbarkeit des Eingriffs unter Berücksichtigung des Interesses hinaus, das mit dem Eingriff verfolgt wird. Vgl. dazu Nixon v. Administrator of General Services, 433 U.S. 425, 466–468 (1977); s. u. § 5 I 6d bb.
77 *Note*, 27 Vand.L.Rev. 971, 1030, 1039 (1974).

Optionen verglichen. Dabei geht es vor allem um ihre Tauglichkeit und Kosten, aber auch um etwaige Freiheitsverluste an anderer Stelle. Erweist sich die mildere Alternative als weniger effektiv, ist dieser Nachteil gegen den Gewinn an Freiheit abzuwägen.[78]
Die Abwägung konzentriert sich auf das Interesse des Staates an der Zweckverfolgung mit dem gewählten Mittel, genauer: an dem Effektivitätsgewinn, den die weniger schonende Maßnahme verspricht.[79] Es ist Aufgabe des Staates, überzeugend darzulegen, warum eine schonendere Alternative dem öffentlichen Interesse nicht genügen kann. Die Anforderungen an die Argumentation sind nicht erfüllt, wenn die angebliche Unentbehrlichkeit des Eingriffsmittels nicht auf durch Tatsachen erhärtete Gründe, sondern lediglich auf Mutmaßungen und Behauptungen gestützt wird.[80]
Im Rahmen der Erforderlichkeitsprüfung unterscheidet das Gericht nach quantitativen und qualitativen Alternativen. Bei *quantitativ* milderen Mitteln, der einfacher gelagerten Fallgruppe, geht es um zu weit gefaßte Regelungen, die durch Streichung oder Konkretisierung einzelner Tatbestandsmerkmale auf den Kern reduziert werden können, der nach Maßgabe des Eingriffszwecks regelungsbedürftig ist. Das Eingriffsmittel trägt hier die schonendere Alternative bereits in sich.[81] Eine solche Situation liegt etwa dann vor, wenn Lehrer verpflichtet werden, zur laufenden Überprüfung ihrer beruflichen Leistungsfähigkeit Angaben zu allen ihren Freizeitaktivitäten zu machen, also auch zu solchen, die schlechterdings keinen Einfluß auf ihre berufliche Leistung ausüben können.[82]
In dieser Fallgruppe begnügt sich die Rechtsprechung mit der Feststellung, daß sich das Eingriffsmittel nicht hinreichend eng auf die Verwirklichung des Zwecks beschränkt.[83] Die Tauglichkeit der zurückzustutzenden Alternative wird ebenso wenig erörtert wie die Frage, wie weit das bean-

---

78 Vgl. zu diesem Prüfungsgerüst Elrod v. Burns, 427 U.S. 347, 366, 369 f. (1975).
79 *Ely,* Democracy S. 106; *Krislov* S. 125 f.; *Note,* 78 Yale L.J. 464, 467 f. (1969).
80 Vgl. Landmark Communications v. Virginia, 435 U.S. 829, 841 (1978); Smith v. Daily Mail Publishing Co., 443 U.S. 97, 105 (1979) – beide zu Verfahrensregeln zur Sicherung der Vertraulichkeit von Informationen; Richmond Newspapers v. Virginia, 448 U.S. 555, 580 f. (1980), plural.op.
81 *Note,* 78 Yale L.J. 464, 470 (1969); *Note,* 27 Vand.L.Rev. 971, 1032 f. (1974).
82 Vgl. Shelton v. Tucker, 364 U.S. 479 (1960). Eine ähnliche Konstellation findet sich in FCC v. League of Women Voters of California, 104 S.Ct. 3106, 3124 (1984). Fallgestaltungen dieser Art werden häufig nach Maßgabe der overbreadth-Doktrin beurteilt; dies setzt voraus, daß von der Eingriffsnorm eine unzulässige Abschreckungswirkung ausgeht; dazu ausführlich unten § 7 I.
83 Vgl. In re Primus, 436 U.S. 412, 438 (1978).

standete Mittel beschnitten werden muß, um verfassungsmäßig zu werden. Letzteres entspricht der Übung, sich zur Verfassungsmäßigkeit eines vorgeschlagenen oder entscheidungsrelevanten milderen Mittels nicht ausdrücklich zu äußern.[84]
Unterscheiden sich die Optionen *der Art nach,* gestaltet sich die Prüfung komplizierter. Theoretisch muß hier jede Alternative[85] auf Vor- und Nachteile hin untersucht werden. In der Anwendungspraxis zeigt sich allerdings, daß die Entscheidung maßgeblich von zwei Faktoren abhängt: der Geeignetheit der Option und der Genauigkeit, mit der ein Mittel den zu regelnden Mißstand angreift. Abwägungsprobleme treten primär bei Alternativen mit unterschiedlichem Tauglichkeitsgrad auf. Das Abwägungsergebnis wird wesentlich von folgenden Erwägungen bestimmt. Ein allgemeines Gesetz, das den zu regelnden Mißstand direkt angeht, erhält den Vorrang vor einer effektiveren, aber pauschal gegen die Meinungsäußerungsfreiheit gerichteten Bestimmung; dies gilt insbesondere, wenn die geregelte Meinungsäußerung den Mißstand nicht unmittelbar verursacht. Dieser Grundsatz beugt übermäßigen Beschränkungen vor, erlaubt aber auch die Regelung von Äußerungen, die untrennbar mit dem abzuwehrenden Gefahrenzustand verbunden sind. Allgemein gibt eine wirksame, aber nicht nur auf den Mißstand zielende (und damit die Meinungsfreiheit belastende) Vorschrift Anlaß zu der Vermutung, es gehe dem Hoheitsträger (auch) um die Unterdrückung der freien Meinungsäußerung.[86] Richten

---

84 Hierzu vgl. *Note,* 78 Yale L.J. 464, 471 f. (1969); *Note,* 27 Vand.L.Rev. 971, 1034 (1974).
85 In einer vereinzelt gebliebenen Stellungnahme hat es der Supreme Court abgelehnt, sich mit der Existenz und Tauglichkeit milderer Mittel und insbesondere mit der Einschätzung der Legislative auseinanderzusetzen, andere Mittel als das gewählte seien unwirksam; United States v. Robel, 389 U.S. 258, 267 f. (1967). Kritisch *Gunther,* 20 Stan. L. Rev. 1140 (1968). Seither ist die Erforderlichkeitsprüfung stets unter Einbeziehung möglicher milderer Mittel durchgeführt worden.
86 Vgl. z. B. Elrod v. Burns, 427 U.S. 347, 366 (1976): Entlassung aus dem öffentlichen Dienst nicht wegen Zugehörigkeit zur Oppositionspartei, sondern nur nach allgemeinen arbeitsrechtlichen Grundsätzen; Minneapolis Star v. Minnesota Commissioner of Revenue, 103 S.Ct. 1365, 1372 ff. (1983): Anwendbarkeit der allgemeinen Umsatzsteuer statt einer Sondersteuer für die Presse; Richmond Newspapers v. Virginia, 448 U.S. 555, 581 (1980), plural.op.: Isolierung der Geschworenen und Zeugen von der Außenwelt statt Ausschluß der Öffentlichkeit von der Hauptverhandlung im Strafverfahren – vgl. hierzu *Weigend* S. 120–128; Village of Schaumburg v. Citizens, 444 U.S. 620, 637 (1980): Anwendung der Strafbestimmungen gegen Spendenbetrug statt Verbot von grundrechtlich geschützten Spendensammlungen – ebenso Maryland v. Munson, 104 S.Ct. 2839, 2853 (1984); Landmark Communications v. Virginia, 435 U.S. 829, 845 (1978), und Smith v. Daily Mail Publishing Co., 443 U.S. 97, 105 (1979): Sicherung der Vertraulichkeit innerbehördlicher bzw. gerichtlicher Informationen nicht durch Publikationsverbot für Außenstehende, sondern durch verwaltungsinterne Maßnahmen. Aus der älteren Rechtsprechung vgl. z. B. Butler v. Michigan, 352 U. S. 380 (1957).

sich beide Alternativen gegen die Meinungsfreiheit, muß ebenfalls die weniger präzise Maßnahme derjenigen weichen, die auf das Problem maßgeschneidert ist.

Neben diesen Aspekten spielen die Auslösung höherer Kosten sowie die größere Zweckmäßigkeit eines Mittels keine Rolle. Insoweit gilt der Grundsatz, daß Nachteile im Interesse des Grundrechtsschutzes vom Staat hinzunehmen sind.[87] Wie ein Blick auf die vom Supreme Court erwähnten Alternativen belegt, verweist die Rechtsprechung den Staat ganz überwiegend auf den Einsatz traditioneller Rechtsinstrumente.[88]

Eine Sonderstellung nehmen Gesetze des Bundes ein, sofern Legislative und Exekutive in der Beurteilung des Eingriffsmittels übereinstimmen. Insbesondere bei wichtigen und umfassenden Regelwerken (wie etwa dem Recht des öffentlichen Dienstes oder dem Wahlkampfgesetz) übt der Supreme Court größere Zurückhaltung; einige Formulierungen deuten einen erweiterten Freiraum des Bundes bei der Wahl des Mittels an.[89] Ansonsten führt die Rechtsprechung eine eigenständige, kritische Prüfung der Erforderlichkeit durch.

Gegenüber dem älteren Fallrecht zeichnet sich die Rechtsprechung des Supreme Court unter Chief Justice Burger durch eine offenere Artikulation der entscheidungsrelevanten Faktoren in der Erforderlichkeitsabwägung aus. Vor allem seit 1976 sind die Anwendungsvoraussetzungen des Grundsatzes schärfer konturiert worden. War der älteren Rechtsprechung noch 1969 vorgeworfen worden, mit dem Einsatz des Grund-

---

87 So schon Schneider v. State, 308 U.S. 147, 162 (1939); vgl. auch Richmond Newspapers v. Virginia, 448 U.S. 555, 581 (1980), plural.op.; Nebraska Press Assn. v. Stuart, 427 U.S. 539, 563 f. (1976).
88 *Note,* 78 Yale L.J. 464, 472 (1969). Enthält das Recht des Einzelstaats, dessen Eingriff nachgeprüft wird, keine Bestimmung, die in diesem Sinne verstanden werden kann, verweist die Rechtsprechung auf verbreitete Lösungen in anderen Rechtsordnungen der USA; vgl. z. B. Globe Newspaper v. Superior Court, 457 U.S. 596, 608 Fn. 22 (1982). Bei Meinungsbeschränkungen, die den Bürger vor unerwünschter Konfrontation mit fremden Meinungen in der eigenen Haustür bewahren sollen, betont der Supreme Court, daß es (als mildere Alternative zu Verboten) dem einzelnen Bürger überlassen werden müsse, sich durch geeignete Maßnahmen vor solchen Begegnungen zu schützen; Village of Schaumburg v. Citizens, 444 U.S. 620, 639 (1980); Martin v. Struthers, 319 U.S. 141, 147 f. (1943). Siehe auch Consolidated Edison v. Public Service Commission, 447 U.S. 530, 542 Fn. 11 (1980).
89 Vgl. U.S. Civil Service Commission v. National Assn. of Letter Carriers, 413 U.S. 548, 557, 567 (1973); Buckley v. Valeo, 424 U.S. 1, 27 f. (1976). Umgekehrt scheint die Uneinigkeit der beiden anderen Gewalten den Supreme Court zu der ungewöhnlichen Entscheidung United States v. Robel, 389 U.S. 258 (1967), veranlaßt zu haben; dort hatte der Präsident erfolglos Veto gegen das Gesetz eingelegt und verfassungsrechtliche Bedenken vorgebracht; 389 U.S. 259 Fn. 1. Zu Robel s. o. S. 102 (Fn. 85).

satzes des milderen Mittels werde lediglich ein vorgefaßtes Ergebnis verkündet,[90] so kann dies auf die moderne Rechtsprechung nur eingeschränkt übertragen werden. Nicht selten begründet das Gericht in ausführlichen Kosten/Nutzen-Analysen seine Entscheidung über die Verfassungsmäßigkeit eines Eingriffs und legt damit die Wertungen offen, die das Ergebnis tragen. Daß dies nicht immer geschieht, beruht auf dem Umstand, daß dem Gericht die Entscheidung häufig durch grobe, undifferenzierte oder übermäßig weite Eingriffsmittel leicht gemacht wird.[91]

### 5. Strenge Nachprüfung unter dem Gleichheitssatz

Einschränkungen der Meinungsfreiheit werden gelegentlich nicht als Verletzung des 1. Amendment beurteilt, sondern auf der Grundlage des Gleichheitssatzes, der Equal Protection Clause des 14. Amendment, beanstandet.[92] In solchen Fällen liegt eine Ungleichbehandlung vor, die gegen den Sinn der Redefreiheit verstößt. Wegen der geringen Zahl von Entscheidungen zum Gleichheitssatz läßt sich allerdings wenig Weiterführendes über das grundsätzliche Verhältnis der beiden Grundrechte sagen.[93]

---

90 *Note,* 78 Yale L.J. 464, 464 (1969).
91 Vgl. auch Butler v. Michigan, 352 U.S. 380 (1957), ein älteres Musterbeispiel für ein voll taugliches, aber offensichtlich übermäßiges Verbot, das zur Abwehr unmoralischer Einwirkungen auf Kinder den Verkauf von Literatur unterbinden sollte, die nach ihrer Tendenz schlechten Einfluß auf deren Moral ausüben könnte. Verboten war der Verkauf an jedermann, so daß Erwachsene auf das für Kinder geeignete Material und Niveau gesetzt wurden. (»Surely, this is to burn the house to roast the pig.« 352 U.S. 383).
92 Das 14. Amendment bestimmt in Absatz 1: »No State shall ... deny to any person within its jurisdiction the equal protection of the laws.« Für die Hoheitsgewalt des Bundes fehlt eine entsprechende ausdrückliche Bestimmung. Der Sitz des Gleichheitssatzes ist insoweit die Due Process Clause des 5. Amendment; vgl. Bolling v. Sharpe, 347 U.S. 497, 499 (1954). Die verfassungsrechtlichen Anforderungen an die Einzelstaaten und den Bund sind identisch und werden von den unterschiedlichen Rechtsquellen nicht berührt, Weinberger v. Wiesenfeld, 420 U.S. 636, 638 Fn. 2 (1975), sofern nicht ausnahmsweise überragende nationale Interessen eine Differenzierung erlauben; Hampton v. Wong, 426 U.S. 88 (1976).
93 Neben den nachfolgend besprochenen Entscheidungen sind noch Niemotko v. Maryland (340 U.S. 268, 273/1951) und Fowler v. Rhode Island (345 U.S. 67, 69/1953) zu nennen. In beiden Fällen wurde eine verfassungswidrige Ungleichbehandlung im Zusammenhang mit der Genehmigungspflicht für die Abhaltung von religiösen Feiern bzw. für die Inanspruchnahme öffentlicher Wege festgestellt. Entscheidungsgrundlage war aber jeweils der Verstoß gegen das Verbot der Vorzensur, denn in beiden Regelungen fehlten Richtlinien für die Entscheidung im Einzelfall. Die Erwähnung des Gleichheitssatzes ist insofern eher als deutlicher Hinweis auf die unzulässige Diskriminierung der Antragsteller zu verstehen; eine nähere Analyse der Fälle unter dem anwendbaren Prüfungsstan-

In *Police Department of Chicago v. Mosley* (1972) und *Carey v. Brown* (1980) waren allgemeine Verbote von Mahnwachen zu überprüfen, die nur zugunsten von Streikposten eine Ausnahme vorsahen. Die Regelungen differenzierten insoweit nach dem Gegenstand der beabsichtigten Äußerungen. Hätte der Supreme Court die Verfassungsmäßigkeit der Verbote geprüft, wäre der strenge Abwägungstest herangezogen worden. Er beschränkte sich jedoch auf die Zulässigkeit der Differenzierung zwischen Streikwachen im Arbeitskampf und solchen in anderen Auseinandersetzungen und beurteilte diese Frage nach Maßgabe der Equal Protection Clause. Da die Regelungen ein ausdrücklich verbürgtes Grundrecht belasteten, kam die strenge Variante der Nachprüfung unter dem Gleichheitssatz zur Anwendung: Die Regelungen müßten genau auf substantielle öffentliche Interessen zugeschnitten sein, und jede Rechtfertigung für die Diskriminierung sei sorgfältig nachzuprüfen.[94]

Dieser Prüfungsmaßstab erinnert an den gemäßigten Abwägungstest des 1. Amendment. Die Intensität der Nachprüfung und die für den Test zitierten Entscheidungen lassen aber erkennen, daß die Formel für eine intensive Prüfung nach dem Muster des strengen Abwägungstests steht.[95] Wie die nachfolgende Zusammenfassung von *Mosley* und *Carey* zeigt,[96] ergeben sich unter dem Gleichheitssatz dieselben Prüfungsschritte wie

---

dard für Gleichheitsverstöße wurde nicht vorgenommen. Vgl. *Kalven,* 1965 Sup.Ct.Rev. 1, 29 zum Verhältnis von Diskriminierung durch Zensur und dem Gleichheitssatz; *Stephan,* 68 Va.L.Rev. 203, 216–218 (1982).

94 Carey v. Brown, 447 U.S. 455, 461 f. (1980); ähnlich Police Department of Chicago v. Mosley, 408 U.S. 92, 98 f., 101 f. (1972). In der Rechtsprechung zur Equal Protection Clause hat sich in den letzten Jahren ein dreifach abgestufter Schrankenstandard herausgebildet. Strict scrutiny als strengste Form der Nachprüfung wird häufig auch den folgenden Voraussetzungen unterworfen: Eine Differenzierung muß »necessary to promote a compelling state interest« sein; vgl. Shapiro v. Thompson, 394 U.S. 618, 634 (1969); Kramer v. Union Free School District, 395 U.S. 621, 627 (1969); Dunn v. Blumstein, 405 U.S. 330, 335, 337 (1972). Strict scrutiny ist angebracht, wenn die Differenzierung entweder ein sogenanntes fundamentales Recht oder Interesse belastet oder auf bestimmte Merkmale abstellt, die die Differenzierung verdächtig erscheinen lassen (»suspect classification«). Ein fundamentales Recht muß sich ausdrücklich oder stillschweigend aus der Verfassung ergeben; vgl. San Antonio Independent School District v. Rodriguez, 411 U.S. 1, 34 (1973); kritisch *J. Marshall,* 411 U.S. 100 ff. (diss.op.). Ausführlich zur neueren Entwicklung der Rechtsprechung zum Gleichheitssatz *Kommers S.* 40–46; *Kommers/Ripple/Scalan,* JöR N.F. Bd. 30 (1981), 457, 526–539.

95 So auch die dissentierenden Richter; vgl. Carey v. Brown, 447 U.S. 474, diss.op. *J. Rehnquist.* Aus dem Kreis der zitierten Fälle ist kurioserweise die einzige zum 1. Amendment gehörige Entscheidung United States v. O'Brien, wo das Gericht seine Kontrollfunktion gegenüber der Legislative ungewöhnlich zurückhaltend ausgeübt hatte; s. u. § 5 II 2, 3b.

96 Siehe unten § 5 I 6e.

beim 1. Amendment. Der Hoheitsträger muß ein erhebliches öffentliches Interesse an der Differenzierung darlegen; die Überzeugungskraft des Zweckes wird unter Einsatz der Kriterien Regelungsdefizit und Überweite[97] kritisch hinterfragt. Ferner muß die Differenzierung geeignet und erforderlich sein.

Angesichts der weitgehenden Identität der anwendbaren Maßstäbe und der Tatsache, daß die durchzusetzende Wertentscheidung (gleicher Status aller Ideen in der öffentlichen Diskussion) ihren Sitz in der Meinungsfreiheit hat,[98] stellt sich die Frage, ob der Gleichheitssatz in der Rechtsprechung zur Meinungsfreiheit eine selbständige Rolle spielen kann. Die grundlegenden Ausführungen in *Mosley* zum Sinn des 1. Amendment deuten an, daß die Lösung eher bei der Meinungsfreiheit zu suchen ist.[99] Zweifel nährt auch *Carey* selbst, denn die Entscheidungsgründe werden mit der Frage eingeleitet, ob die Regelung mit dem 1. Amendment vereinbar sei; erst bei der Prüfung kommt ein Equal Protection-Standard zum Einsatz.[100] Es ist denkbar, daß der Gleichheitssatz für selektive Begünstigungen bestimmter Meinungen reserviert bleiben soll. Dieser Ansatz würde es ermöglichen, die Nachprüfung auf die Ungleichbehandlung zu beschränken und die oft schwierige Frage nach der Verfassungsmäßigkeit des übrigen Verbots auszuklammern.[101] Gegen diese Deutung sprechen allerdings mehrere Fälle, die einseitige Begünstigungen unmittelbar dem 1. Amendment unterwerfen.[102]

Insgesamt ist die praktische Relevanz der Equal Protection Clause als Mittel zur Durchsetzung von Gleichheitsgrundsätzen im 1. Amendment unklar. Da die Prüfungsmaßstäbe für Gleichheitsverstöße nach beiden Grundrechten ohnehin so gut wie identisch sind, zeitigt diese Unklarheit keine Folgen für das Ergebnis im Einzelfall.[103]

---

97  Vgl. dazu auch oben § 5 I 2b cc.
98  Vgl. Police Department of Chicago v. Mosley, 408 U.S. 92, 95 f. (1972).
99  Vgl. 408 U.S. 94–96 zum Verhältnis von Gleichheit und Redefreiheit.
100 Carey v. Brown, 447 U.S. 455, 457, 461–469 (1980). Vgl. die Kritik von *J. Stewart,* 447 U.S. 471 f. (conc.op.). Siehe auch *Stephan,* 68 Va.L.Rev. 203, 229 Fn. 121 (1982). Auch jüngstens ist die einseitige Behinderung von Meinungen nicht dem Maßstab des Gleichheitssatzes unterworfen worden; vgl. Widmar v. Vincent, 454 U.S. 263, 270 (1981).
101 *Stone,* 46 U.Chi.L.Rev. 81, 87 Fn. 27 (1978); *Farber,* 68 Geo.L.J. 727, 747 f. mit Fn. 100 (1980); siehe auch Carey v. Brown, 447 U.S. 455, 459 Fn. 2 (1980).
102 Vgl. Schacht v. United States, 398 U.S. 58 (1970); Hudgens v. NLRB, 424 U.S. 507, 520 (1976); Metromedia v. San Diego, 453 U.S. 490, 519 (1981), plural.op.
103 Allgemein zur Funktion des Gleichheitssatzes *Westen,* der den Rückgriff auf das Gleichheitsgrundrecht für überflüssig hält, wenn sich die materiellen Grundsätze aus einer speziellen Verfassungsnorm ergeben; 95 Harv.L.Rev. 537, 560–562 (1982), zu Carey v. Brown. Im Ergebnis ebenso *Tribe* § 16-9 (S. 1006) zu Mosley.

## 6. Fallbeispiele zum strengen Abwägungstest

Die praktische Handhabung des strengen Abwägungstests soll im folgenden anhand von ausgewählten Entscheidungen illustriert werden. Die wichtigsten Argumentations- bzw. Prüfungsstrukturen der gegenwärtigen Form des Abwägungstests werden von diesen Fällen erfaßt. Gleichzeitig vermittelt die Auswahl einen kurzen Überblick über typische Probleme des materiellen Rechts der Meinungs-, Presse- und Vereinigungsfreiheit.

### a) *Äußerungsverbote*

Der Verdacht einer unterdrückerischen Absicht liegt besonders nahe, wenn bestimmten Grundrechtsträgern die Diskussion eines allgemein interessierenden Themas durch Strafgesetz verboten wird.[104] Aus diesem Grund führt der Supreme Court eine strenge Nachprüfung durch; der Staat trägt dabei die Beweis- bzw. Argumentationslast.

### aa) *First National Bank of Boston v. Bellotti (1978)*

Die Entscheidung betraf ein im Staat Massachusetts geltendes Strafgesetz, das es den als juristische Person organisierten Unternehmen ausgewählter Wirtschaftsbranchen (Banken, Versicherungen etc.) untersagte, vor einer Volksabstimmung Geldmittel zur Beeinflussung der öffentlichen Meinung einzusetzen. Ausgenommen waren Gesetzesvorschläge, die die wirtschaftlichen Interessen der Unternehmen spürbar berührten, nicht aber Referenda zur Besteuerung natürlicher Personen.[105] Das Verbot wirkte sich dahin aus, daß eine breitenwirksame Beteiligung an der öffentlichen Diskussion von Themen eines Referendums ausgeschlossen war, weil der Einsatz fast aller Kommunikationsmittel erhebliche Kosten verursacht.

Da das Gesetz die Äußerungen bestimmter Grundrechtsträger in Angelegenheiten von öffentlichem Interesse unterdrückte, traf es nach Auffassung des Supreme Court den Kern des Grundrechts. Ein derart gravierender Eingriff könne nur bei Nachweis zwingender Gründe Bestand haben.[106] Den Nachweis sah das Gericht nicht als erbracht an. Zwar sei der Schutz des demokratischen Prozesses vor der Einflußnahme wirtschaftli-

---

104 Vgl. dazu auch Brown v. Hartlage, 456 U.S. 45 (1982), unten § 5 I 6c bb.
105 First National Bank of Boston v. Bellotti, 435 U.S. 765, 768 (1978).
106 435 U.S. 786.

cher Übermacht und damit die Erhaltung des Vertrauens der Bürger in die Regierung ein Interesse von höchstem Rang; eine Bedrohung sei jedoch nicht bewiesen.[107] Auch der Schutz der Minderheitsgesellschafter in den Unternehmen sei ein legitimes Interesse, doch lasse die Ausgestaltung des Verbots Zweifel aufkommen, ob der Gesetzgeber diesen Zweck ernsthaft verfolgt habe. Diese Rechtfertigung des Verbots stehe nicht in einer hinreichend engen Beziehung zu seinem Inhalt, weil einerseits die Minderheitsgesellschafter nur bei Volksabstimmungen, nicht aber bei parlamentarischen Entscheidungen geschützt werden, das Verbot andererseits aber auch bei Übereinstimmung aller Gesellschafter gelte.[108] Der vorgetragene Zweck sei auch deshalb wenig plausibel, weil sich der Minderheitenschutz nicht auf andere Gesellschaften erstrecke.[109] Da das Verbot nicht mit einem zwingenden Interesse gerechtfertigt wurde, erklärte es der Supreme Court für nichtig.

Im Mittelpunkt der Analyse steht in *Bellotti* der Regelungszweck. Deutlich unterscheidet das Gericht den *allgemeinen* Stellenwert eines öffentlichen Interesses von seiner Relevanz für die *konkrete* Grundrechtseinschränkung. Mit Hilfe dieser Unterscheidung wird die Begründung des Staates auf ihren entscheidungsrelevanten Kern reduziert. Wo eine mittelbare Gefährdung der demokratischen Willensbildung behauptet wird, muß dies mit Tatsachen untermauert werden. Geschieht dies nicht, liegt es nahe, daß es dem Gesetzgeber um Unterdrückung bestimmter Meinungen ging.[110] Das »Minderheitenschutz«-Argument wird mit Mängeln im Zweck/Mittel-Verhältnis entkräftet. Die Ausgestaltung des Verbots offenbart sowohl ein Eignungsdefizit als auch eine Überweite. Eine derart unvollkommene Umsetzung des Normzwecks schließt die Annahme eines zwingenden Interesses aus.

bb) *Consolidated Edison v. Public Service Commission (1980)*

In *Consolidated Edison* stand als Eingriffszweck der Schutz des Bürgers vor ungewollter Konfrontation mit kontroversen politischen Ansichten im eigenen Heim im Mittelpunkt.[111] Ein Energieversorgungsunternehmen hatte seinen Kunden mit der Stromrechnung eine Erklärung zugesandt, in

---

107  435 U.S. 788–792.
108  435 U.S. 792–795.
109  435 U.S. 793.
110  435 U.S. 793.
111  Consolidated Edison v. Public Service Commission, 447 U.S. 530 (1980).

der die Vorzüge der Kernenergie gepriesen wurden. Die Aufsichtsbehörde untersagte daraufhin allen Energieversorgungsunternehmen, »kontroverse« politische Themen in Rechnungsbriefen zu behandeln.[112] Zur Rechtfertigung bezog sich die Behörde auf den Grundsatz, daß eine Meinungseinschränkung wegen anstößiger Äußerungen in Betracht kommt, wenn sich der Adressat der Konfrontation mit fremden Meinungen nicht entziehen kann (captive audience-Doktrin).[113] In dieser Situation sah die Aufsichtsbehörde den Kunden beim Öffnen der Rechnung.
Dem hielt der Supreme Court entgegen, daß eine Zwangslage nur im Falle einer »unerträglichen Beeinträchtigung erheblicher Privatsphäre-Interessen« vorliege. Wo der Empfänger der Äußerung nur kurz ausgesetzt sei und ihr leicht ausweichen könne, sei die Grundrechtseinschränkung nicht mit dem Regelungszweck zu rechtfertigen.[114] Hier brauche der Kunde das Schriftstück nur in den Papierkorb zu werfen. Ergänzend wies das Gericht noch darauf hin, daß anstelle eines allgemeinen Verbots ein Versendungsverbot hinsichtlich der Kunden denkbar sei, die sich ausdrücklich gegen die Übermittlung von politischen Äußerungen ihrer Energieversorger verwahren.[115]
Ferner sah es der Supreme Court nicht als erwiesen an, daß die Rechnungsbriefe ohne das Verbot andere vorgeschriebene Informationen nicht mehr aufnehmen könnten und daß allein das Verbot die Kunden davor bewahre, über den Strompreis politische Erklärungen der Unternehmen mitzufinanzieren.[116]
Wie in *Bellotti* begnügt sich der Supreme Court mit einer kritischen Prüfung der Regelungszwecke. Keines der öffentlichen Interessen erfüllt das Kriterium des zwingenden Gemeinwohls. Damit kommt es auf das vom Gericht genannte mildere Mittel nicht entscheidend an. Daß es dennoch erwähnt wird, soll die Fragwürdigkeit des angegebenen Eingriffszwecks unterstreichen. Diese Prüfungsstrenge im Rahmen von thematischen Äußerungsverboten dokumentiert das Mißtrauen gegenüber den vorgebrachten Begründungen. Die Verbote in *Bellotti* und *Consolidated Edison*

---

112  447 U.S. 532 f.
113  Vgl. Cohen v. California, 403 U.S. 15, 21 f. (1971); Erznoznik v. Jacksonville, 422 U.S. 205, 208–212 (1975). Dieser Schrankenstandard für anstößige Äußerungen im Zusammenhang mit dem Recht auf Privatsphäre ist in die Form einer Definition gegossen, gehört also zum sog. definitional balancing; vgl. *Tribe* § 12–19 (S. 677 Fn. 13) zur captive audience-Doktrin.
114  447 U.S. 541.
115  447 U.S. 542 Fn. 11
116  447 U.S. 542 f.

hätten auch als kaschierte Meinungsverbote behandelt werden können, da die Standpunkte der betroffenen Unternehmen bei Erlaß der Verbote bekannt waren. In *Bellotti* hatte der Staat sogar eingeräumt, daß die Entstehungsgeschichte des speziell auf Besteuerungsvorhaben bezogenen Tatbestandes zeige, daß die Opposition der Banken und Wirtschaftsunternehmen gegen die Neuordnung der Besteuerung ausgeschaltet werden sollte.[117] Die Entscheidungen sind Ausdruck des Grundsatzes, daß thematische Redeverbote – vor allem, wenn sie nur einige Grundrechtsträger treffen – nur unter außergewöhnlichen Umständen zu rechtfertigen sind. Das 1. Amendment garantiert die Staatsfreiheit der öffentlichen Auseinandersetzung, solange nicht gravierende Gefahren für zwingende öffentliche oder private Interessen drohen.

b) *Schutz der Presse bei der Verbreitung vertraulicher Informationen*

Der Schutz des 1. Amendment erstreckt sich in besonders gelagerten Situationen auf unwahre Tatsachenbehauptungen, wenn dies im Interesse einer offenen, ungehinderten Auseinandersetzung angezeigt ist.[118] Umgekehrt hat der Supreme Court bisher ausdrücklich offen gelassen, ob die Verbreitung von Tatsachen unter allen Umständen geschützt ist.[119] Die folgenden Entscheidungen befassen sich mit dem Schutz von Verwaltungs- bzw. Gerichtsverfahren, die unter Ausschluß der Öffentlichkeit stattfinden, vor Presseveröffentlichungen.

aa) *Landmark Communications v. Virginia (1978)*

In dieser Entscheidung hob der Supreme Court die Verurteilung eines Verlags wegen eines Berichts über ein geheimes Ermittlungsverfahren der staatlichen Rechtspflegekommission gegen einen amtierenden Richter auf.[120] Der Verurteilung lag die Verletzung des Verbots zugrunde, über solche Verfahren öffentlich zu berichten. Zur Rechtfertigung des Straftatbestandes führte der Staat Virginia an, die Kommission könne ihre Aufgabe, disziplinarische Maßnahmen gegen Richter vorzubereiten, ohne

---

117 435 U.S. 765, 793 (1978).
118 Vgl. dazu oben S. 27 (Fn. 4).
119 Cox Broadcasting Corp. v. Cohn, 420 U.S. 469, 487–491 (1975).
120 Landmark Communications v. Virginia, 435 U.S. 829 (1978). Die Entscheidung ist auch für das Verständnis des Gefahrentests bedeutsam; s. u. § 6 II.

den Straftatbestand nicht wirksam erfüllen; daneben sollten der Ruf des betroffenen Richters und das Ansehen der Gerichte gewahrt werden.[121] Für die Berechtigung des ersten Grundes blieb der Gesetzgeber den Beweis schuldig; zudem verwies der Supreme Court auf die Rechtslage in der Mehrzahl der anderen Bundesstaaten, wo keine notwendige Beziehung zwischen einer Strafdrohung gegen die Presse und der erfolgreichen Aufgabenbewältigung einer Rechtspflegekommission hergestellt worden war.[122] Mit grundsätzlichen Erwägungen begegnete das Gericht dem zweiten Grund: Wahrheitsgemäße Berichte über öffentliche Bedienstete könnten nicht allein deshalb unterdrückt werden, weil deren Ansehen geschädigt werden könne. Gleiches gelte für staatliche Einrichtungen in einem demokratischen Gemeinwesen.[123] Damit erwiesen sich die für das Berichterstattungsverbot vorgebrachten Interessen als zu schwach.

bb) *Smith v. Daily Mail Publishing Co. (1979)*

Der Supreme Court erklärte ein einzelstaatliches Gesetz für verfassungswidrig, das es der Presse im Rahmen ihrer Berichterstattung über Jugendgerichtsverfahren verbot, den Namen von angeklagten Jugendlichen ohne Erlaubnis des Gerichts zu nennen. Mit der Wahrung der Anonymität sollte die Rehabilitation der Delinquenten erleichtert werden.[124] Bevor sich der Supreme Court mit dem Gesetzeszweck befaßte, formulierte er den folgenden Grundsatz: Druckt die Presse eine rechtmäßig beschaffte Information über eine Angelegenheit von öffentlichem Interesse ab, ist eine Bestrafung nur wegen höchster Interessen des Gemeinwohls zulässig.[125] Dazu zähle die Rehabilitation jugendlicher Straftäter nicht. Ferner sei das Verbot weder geeignet noch erforderlich. Es erstrecke sich nicht auf Rundfunkveranstaltungen, so daß der Name eines Täters ohnehin bekannt werde; auch sei nicht bewiesen, daß die Anonymität nicht – wie in 45 der 50 Bundesstaaten geschehen – mit anderen Mitteln geschützt werden könne.[126]

Sowohl *Landmark* als auch *Smith* beruhen auf dem unzureichenden Gewicht der Eingriffszwecke; die Ausführungen zu den Eingriffsmitteln ge-

---

121  435 U.S. 840.
122  435 U.S. 841.
123  435 U.S. 841 f.
124  Smith v. Daily Mail Publishing Co., 443 U.S. 97, 104 (1979).
125  443 U.S. 103.
126  443 U.S. 104 f.

ben aber deutlich Aufschluß über die Beweggründe, die die Entscheidungen beeinflußt haben. In beiden Fällen verweist das Gericht auf die Existenz weniger einschneidender Regelungen zur Geheimhaltung. Allerdings geht es nicht so weit, sich zur Verfassungsmäßigkeit der Alternativen zu äußern. Damit bleibt es im üblichen Rahmen der Erforderlichkeitsprüfung: Mildere Mittel werden zwar benannt und auf ihre Tauglichkeit untersucht, doch vermeidet die Rechtsprechung sorgfältig, sich auf die Vereinbarkeit der Alternativen mit dem 1. Amendment festzulegen.
Die völlige Ungeeignetheit des Namensnennungsverbots in *Smith* dokumentiert, daß das Rehabilitationsinteresse für den Gesetzgeber kein hohes Gewicht gehabt haben konnte. Da das Verbot nicht einmal einen Teilerfolg verspricht, tut sich zwischen Mittel und Gesetzeszweck ein Widerspruch auf, der die Überzeugungskraft des Rehabilitationsarguments untergraben muß. Diese Schwäche vermag vielleicht zu erklären, warum sich das Gericht nicht mit dem Ausmaß der Grundrechtsbeeinträchtigung befaßt, das J. Rehnquist in seinem Sondervotum als minimal bewertet.[127]
Nach diesen Entscheidungen und *Cox Broadcasting Corp. v. Cohn*[128] bietet das 1. Amendment den Massenmedien weitgehenden Schutz vor Bestrafung wegen der Veröffentlichung wahrer Informationen in allgemein interessierenden Angelegenheiten. Abgesehen von dem Fall gesetzwidriger Informationsbeschaffung, für den sich das Gericht eine Entscheidung vorbehalten hat,[129] sind die Grenzen des Rechts zwar nicht im einzelnen ausgelotet, doch dürfte eine Einschränkung nur zugunsten schwerwiegender, zwingender staatlicher Belange zugelassen werden, sofern die Information schon vor der Veröffentlichung ihren vertraulichen Charakter verloren hatte.

c) *Wahlkampffinanzierung und Wahlversprechen*

Die nachfolgend dargestellten Entscheidungen veranschaulichen die Anwendung des strengen Abwägungstests auf Einschränkungen der Meinungs- und Vereinigungsfreiheit im Wahlkampf. Während es in *Brown v.*

---

127 443 U.S. 107.
128 420 U.S. 469 (1975).
129 Smith v. Daily Mail Publishing Co., 443 U.S. 97, 105 (1979); Landmark Communications v. Virginia, 435 U.S. 829, 837 (1978). Allgemein zum Verhältnis von gesetzwidriger Produktion von kommunikativen Werken und dem Schutz des Werkes unter dem 1. Amendment New York v. Ferber, 458 U.S. 747, 762 (1982); danach ist das Werk im Ergebnis nicht geschützt, wenn die Herstellung gegen geltendes Recht verstößt.

*Hartlage* um die Grenze zwischen erlaubten Wahlversprechen und Korruption ging, warf *Buckley v. Valeo* die Frage auf, wie weit der Gesetzgeber im Bereich von Wahlkampfspenden und -ausgaben gegen Mißstände einschreiten darf.

aa) *Buckley v. Valeo (1976)*

Das Bundeswahlkampfgesetz von 1971 (in der Fassung von 1974) bestimmte u. a. Höchstgrenzen für Wahlspenden an Parteien und Kandidaten sowie für sonstige wahlbezogene Ausgaben der Kandidaten, der von ihnen autorisierten Wahlkomitees und einzelner Bürger, die ihre Unterstützung anders als durch direkte Spenden leisten.[130] Diese Vorschriften verfolgten drei Zwecke. In erster Linie sollten sie der Korruption und dem bloßen Anschein von Korruption vorbeugen, der sich aus der Möglichkeit ergebe, daß sich der gewählte Kandidat den politischen Wünschen eines gewichtigen Spenders nicht verweigert.[131] Die Höchstgrenzen sollten ferner eine gewisse Angleichung der relativen Einflußmöglichkeiten des Einzelnen auf das Wahlergebnis bewirken sowie jenen politischen Kräften ein Mindestmaß an Chancen sichern, die nicht über Zugang zu großen Geldgebern verfügen.[132]

Der Supreme Court stellte zunächst klar, daß Wahlspenden und Ausgaben zur Führung des Wahlkampfes in den Schutzbereich der Meinungs- und Vereinigungsfreiheit fallen.[133] Da die Begrenzung der im Wahlkampf verfügbaren Geldmenge die Quantität politischer Äußerungen einschränke, d. h. Äußerungen unterdrücke, sei ein strenger Prüfungsmaßstab anzulegen.[134]

Bei der Beurteilung der Eingriffsintensität differenzierte das Gericht: Die *Spendenregelung* behindere den Spender nur in bescheidenem Maß, weil er sich in anderen Äußerungsformen unbegrenzt zu Wort melden könne; auch führe sie nicht zwangsläufig zu einem Absinken des Gesamtbetrags aller Spenden.[135] Dagegen belaste die Begrenzung der *Ausgaben* die Meinungsfreiheit schwer, weil fast jede Form der Meinungsäußerung Geld

---

130 Buckley v. Valeo, 424 U.S. 1, 7 (1976). Ergänzende Offenlegungspflichten werden unten behandelt; s. u. § 5 I 6d aa.
131 424 U.S. 25.
132 424 U.S. 25 f.
133 424 U.S. 19, 22.
134 424 U.S. 19, 16 f.
135 424 U.S. 20–22.

koste und somit die effektive Inanspruchnahme des Grundrechts über die Ausgabengrenze direkt beschnitten werde.[136]

An der Verfassungsmäßigkeit der Spendenregelung hatte der Supreme Court keine Zweifel. Zu dem Höchstbetrag von 1000 $ an jährlichen Spenden an einen bestimmten Kandidaten führte das Gericht aus, daß damit ein wichtiger öffentlicher Belang verfolgt werde. Korruption sei mehr als ein nur theoretisches Problem, das die Integrität des Systems der repräsentativen Demokratie untergrabe. Die Ausschaltung hoher Einzelspenden wirke auch dem in der Bevölkerung verbreiteten Mißtrauen gegen das politische System entgegen, das sich aus dem Wissen um die Mißbrauchsmöglichkeiten bei Großspenden nähre.[137] Mildere Lösungen wie die Bestrafung von Bestechung und die Pflicht zur Offenlegung von Zuwendungen versprächen nicht den gleichen Erfolg wie die Höchstgrenzen; der Gesetzgeber müsse sich nicht mit einer Teileignung begnügen.[138]

Die Ausgabenbeschränkungen hingegen verstießen gegen das 1. Amendment. Für die jedem Bürger auferlegte 1000 $-Grenze für Ausgaben zur Beeinflussung der Wahlaussichten eines Bewerbers sah das Gericht keine hinreichende Rechtfertigung in der Bekämpfung der Korruption. Die Regelung sei nicht geeignet, Umgehungen des Spendentatbestands zu verhindern, weil sie lediglich die eindeutige Stellungnahme zu einem Kandidaten erfasse und weniger offensichtliche Beeinflussungsversuche nicht einbeziehe. Auch sei die Korruptionsgefahr bei Ausgaben, die dem Kandidaten nicht direkt zufließen, erheblich geringer als bei Spenden.[139]

Für das Verbot für Wahlbewerber, aus dem eigenen bzw. dem Familienvermögen mehr als eine bestimmte Summe für die Kandidatur aufzuwenden, war nur das Interesse an der Angleichung der finanziellen Ressourcen der Kandidaten relevant; neben Zweifeln an der Eignung des Verbots stellte das Gericht lakonisch fest, daß die Redefreiheit Beschränkungen eines Kandidaten, sich unbegrenzt für seinen Wahlerfolg einzusetzen, nicht zulasse.[140]

Als verfassungswidrigen Zweck wertete das Gericht schließlich die Eingrenzung der Wahlkampfkostenexplosion, so daß auch die Höchstbeträge für den gesamten Wahlkampf eines Kandidaten verworfen werden muß-

---

136 424 U.S. 19 f., 47 f.
137 424 U.S. 26 f.
138 424 U.S. 27 f.
139 424 U.S. 45–47; Federal Election Commission v. National Conservative Political Action Committee, 105 S.Ct. 1459, 1469 (1985).
140 424 U.S. 54.

ten. Das 1. Amendment sichere einen staatsfreien Raum für die Diskussion von öffentlichen Angelegenheiten; Ausmaß und Bandbreite der Diskussion seien der Regelungsmacht des Staates entzogen.[141]
Aus methodischer Sicht verdienen mehrere Dinge Beachtung. Bemerkenswert ist zunächst die konzentrierte Analyse des Eingriffsschadens. Sie prägt die Anwendung des strict scrutiny-Tests. Obwohl das Gericht mit derselben Schrankenformel arbeitet, prüft es jede Regelung mit einer auf das Maß der Grundrechtsbelastung abgestimmten Sorgfalt. *Buckley* ist ein Beleg für die These, daß auch auf der strengsten Stufe des Abwägungstests differenzierte Lösungen möglich sind. Eingriffsintensität und Schrankenstandard stehen in einem dynamischen Verhältnis zueinander. Dies wird besonders bei der Erörterung von milderen Mitteln bei der Spendenregelung deutlich; es entspricht nicht der üblichen Prüfungsstrenge des strengen Abwägungstests, wenn mildere Mittel unter Hinweis auf ihre nur partielle Eignung für unerheblich erklärt werden.[142] Damit trägt das Gericht der Geringfügigkeit der Grundrechtsbeschränkung Rechnung.
Weiterhin fällt die Artikulation eines per se verfassungswidrigen öffentlichen Interesses auf. Eine Zurückdrängung des Einflusses von Geld auf die Politik im Wege einer für alle politischen Kräfte geltenden Ausgabenlimitierung, also das Bestreben um Schaffung gleicher Startbedingungen der Bewerber, ist mit dem Sinn der Meinungsfreiheit unvereinbar.

bb) *Brown v. Hartlage (1982)*

In Kentucky war es Bewerbern um öffentliche Ämter verboten, einem anderen als Gegenleistung für seine Wahlkampfunterstützung finanzielle Vorteile oder ein bestimmtes Verhalten als Amtsinhaber zuzusagen. Unter diesen Tatbestand hatte das höchste Gericht von Kentucky ein öffentlich gegebenes Wahlversprechen subsumiert, wonach ein Bewerber für den Fall seiner Wahl das ihm zustehende Gehalt um 3000 $ jährlich kürzen würde; dies war nach Gesetzeslage nicht möglich. Darauf wurde dessen Wahl für ungültig erklärt.
Der Supreme Court hob das Urteil wegen Verletzung der Meinungsfreiheit auf.[143] Der Staat dürfe zwar die Integrität der Wahl durch das Verbot

---

141 424 U.S. 56 f.; siehe aber auch 424 U.S. 85 ff. (staatliche Finanzierung des Wahlkampfs).
142 *Tribe* § 13-28 (S. 804 Fn. 7).
143 Brown v. Hartlage, 456 U.S. 45 (1982).

des Stimmenkaufs schützen; das Versprechen sei aber kein Stimmenkauf gewesen, da es öffentlich gegeben und finanzielle Vorteile nicht bestimmten Personen, sondern allen Bürgern in Aussicht gestellt worden waren.[144] Versprechen dieser Art könnten auch nicht mit der Erwägung verboten werden, die Gehälter von Amtspersonen müßten der öffentlichen Diskussion entzogen werden, damit auch arme Bewerber kandidieren könnten. Zur finanziellen Absicherung der Volksvertreter stünden mildere Mittel als das Diskussionsverbot bereit; so dürften die Amtsbezüge in Kentucky nur mit Wirkung von der folgenden Amtsperiode reduziert werden.[145]
Der Supreme Court verwarf auch das Argument, das Verbot beuge gesetzwidrigen und damit nicht einlösbaren Wahlversprechen vor. Ungenaue und unwahre Äußerungen seien in der öffentlichen Diskussion unvermeidlich. Wenn sie nicht in Kenntnis ihrer Unrichtigkeit bzw. mit ernsten Zweifeln an ihrer Richtigkeit gemacht würden, seien sie im Interesse der offenen, ungehinderten Auseinandersetzung geschützt. Gerade im Wahlkampf habe dieser Grundsatz besondere Berechtigung, weil fehlerhafte Behauptungen eines Kandidaten von der Öffentlichkeit und den Gegenkandidaten in der Regel erkannt und richtiggestellt würden.[146]
In *Brown* nimmt der Supreme Court die für die Eingriffsnorm vorgebrachten öffentlichen Interessen zum Bezugspunkt der Nachprüfung. Dabei wird nicht die Verfassungsmäßigkeit der Norm, sondern nur die Vereinbarkeit der konkreten Gesetzesanwendung mit der Meinungsfreiheit untersucht; folglich werden die Regelungsinteressen auf das Wahlversprechen bezogen. Insoweit erweist sich das Stimmenkauf-Argument als irrelevant, weil kein bestechungsähnlicher Sachverhalt vorliegt. Die Herstellung von Chancengleichheit der Kandidaten wird formal auf der Grundlage des Erforderlichkeitsgrundsatzes für unzureichend erklärt, doch läßt das Gericht in den zusätzlichen Ausführungen keinen Zweifel an seinen prinzipiellen Bedenken gegen die Zulassung von thematischen Redeverboten, die die unterschiedlichen finanziellen Startbedingungen der Kandidaten ausgleichen sollen. Damit knüpft das Gericht an seine Ausführungen in *Buckley* zu den Ausgabengrenzen für Kandidaten an.[147]

---

144  456 U.S. 54–59.
145  456 U.S. 60 Fn. 9.
146  456 U.S. 61.
147  Vgl. Buckley v. Valeo, 424 U.S. 1, 54 (1976); s. o. § 5 I 6c aa.

d) *Erzwungene Offenlegung politischer Aktivitäten*

Die verfassungsrechtlichen Grenzen der erzwungenen Offenlegung von Mitgliedschaften in politischen Vereinigungen waren in den Entscheidungen des Supreme Court zum Antisubversionsrecht heftig umstritten, bis die rechtliche Schlechterstellung kommunistischer Gruppen nach 1961 von der Agenda des Gerichts verschwand. Gegensätzliche Entscheidungen markieren die Spannungen dieser Zeit. Die öffentliche Registrierung der Mitglieder der Kommunistischen Partei wurde 1961 für vereinbar mit dem 1. Amendment erklärt, obwohl die Belastung des Rechts auf Vertraulichkeit ihrer politischen Bindungen ebenso schwer wog wie für die Mitglieder der NAACP, einer Bürgerrechtsorganisation der Farbigen, deren Anonymität drei Jahre zuvor gegen staatliche und private Bedrohung in den Südstaaten verteidigt worden war.[148] Die heutige Rechtsprechung knüpft an die NAACP-Entscheidung an, die den Grundstein für die jetzige Gestalt des strict scrutiny-Standards gelegt hat.

aa) *Buckley v. Valeo (1976)*

Das oben behandelte Wahlkampfgesetz des Bundes warf auch die Frage nach der Vereinbarkeit von weitgehenden Offenlegungspflichten mit dem 1. Amendment auf. Jeder Wahlbewerber sowie jedes Komitee zur Unterstützung eines Kandidaten mußte regelmäßig gegenüber der Wahlkampfbehörde Auskunft über alle Spenden über 100 $ sowie Name, Adresse und Beruf von Spendern erteilen, die im Jahr mehr als 100 $ spenden. Die Komitees waren ferner verpflichtet, ständig eine Liste aller Spendenbeträge ab 10 $ mit Namen und Adressen der Spender bereitzuhalten. Schließlich mußte jeder Bürger, der eigenständig Ausgaben von mehr als 100 $ zugunsten eines Bewerbers tätigte, eine entsprechende Erklärung gegenüber der Wahlkampfbehörde abgeben. Verstöße waren strafbar. Alle Angaben waren der Öffentlichkeit zugänglich.[149]

Mit der Offenlegungspflicht sollte dreierlei erreicht werden. Den Wählern sollte die politische Standortbestimmung der Kandidaten durch erhöhte Transparenz ihrer Geldquellen erleichtert werden. Bestechung sollte erschwert und der Anschein der Käuflichkeit der Kandidaten durch große Geldgeber vermieden werden. Schließlich wurde die Regelung als Mittel

---

148 Vgl. Communist Party v. Subversive Activities Control Board, 367 U.S. 1 (1961); NAACP v. Alabama, 357 U.S. 449 (1958).
149 Buckley v. Valeo, 424 U.S. 1, 62–64 (1976).

zur Aufdeckung von Verstößen gegen die gesetzlichen Höchstgrenzen für Spenden im Wahlkampf verteidigt.[150]

Der Supreme Court bewertete diese Interessen als gewichtig genug, um die denkbaren erheblichen Belastungen der Vereinigungsfreiheit und des Rechts, seine politischen Überzeugungen und Verbindungen für sich zu behalten, grundsätzlich zu rechtfertigen. Generell sei die Offenbarungspflicht das mildeste Mittel zur Erreichung der Normzwecke. Ob die Belastung des 1. Amendment auch im Hinblick auf kleine Parteien und nicht parteigebundene Kandidaten gerechtfertigt sei, hänge von den Umständen des Einzelfalls ab.[151] Der Supreme Court erkannte zwar an, daß die Regelung vor allem die Befürworter radikaler kleiner Parteien und unabhängiger Kandidaten davon abhalten könnte, finanzielle Beiträge zum Wahlkampf zu leisten, was die Aussichten dieser Bewerber erheblich schwächen könnte.[152] Eine Befreiung von den gesetzlichen Pflichten sei jedoch nur geboten, wenn die Spender nach der Beweislage infolge der Spendenpublizität Drohungen, Belästigungen oder anderen Nachteilen durch Behörden oder Bürger ausgesetzt sein werden. Vereinzelte Vorfälle genügten diesem Kriterium nicht.[153]

Ein ausreichendes öffentliches Interesse für die Meldepflicht von Wahlkampfausgaben zur Unterstützung eines Kandidaten erblickte der Supreme Court nur in der weiteren Transparenz der Geldquellen eines Wahlbewerbers. Die dem Spender abverlangten Informationen seien geeignet, dem Wähler Aufschluß über den Personenkreis zu geben, der den Kandidaten finanziell unterstützt. Es liege nur eine geringfügige Behinderung der Vereinigungsfreiheit vor, durch die aber der im 1. Amendment verankerte Wert der Offenheit des politischen Entscheidungsprozesses gefördert werde.[154] Damit wurde die Verfassungsmäßigkeit der Offenlegungspflichten bestätigt.

bb) *Nixon v. Administrator of General Services (1977)*

Nach dem Rücktritt von Präsident Nixon verabschiedete der Kongreß ein Gesetz, das u. a. die hoheitliche Inbesitznahme aller Dokumente und Tonbänder der Nixon-Administration sowie ihre Durchsicht anordnete.

---

150  424 U.S. 66–68.
151  424 U.S. 68.
152  424 U.S. 71.
153  424 U.S. 74. Die Beweislast trifft den Bürger.
154  424 U.S. 80–82.

Insgesamt handelte es sich um rund 42 Millionen Dokumente, darunter auch viele, die nicht die Regierungsarbeit, sondern die Tätigkeit Nixons als Vorsitzender der Republikanischen Partei betrafen. Insoweit machte er die Verletzung des Rechts auf Vertraulichkeit parteiinterner Diskussion – als Bestandteil der Vereinigungsfreiheit – geltend.[155]
Der Supreme Court hielt die erzwungene Einsichtnahme für verfassungsgemäß. Das Gesetz sollte zur Klärung der Hintergründe der Watergate-Affäre beitragen und das Vertrauen der Öffentlichkeit in die Funktionstüchtigkeit des politischen Prozesses wiederherstellen. Daneben beabsichtigte der Kongreß die Bereithaltung der Unterlagen für die Geschichtsforschung sowie für Zwecke der Gesetzgebung und der öffentlichen Verwaltung.[156] Diese Regelungszwecke stufte der Supreme Court als zwingend ein. Da die geschützten parteipolitischen Dokumente nur durch Einsichtnahme, also durch Aufhebung der Vertraulichkeit, ausgesondert werden konnten, war entscheidend auf die Schwere des Eingriffs abzustellen. Im Hinblick auf den gesetzlichen Schutz vor unzulässiger Veröffentlichung und die Garantie eines umfassenden gerichtlichen Rechtsschutzes vor einer Öffnung des Archivs wurde die Grundrechtsbelastung als »spekulativ« angesehen, so daß die zwingenden öffentlichen Interessen das Vertraulichkeitsinteresse klar überwogen.[157]
In *Nixon* und *Buckley* gibt die Zumutbarkeit des Eingriffs den Ausschlag. Da einerseits die Eingriffszwecke nicht zu beanstanden sind, andererseits mildere Mittel zu ihrer Durchsetzung fehlen, kommt es zur Gegenüberstellung der Bedeutung der öffentlichen Interessen an der Offenlegung und dem Ausmaß der Grundrechtsbeeinträchtigung. Nach allgemeinen Regeln überwiegt in dieser Situation das Individualinteresse nur bei wenigstens erheblichen Belastungen; in beiden Fällen wird diese Schwelle nicht erreicht.
In *Buckley* ergibt sich zudem die Besonderheit, daß sich in der Abwägung das subjektive Recht des Spenders auf Geheimhaltung seiner wahlkampfbezogenen Ausgaben und das öffentliche Interesse an der Verbreitung umfassender Informationen über die Wahlbewerber gegenüberstehen. Hier kollidieren die subjektiv- und die objektivrechtliche Funktion des 1. Amendment. Im Ergebnis läßt der Supreme Court die Einschränkung des subjektiven Rechts insoweit bestehen, als die Offenlegungspflicht einen Beitrag zur objektivrechtlichen Funktion des Grundrechts

---

155 Nixon v. Administrator of General Services, 433 U.S. 425 (1977).
156 433 U.S. 452 f.
157 433 U.S. 467 f.

leistet. Ein legitimes Informationsbedürfnis wird nur für Ausgaben zugunsten oder zu Lasten eines eindeutig benannten Kandidaten anerkannt.

e) *Ungleichbehandlung von Meinungsäußerungen: Der Gleichheitssatz im 1. Amendment*

Die folgenden Entscheidungen haben das Prinzip der Gleichheit aller Ideen und Meinungen über den Gleichheitssatz durchgesetzt.

aa) *Police Department of Chicago v. Mosley (1972)*

In dieser Leitentscheidung war die Verfassungsmäßigkeit einer Ortssatzung zu beurteilen, die das Aufstellen von streikpostenähnlichen Mahnwachen (pickets) in einer bestimmten Entfernung von einem Schulgrundstück während des Unterrichtsbetriebs untersagte, von dem Verbot jedoch friedliche Streikposten im Rahmen eines Arbeitskampfes an der betreffenden Schule ausnahm.
Der Supreme Court nahm die Begünstigung arbeitskampfbezogener Äußerungen zum Anlaß für grundsätzliche Ausführungen zum Sinn der Redefreiheit: Das Grundrecht schütze die freie Rede vor staatlicher Zensur; dem Staat sei es daher verwehrt, die Grundrechtsausübung wegen des angesprochenen Themas oder der zum Ausdruck gebrachten Meinung zu verbieten. In diesem Sinn hätten alle Ideen den gleichen Status.[158] Die Anknüpfung an das Thema oder die Meinung lege den Verdacht nahe, die Regelung bezwecke die Zensur mißliebiger Äußerungen.[159] Die Ungleichbehandlung von Äußerungen nach diesen Kriterien könne nur bei Vorliegen eines mit milderen Mitteln nicht erreichbaren substantiellen öffentlichen Interesses aufrechterhalten werden.[160]
Der Zweck der Regelung, die Verhinderung von Störungen des Schulbetriebs, sei zwar legitim, doch könne er nicht die Ungleichbehandlung von friedlichen Streikposten nach ihrem jeweiligen Anliegen begründen. Auch sei die Annahme der Stadt nicht haltbar, Mahnwachen verursachten erfahrungsgemäß mehr Störungen, wenn sie andere Themen als einen Arbeitskampf beträfen. Die Stadt müsse gegen Störer vorgehen und dürfe nicht pauschal Gruppen mit bestimmten Anliegen das Recht auf Meinungsäußerung durch Mahnwachen entziehen. Insgesamt verbiete die

---

158  Police Department of Chicago v. Mosley, 408 U.S. 92, 95 f. (1972).
159  408 U.S. 99.
160  408 U.S. 99, 101.

Satzung mehr, als zur Verhinderung von Störungen erforderlich sei. Sie verstoße daher gegen den Gleichheitssatz.[161]

*Mosley* wird als Grundsatzentscheidung zum Sinn des 1. Amendment und zu den thematischen Äußerungsverboten verstanden. *Mosley* ist ferner von zentraler Bedeutung für das Verhältnis von Redefreiheit und Gleichheitssatz.[162] Nach *Mosley* zwingt auch die Anwendung des Gleichheitssatzes zu einer kritischen Sichtung der Begründung für Ungleichbehandlungen im Bereich der Redefreiheit. Dementsprechend arbeitet der Supreme Court in *Mosley* die mangelnde Folgerichtigkeit der Rechtfertigung heraus, die darin besteht, daß die Klassifizierung nach dem Thema keine Relevanz für die angestrebte Abwehr von Störungen aufweist. Damit vermeidet das Gericht zugleich eine Stellungnahme dazu, ob ein allgemeines Verbot von Streikposten zulässig wäre.

bb) *Carey v. Brown (1980)*

Dieser Fall betraf erneut eine Begünstigung arbeitsrechtlicher Streikposten. Sie waren von einem allgemeinen Verbot des Aufstellens von Mahnwachen vor Wohngebäuden ausgenommen. Das Gesetz bezweckte den Schutz der Privatsphäre im Wohnbereich. Diesem Interesse bescheinigte der Supreme Court höchste Bedeutung in einer freien und zivilisierten Gesellschaft,[163] ließ es jedoch als Grundlage für die Ungleichbehandlung nicht gelten. Er beanstandete, daß die Unterscheidung nach dem Inhalt der Meinungsäußerung keinen Bezug zum Schutz der Privatsphäre erkennen lasse.[164]

Der Gesetzgeber machte auch ein besonderes öffentliches Interesse an der Ermöglichung von arbeitskampfbezogenen Meinungsäußerungen geltend. Hiermit verfolgte der Staat einen schlechthin verfassungswidrigen Zweck, da die Norm den »Status der Gleichheit auf dem Feld der Ideen«[165] durch einseitige Begünstigung des Themas Arbeitskampf verletzte.[166] Mangels eines ausreichenden Interesses an der Klassifikation verstieß das Gesetz gegen die Equal Protection Clause.

In der Argumentation unterscheiden sich *Carey* und *Mosley* kaum. Hier wie dort steht die Relevanz der inhaltsbezogenen Ungleichbehandlung für

---

161 408 U.S. 100–102.
162 Dazu ausführlich oben § 5 I 5.
163 Carey v. Brown, 447 U.S. 455, 471 (1980).
164 447 U.S. 465.
165 Police Department of Chicago v. Mosley, 408 U.S. 92, 96 (1972).
166 Carey v. Brown, 447 U.S. 455, 467, 468 (1980).

die Erreichung eines öffentlichen Interesses im Zentrum der Analyse. In *Carey* verläuft die Argumentation des Gerichts aber noch deutlicher entlang den Linien der typischen Prüfungskriterien des Gleichheitssatzes: Im Mittelpunkt steht die Kontrolle der Zweck/Mittel-Relation auf hinreichende Deckungsgleichheit, wobei das Gericht mit den Kategorien Regelungsdefizit und Überweite (over- und underinclusiveness) arbeitet. Bemerkenswert ist die Tatsache, daß das Gericht die Gelegenheit wahrnimmt, die ausdrücklich eingeräumte Absicht von Illinois, Meinungsäußerungen von Gewerkschaften im Arbeitskampf gegenüber anderen Äußerungen zu privilegieren, als verfassungswidrigen Zweck zu kennzeichnen. Derartige Feststellungen sind selten; in der Regel werden Eingriffe nicht offen mit a priori unerlaubten Zwecken verteidigt.

## II. Der gemäßigte Abwägungstest (intermediate scrutiny)

Ungezielte (indirekte) Beeinträchtigungen des Schutzbereichs des 1. Amendment unterliegen dem gemäßigten intermediate scrutiny-Standard, der auch unter der Bezeichnung O'Brien-Test bekannt ist. Die Leitentscheidung *United States v. O'Brien* faßt seine Voraussetzungen wie folgt zusammen:

> »(A) governmental regulation is sufficiently justified ... if it furthers an important or substantial governmental interest; if the governmental interest is unrelated to the suppression of free expression; and if the incidental restriction on alleged First Amendment freedoms is no greater than is essential to the furtherance of that interest.«[167]

Ähnliche Voraussetzungen gelten für kommerzielle Äußerungen. Wesentlich ist dort aber der Verzicht auf die Forderung nach inhaltlicher Neutralität.[168]

---

167 391 U.S. 367, 377 (1968). Siehe auch oben § 4 III 2c.
168 Zum Wortlaut des Tests s. o. S. 57.

## 1. Anwendungsvoraussetzungen

### a) Inhaltliche Neutralität des Eingriffstatbestands und begrenzte Eingriffsintensität

Die verfassungsrechtlichen Anforderungen des O'Brien-Tests sind milder als jene des strict scrutiny-Standards. Dies zeigt sich vor allem bei der Forderung nach einem nur »substantiellen« Eingriffszweck. Hier findet eine schwächere Grundrechtsbelastung ihre Entsprechung in geringeren Anforderungen an die Rechtfertigung des Eingriffs. Der gemäßigte Abwägungstest greift bei Beeinträchtigungen des 1. Amendment durch ungezielte Nebenwirkungen einer an sich unbedenklichen Maßnahme ein. Die O'Brien-Formel bringt dies mit der Forderung nach Abwesenheit eines auf Unterdrückung von Meinungen gerichteten Zwecks zum Ausdruck;[169] der Supreme Court sieht wenig Anlaß zu der bei den oben diskutierten verdächtigen Anknüpfungspunkten angebrachten »gesunden Skepsis«,[170] wenn ein Eingriffstatbestand ein Individualrechts- oder Gemeinschaftsgut vor jeder Form von Beeinträchtigung allgemein schützen soll.

Der intermediate scrutiny-Standard setzt voraus, daß der Eingriff die Schwelle der Erheblichkeit nicht überschreitet. Dieses Kriterium grenzt den gemäßigten vom strengen Abwägungstest bei indirekten Beeinträchtigungen ab.[171] Für einen wirksamen Grundrechtsschutz ist die individualisierende Analyse von allgemeinen Gesetzen besonders wichtig, weil sich diese ungleich auf verschiedene Grundrechtsträger auswirken oder gar zur Verschleierung von Unterdrückungsabsichten gezielt gegen mißliebige Personen oder Gruppen eingesetzt werden können.[172] Der Supreme Court widmet den Folgen einer Maßnahme dementsprechend besondere Auf-

---

169 Vgl. United States v. O'Brien, 391 U.S. 367, 377 (1968); Seattle Times v. Rhinehart, 104 S.Ct. 2199, 2207 (1984); zu repressiven Zwecken bzw. Absichten vgl. auch das Sondervotum von *J. Powell* in Young v. American Mini Theatres, 427 U.S. 50, 81 Fn. 4 (1976). Zu den suspekten Anknüpfungspunkten vgl. oben § 5 I 1a.
170 *J. Brennan*, diss.op. in Brown v. Glines/Secretary of the Navy v. Huff, 444 U.S. 348, 369 (1980); vgl. auch oben § 5 I 1a.
171 S. o. § 5 I 1b. Auf die Schwere des Eingriffs hatte schon *J. Harlan* in seinem Sondervotum in United States v. O'Brien aufmerksam gemacht, ohne die Mehrheit allerdings zu einer entsprechenden Qualifikation des Standards bewegen zu können; 391 U.S. 367, 388 f. (1968).
172 Anschauungsmaterial bieten Entscheidungen des Supreme Court zum Schutz der NAACP zwischen 1958 und 1963; *Emerson,* System S. 425, hebt zu Recht die Bedeutung dieser Fälle als Beispiele für die Art hervor, in der das Gericht mit dem Problem der verdeckten Unterdrückungsabsicht (»pretense regulation«) fertig wird. Vgl. auch Minneapolis Star v. Minnesota Commissioner of Revenue, 103 S.Ct. 1365, 1375 f.

merksamkeit; die Darlegungs- und Beweislast für die Nebenfolgen der Regelung trifft nach allgemeinen Regeln allerdings den Bürger.[173]
Ein repräsentatives Beispiel bietet *Branzburg v. Hayes*, wo sich das Gericht ausführlich mit der Frage beschäftigte, ob die im strafrechtlichen Ermittlungsverfahren geltende allgemeine Zeugnispflicht zum Austrocknen vertraulicher Informationsquellen von Journalisten führen könne, wenn die Regel ohne Ausnahme auf Journalisten angewendet würde.[174]

b) *Sonderstatusfälle*

Ob eine Regelung wegen einer »Unterdrückungstendenz« dem strengen Abwägungstest unterliegt, bestimmt sich sowohl nach ihrem Wortlaut als auch nach Zweck und Wirkung der Vorschrift. Diesen Ansatz hat das Gericht nicht auf Einschränkungen im Strafgefangenen- und im Soldatenverhältnis übertragen. In zwei Fällen beschränkte sich der Supreme Court auf die Würdigung des Eingriffszwecks, obwohl jeweils eine (sonst unzulässige) Vorzensur vorlag. Damit gelangte das Gericht zur Nichtanwendbarkeit des strengen Abwägungstests.[175] Für die Anwendung des milderen intermediate scrutiny-Standards dürfte die Erwägung entscheidend gewesen sein, daß die Freiheit der Rede im Soldaten- und Strafgefangenenverhältnis unter weniger strikten Voraussetzungen beschnitten werden darf als im zivilen Bereich.[176] Dieser Grundsatz ist Ausdruck der seit einigen Jahren festzustellenden Zurückhaltung des Supreme Court, die allgemeinen Regeln des Rechts auf freie Meinungsäußerung ohne Vorbehalt auf besondere Rechtsverhältnisse, vor allem auf das Soldatenrecht, zu übertragen.[177]

---

(1983), und zur sozialen Bedeutung von billigen Kommunikationsmitteln *J. Marshall*, diss.op. in Clark v. Community for Creative Non-Violence, 104 S.Ct. 3065, 3079 Fn. 14 (1984).
173  S. o. § 5 I 1b.
174  408 U.S. 665, 689 ff. (1972). Siehe ferner Seattle Times v. Rhinehart, 104 S.Ct. 2199, 2205 f., 2207 f. (1984); dazu ausführlich unten § 5 II 4.
175  Vgl. Procunier v. Martinez, 416 U.S. 396, 411 (1974); Brown v. Glines, 444 U.S. 348, 354 (1980).
176  So ausdrücklich Brown v. Glines, 444 U.S. 354. Die Begründung in Procunier stellt nicht auf den Strafgefangenenstatus, sondern auf die von der brieflichen Kommunikation des Häftlings mit Außenstehenden ausgehenden Gefahren für die Anstaltssicherheit ab; vgl. 416 U.S. 409, 412 f. Insofern erfaßt das Argument auch das Grundrecht eines nicht inhaftierten Bürgers, der einem Häftling schreibt.
177  Für eine abgeschwächte verfassungsrechtliche Prüfung Goldman v. Weinberger, 106 S.Ct. 1310, 1313 (1986); Parker v. Levy, 417 U.S. 733, 756 (void for vagueness-Doktrin), 758–761 (overbreadth-Doktrin) (1974); Haig v. Agee, 453 U.S. 280, 309 Fn. 61 (1981); dazu ausführlicher unten S. 176, 190 (Fn. 17).

c) *Kommerzielle Äußerungen*

Einschränkungen kommerzieller Äußerungen unterliegen dem gemäßigten Abwägungstest, obwohl die Rechtsprechung auch Eingriffe auf Grund des Inhalts von werbenden Äußerungen zuläßt.[178] Der Verzicht auf den Grundsatz der inhaltlichen Neutralität des Staates beruht auf der Erwägung, daß die Werbung nur wegen ihres Informationsgehaltes Berücksichtigung innerhalb des Schutzbereichs des 1. Amendment gefunden hat und – anders als bei Meinungen – der Wahrheitsgehalt und die Verhinderung von Täuschungen legitime Anliegen sind, die zu dem Zweck der Meinungsfreiheit nicht in Widerspruch stehen.[179]

2. *Erfordernis des substantiellen Eingriffszwecks*

Nach dem gemäßigten Abwägungstest genügt ein Regelungszweck zur Rechtfertigung einer ungezielten Nebenwirkung, wenn er als substantiell, legitim oder wichtig gelten kann. Die Unterscheidung von abstrakter und konkreter Interessengewichtung[180] gilt auch hier; sie wird aber nicht stets artikuliert. Zumeist steht die konkrete Relevanz eines staatlichen Zwecks im Zentrum der Nachprüfung.

Der Schrankenstandard ist als wenig grundrechtsbewahrend und als Mittel zur »Absegnung« allgemeiner Grundrechtsbeschränkungen kritisiert worden.[181] In der Tat hat sich dies in den Fällen bewahrheitet, die sich auf *United States v. O'Brien*[182] berufen. In keiner Entscheidung wurde eine kritische Hinterfragung der Zwecke durchgeführt. Im Gegenteil sind mit *O'Brien* und *Procunier v. Martinez*[183] zwei Beispiele zu nennen, in denen der Supreme Court diejenigen Umstände für irrelevant erklärte oder ignorierte, die den Schluß nahelegten, der Eingriff ziele auf die Unterdrückung von Meinungsäußerungen. In *O'Brien* gab sich das Gericht mit

---

178 Metromedia v. San Diego, 453 U.S. 490, 514 (1981), plural.op.: »(T)he city may distinguish between the relative value of different categories of commercial speech«.
179 Vgl. oben S. 52 f. Regelungen, die in bestimmten Situationen erläuternde Zusätze zum Werbetext verlangen, unterliegen nach der neuesten Rechtsprechung einem milderen Schrankentest; vgl. oben S. 57 (Fn. 63).
180 S. o. § 5 I 2.
181 Vgl. *Emerson*, System S. 83 f.; *ders.*, 68 Cal.L.Rev. 422, 450 f. (1980); *Ely*, 88 Harv.L.Rev. 1482, 1484 ff. (1975).
182 391 U.S. 367 (1968).
183 416 U.S. 396 (1974).

der auf ersten Blick plausiblen Bezeichnung des Regelungszwecks für das Verbot zufrieden, die Einberufungskarte für den Militärdienst zu beschädigen oder zu zerstören – die Sicherung der Funktionsfähigkeit des Wehrerfassungssystems. Hätte es sich eingehender mit Anlaß und Wirkung des Gesetzes unter Berücksichtigung der im Gesetzgebungsverfahren erörterten Regelungszwecke befaßt, hätten sich erhebliche Zweifel an der Überzeugungskraft der Begründung aufdrängen müssen.[184]

Von der O'Brien-Linie ist die Rechtsprechung zur Werbung abzuheben. Nominell muß eine Beschränkung kommerzieller Äußerungen zwar ebenfalls das Erheblichkeitskriterium erfüllen.[185] Die Rechtsprechung gibt dieser Voraussetzung hier jedoch einen ungleich strengeren Inhalt, indem sie nach einer überzeugenden Zweck/Mittel-Beziehung und einer Tatsachengrundlage für die befürchteten Gefahren fragt. In den Methoden folgt sie denen, die oben im Rahmen der konkreten Interessengewichtung diskutiert wurden.[186] Die Prüfungsstrenge erklärt sich zum einen aus der Tatsache, daß in diesem relativ jungen Rechtsgebiet des 1. Amendment noch erheblich mehr rechtlich bedenkliche Regelungen existieren als in den Bereichen, für die gewachsenes Recht konkrete Grundsätze bereithält. Von grundsätzlicherer Bedeutung ist das Mißtrauen gegenüber Versuchen, Tatsachenmitteilungen zu unterdrücken; besonders kritisch steht das Gericht der Grundtendenz vieler Werbeverbote gegenüber, dem Bürger unschädliche Informationen vorzuenthalten, weil dieser unklug mit ihnen umgehen könnte.[187] Gerade diese paternalismusfeindliche Haltung des Supreme Court rückt die Analyse in die Nähe einer strengen Nachprüfung. Wo solche Bedenken im konkreten Fall nicht bestehen, kommt eine zurückhaltendere Prüfung in Betracht. So gestand der Supreme Court ei-

---

184 Danach sprach viel für die Annahme, daß mit dem Verbot eine verbreitete Methode des Protests gegen die Vietnampolitik getroffen werden sollte. Vor Inkrafttreten dieser Norm bestand bereits ein Straftatbestand, der das Nichtbeisichführen der Einberufungskarte untersagte. Ausführlich zu den Zweifeln an der Echtheit des behaupteten Regelungszweckes *Alfange*, 1968 Sup.Ct.Rev. 1, 3–6, 18, 39 f., 45 f.; kritisch auch *Nimmer*, 21 UCLA L.Rev. 29, 41 f. (1973), unter Hinweis auf die offensichtliche »underinclusiveness« des Verbots, d. h. die Erfassung von nur zwei konkreten Tathandlungen, obwohl die jederzeitige Verfügbarkeit der Einberufungskarte durch eine Vielzahl von Verhaltensweisen verhindert werden könne. Vgl. auch unten S. 129.
185 Vgl. Central Hudson Gas & Electric v. Public Service Commission, 447 U.S. 557, 566 (1980).
186 S. o. § 5 I 2b.
187 Vgl. Virginia State Board of Pharmacy v. Virginia Citizens Consumer Council, 425 U.S. 748, 769 f. (1976); Linmark v. Willingboro, 431 U.S. 85, 96 f. (1977); Bates v. State Bar, 433 U.S. 350; 375 (1977); oben S. 52 (Fn. 42). Vgl. auch Bolger v. Youngs Drug Products, 103 S.Ct. 2875; 2884 f. (1983).

ner Gemeinde sogar einen gewissen Beurteilungsspielraum bei der Entscheidung darüber zu, wie das Erscheinungsbild der Stadt zu verbessern sei, nachdem sich erwiesen hatte, daß das nachgeprüfte weitgehende Verbot von großflächigen Werbetafeln nicht gegen die Informationsverbreitung als solche gerichtet war.[188]
Die differenzierte Anwendung des intermediate scrutiny-Standards setzt sich bei den übrigen Voraussetzungen fort.

### 3. Geeignetheit und Erforderlichkeit des Eingriffsmittels

#### a) Grundsatz der erheblichen Förderung

Bei dem Geeignetheitskriterium sind die Unterschiede zwischen den Schrankentests des 1. Amendment nur marginal. In allen drei Varianten des Abwägungstests wird auf eine wesentliche oder substantielle Förderung des Regelungszwecks abgestellt.[189] Die grundsätzliche Überzeugungslast des Hoheitsträgers wird insoweit nicht abgestuft. Dieses Kriterium kommt jedoch nicht mechanisch zum Einsatz, was die erwähnte Entscheidung zum Verbot von Wandtafeln belegt. Zweck des Verbots war es, das Erscheinungsbild der Stadt zu verbessern und die Verkehrssicherheit zu erhöhen. Zweifel an der Geeignetheit ergaben sich wegen der zahlreichen Ausnahmen von dem Verbot.[190] Die relative Mehrheit des Gerichts beurteilte die Eignung nur nach der Wirkung der Satzung und bejahte die Geeignetheit voll, soweit überhaupt Wandtafeln aus der Stadt verbannt wurden. Im Hinblick auf die Ausnahmen wurde der Stadt ein Entscheidungsfreiraum bis zur Grenze der Willkür eingeräumt.[191] Über-

---

188 Metromedia v. San Diego, 453 U.S. 490, 508 (1981), plural.op.
189 Vgl. United States v. O'Brien, 391 U.S. 367, 381 (1968). Zu time, place, and manner-Fällen s. u. § 5 III 3a; zur strict scrutiny s. o. § 5 I 3.
190 Diese reichten von der Kennzeichnung von Geschäften über Werbeflächen des Busunternehmens, Erinnerungstafeln an Baudenkmalen und Straßenschildern bis zu Wahlkampfplakaten, die für 90 Tage erlaubt waren; Metromedia v. San Diego, 453 U.S. 490, 494 ff. (1981). Die Mehrheit konnte sich nicht über den Charakter der Regelung einigen; während 2 Richter die Ausnahmen vernachlässigten und von einem gänzlichen Verbot ausgingen (vgl. 453 U.S. 525 f.), lag für 4 Richter ein teilweises Verbot vor (vgl. 453 U.S. 515 Fn. 20). Für die relative Minderheit stellte sich die Geeignetheitsfrage nicht, weil sie nicht von der Ernsthaftigkeit des Interesses an der Verschönerung überzeugt war und einen Planungsansatz verlangte, der sich nicht auf das isolierte ästhetische Problem der Wandtafeln beschränkt; vgl. 453 U.S. 532 f. Die im Text folgende Erörterung ist die der relativen Mehrheit.
191 453 U.S. 510–512.

trüge man diesen Grundsatz auf andere Rechtsgebiete, würde die Geeignetheit als Gegenstand der kritischen richterlichen Nachprüfung ausscheiden. Der Supreme Court scheint ihn jedoch nur im Zusammenhang mit dem Interesse der Gemeinden an der Erhaltung der städtischen Lebensqualität zu vertreten, wo besondere Planungsprobleme ein schrittweises Vorgehen gebieten.[192] Im allgemeinen gilt, daß der Hoheitsträger die Geeignetheit überzeugend belegen und das Gericht seine Argumente kritisch auf Stichhaltigkeit prüfen muß.

b) *Erforderlichkeit des Mittels*

In *United States v. O'Brien* wird die Forderung aufgestellt, daß das Eingriffsmittel das Grundrecht nicht stärker belasten dürfe, als zur Förderung des Zwecks nötig sei. Die Formel bleibt im Rahmen dessen, was bei strenger Nachprüfung üblich ist. Daß dennoch ein gravierender Unterschied besteht, beweist die tatsächliche Prüfungsintensität in den Entscheidungen seit *O'Brien*. Die Interpretation von Ely, gemünzt auf *O'Brien*, hat Gültigkeit für alle späteren Fälle: Der intermediate scrutiny-Standard verneint die Erforderlichkeit erst bei Vorliegen eines ebenso effektiven, aber milderen Mittels; nur eine nutzlose Grundrechtsbelastung gibt Anlaß zu Bedenken.[193] Zu der relativ milden Kontrolle des Zwecks gesellt sich eine schwache Erforderlichkeitsprüfung.

Greift man die Unterscheidung von quantitativen und qualitativen Alternativen auf,[194] so spricht die Rechtsprechungspraxis zur Erforderlichkeit

---

192 Diese Interpretation wird von einer neuen Entscheidung bestätigt. In Members of the City Council v. Taxpayers for Vincent, 104 S.Ct. 2118, 2132 (1984), bekräftigte das Gericht den Gestaltungsspielraum der Gemeinden bei der Verfolgung »ästhetischer« Interessen (hier ging es um das Verbot, Plakate am Straßenrand an Gegenständen in öffentlichem Eigentum zu befestigen). Wesentlich an diesem Fall ist die Erkenntnis, daß ein allgemeines, inhaltlich neutrales Verbot unbedenklich ist. Dies berechtigt aber nicht zu dem Schluß, daß das partielle Verbot von Wandtafeln in San Diego damit gerettet werden könnte, daß die Reichweite des Verbots auf alle Werbetafeln ausgedehnt wird; anders als in Members of the City Council verblieben in San Diego keinerlei Ausweichmöglichkeiten (z. B. Wandtafeln auf privaten Grundstücken), so daß ein generelles Verbot von Werbetafeln ungleich schärfer in das Grundrecht auf freie Meinungsäußerung eingriffe als das auf öffentlichem Eigentum begrenzte Plakatierungsverbot. – Geringe Anforderungen an das Maß der Förderung des Regelungszwecks stellt auch Friedman v. Rogers, 440 U.S. 1, 15 Fn. 14 (1979), eine Entscheidung zur Werbung.
193 Vgl. United States v. Albertini, 105 S.Ct. 2897, 2907 (1985); *Redish*, 34 Stan.L.Rev. 113, 127 (1981); *Ely*, 88 Harv.L.Rev. 1482, 1484–1486 (1975); ähnlich *Tribe* § 12–20 (S. 685 f.).
194 Vgl. dazu oben S. 101–103.

primär die erstgenannte Fallgruppe an. Überweite Gesetze, die durch Konkretisierung oder Streichung einzelner Tatbestandsmerkmale auf den erforderlichen Kern reduziert werden können, werden eher verworfen als jene Vorschriften, zu denen es nur qualitativ andere Mittel gibt; denn bei diesen neigt das Gericht – wohl wegen der Schwierigkeiten bei der Bestimmung einer gleichwertigen Alternative – zu größerer Zurückhaltung gegenüber legislativen Wertungen als in der erstgenannten Fallgruppe. Demgemäß gehört die einzige Entscheidung, die zur Verwerfung einer Norm geführt hat, zur Gruppe der überweiten Eingriffstatbestände. In *Procunier v. Martinez* (Postzensur in Strafanstalten) vermochte das Gericht keine hinreichende Beziehung zwischen Belangen der Anstaltssicherheit und der Zensur von »unangemessenen Beschwerden« in Häftlingsbriefen zu erkennen.[195]
Exemplarisch für die übliche milde Nachprüfung ist die Behandlung des Problems in *United States v. O'Brien* (Verbot der Zerstörung oder Beschädigung von Einberufungskarten). Bei Verabschiedung des Gesetzes existierte bereits eine Bestimmung, die das Nichtbeisichführen dieses Dokuments mit Strafe bedrohte. Im Gegensatz zur Vorinstanz zweifelte der Supreme Court nicht an der Notwendigkeit des Verbots. Nicht nur stehe es dem Gesetzgeber frei, ein und dasselbe Ziel mit mehreren Verboten zu verfolgen; zwischen beiden Verboten könne man auch geringfügige Unterschiede im Anwendungsbereich ausmachen, so daß ein milderes Mittel zur Sicherung des jederzeitigen Zugriffs auf die Einberufungskarte nicht erkennbar sei.[196] Die Selbstbeschränkung des Gerichts zeigt sich daran, daß es weder dem Umstand, daß sich das Verbot nur gegen öffentliche und somit politisch motivierte Beschädigungen durchsetzen läßt, noch einigen Äußerungen im Gesetzgebungsverfahren, nach denen sich die Vorschrift gegen eine bestimmte Methode des Protests gegen die Vietnampolitik richten sollte, besondere Bedeutung zumaß.[197]
Eine Sonderrolle nimmt auch hier die Rechtsprechung zur Werbung ein. Der Erforderlichkeit wird gesteigerte Aufmerksamkeit gewidmet, wenn der Verdacht besteht, die Regelung solle allein der Perpetuierung der Unwissenheit der Bürger im Hinblick auf gesetzmäßige wirtschaftliche Vorgänge dienen. So wurde dem Staat in der ersten Entscheidung zur Wer-

---

195 416 U.S. 396, 415 f. (1974).
196 391 U.S. 367, 380 f. (1968). Vgl. *Tribe* § 12–20 (S. 685).
197 Vgl. ferner oben S. 126 (Fn. 184); zur Verfassungsmäßigkeit der Strafverfolgung von aktiven Wehrerfassungsgegnern wegen Verweigerung der Registrierung vgl. Wayte v. United States, 105 S.Ct. 1524, 1532 ff. (1985).

bung der freien Berufe vorgehalten, daß die Notwendigkeit eines allgemeinen Werbeverbots zur Erhaltung der Leistungsfähigkeit von Apothekern nicht einzusehen sei, weil zu diesem Zweck umfassende Berufsausübungsregeln existierten.[198] Die Zweiteilung des Prüfungsansatzes für die Werbung in suspekte und wohlwollender betrachtete Eingriffe setzt sich hier in der Weise fort, daß ein Werbeverbot nur mäßig streng nachgeprüft wird, wenn es unmittelbar auf einen klar umrissenen Mißstand abgestimmt ist. Dabei scheint das »Übel«, wenn es notwendige Begleiterscheinung der Werbung ist, doppelt in die Abwägung einzufließen. Einerseits ist es Gegenstand eines legitimen Regelungsinteresses; andererseits schwächt es die Grundrechtsposition des Werbenden. Diese Beobachtung gilt jedenfalls für die freien Berufe, wo der Supreme Court bestimmte Formen der Werbung in die Nähe der Berufsausübung und damit der wirtschaftlichen Betätigung rückt, die unter dem schwachen Schutz der Due Process Clause steht. Mit solchen Erwägungen hat der Supreme Court seine Entscheidung begründet, daß die mündliche Mandantenwerbung von Anwälten durch abstraktes Gefährdungsdelikt verboten werden darf.[199]

Die Schwelle für beide Varianten der Erforderlichkeit ist die Deckungsgleichheit von Zweck und Mittel. Überweite Regelungen werden unter dem Gesichtspunkt des milderen, aber ebenso effektiven Mittels beanstandet.[200]

---

198 Virginia State Board of Pharmacy v. Virginia Citizens Consumer Council, 425 U.S. 748, 768, 770 (1976); siehe auch Bates v. State Bar, 433 U.S. 350, 378 (1977).
199 Ohralik v. Ohio State Bar, 436 U.S. 447, 462–468 (1978). Das Gericht verwarf den Vorschlag, als milderes Mittel den Nachweis zu verlangen, daß die Mandantenwerbung zu einer konkreten Beeinträchtigung öffentlicher Belange geführt habe. Ähnlich Friedman v. Rogers, 440 U.S. 1, 12 Fn. 11 (1979), wo das Verbot des Gebrauchs von Firmennamen für Augenoptiker wegen der Täuschungseignung der Firma aufrechterhalten wurde; die Alternative eines klärenden Zusatzes (z. B. über die Person des in einer Praxis tätigen Optikers) wurde ohne Begründung verworfen. Dies steht in Gegensatz zur Rechtsprechung zur schriftlichen Anwaltswerbung, wo die Anwaltskammern ausdrücklich auf die Möglichkeit verwiesen werden, anstelle eines gänzlichen Verbots Zusätze zur Werbung zu verlangen, die einer möglichen Irreführung oder Täuschung Dritter entgegenwirken; vgl. Bates v. State Bar, 433 U.S. 350, 384 (1977); Matter of R.M.J., 455 U.S. 191, 206 (1982); Zauderer v. Office of Disciplinary Counsel of the Supreme Court of Ohio, 105 S.Ct. 2265, 2282 f. (1985).
200 Central Hudson Gas & Electric v. Public Service Commission, 447 U.S. 557, 569–571 (1980).

## 4. Fallbeispiel zum gemäßigten Abwägungstest: Seattle Times v. Rhinehart (1984) – Verbreitung von Prozeßstoff im Zivilverfahren

Aus der kleinen Gruppe von Entscheidungen zum gemäßigten Abwägungstest wird nur ein Fall aus dem Jahr 1984 vorgestellt. Er betrifft eine Bestimmung des Zivilverfahrensrechts, die richterliche Anordnungen zum Schutz einer Partei vor Nachteilen im prozeßvorbereitenden pretrial discovery-Verfahren erlaubt. Unter anderem läßt die Vorschrift Einschränkungen der öffentlichen Verbreitung von Prozeßstoff zu, der durch die Beweiserhebung der gegnerischen Partei bekannt geworden ist.[201] Dem Rechtsstreit lag die Schadensersatzklage eines Sektenführers wegen Verleumdung und Verletzung seiner Privatsphäre durch Presseveröffentlichungen zugrunde. Im pretrial discovery-Verfahren hatte er einige Auskünfte verweigert, die der beklagte Verlag verlangt hatte, so daß das Gericht auf dessen Antrag die Erteilung der Auskünfte anordnete. Dabei handelte es sich um die Namen der Sektenmitglieder und der Spender der letzten zehn Jahre, ferner um finanzielle Angelegenheiten der Sekte. Das Gericht wies zugleich den Verlag an, die von der Gegenseite in diesem Verfahren erhaltenen Informationen nur zur Prozeßführung zu gebrauchen und sie nicht an Dritte weiterzugeben bzw. zu veröffentlichen.[202]
Der Supreme Court befaßte sich zuerst mit dem Ausmaß der Behinderung der Meinungs- und Pressefreiheit durch das Verbreitungsverbot. Er wies darauf hin, daß das Gesetz den Parteien eines Rechtsstreits nur zur Vorbereitung und Durchführung des Verfahrens Zugang zu Informationen aus dem persönlichen Bereich der Gegenseite gewähre. Wegen der Zweckbindung werfe die gerichtliche Kontrollbefugnis über den Gebrauch der Auskünfte nicht die gleichen Probleme auf wie die hoheitliche Zensur in anderen Situationen. Auch verschließe das Verbot nicht den Zugang zu einer traditionell offenen Informationsquelle, da das pretrial discovery-Verfahren regelmäßig ohne Beteiligung der Öffentlichkeit stattfinde. Da schließlich dieselben Informationen frei verbreitet werden dürften, wenn sie aus anderen Quellen stammten, sei das Recht auf Verbreitung erheblich weniger beeinträchtigt als bei anderen Einschränkungen.[203]
Demgegenüber wahrte die Vorschrift nach Ansicht des Gerichts substan-

---
201 Der Wortlaut der rule 26c ist abgedruckt in Seattle Times v. Rhinehart, 104 S.Ct. 2199, 2204 Fn. 7 (1984); der Text der Schutzanordnung im konkreten Rechtsstreit findet sich in Fußnote 8.
202 104 S.Ct. 2202–2205.
203 104 S.Ct. 2207 f.

tielle private Interessen. Durch die sehr weitgehende Verpflichtung einer Prozeßpartei zur Offenbarung von Informationen im Beweiserhebungsverfahren könne der Prozeßgegner Kenntnis von rufschädigenden oder rein privaten Umständen erhalten. Die Verhinderung mißbräuchlicher Verwendung dieser Erkenntnisse sei ein hinreichend wichtiger Regelungszweck. Ein strengerer Prüfungsmaßstab sei auch nicht im Hinblick auf das weite Ermessen angebracht, das dem Prozeßgericht bei der Formulierung der Anordnung eingeräumt sei. Die gesetzgeberische Entscheidung sei nicht zu beanstanden, denn das Prozeßgericht sei am besten in der Lage, die widerstreitenden Interessen der Parteien zum Ausgleich zu bringen. Damit sei die angegriffene Norm ebenso wie die konkrete Anordnung rechtmäßig.[204]

An dieser Entscheidung fällt auf, daß der Supreme Court die Anwendung des gemäßigten Prüfungsmaßstabs sorgfältig mit dem Umfang der Grundrechtsbelastung begründet. Das thematische Verbreitungsverbot ist nicht absolut, weil es nur die Informationsquelle Beweiserhebungsverfahren erfaßt. Dabei kommt es nicht darauf an, ob die Presse außerhalb des Prozesses eine Chance hätte, die Information zu erhalten; ein Grundrecht auf Zugang zu privaten Informationen besteht nicht. Bei der Beurteilung von Eingriffsmittel und -zweck treten keine besonderen Probleme auf. Das Gewicht des Interesses an der Nichtverbreitung des Prozeßstoffs ergibt sich zwangsläufig aus der erheblichen Gefährdung des privaten Lebensbereichs durch erzwungene Auskünfte an den Prozeßgegner. Die Norm ist ein allgemeines Gesetz in dem Sinne, daß sie den Schutz privater Rechtsgüter und Interessen in einer konkreten Gefahrenlage bezweckt und weder auf die Unterdrückung bestimmter Überzeugungen noch auf die Erstickung der Diskussion eines bestimmten Themas schlechthin zielt. Die Ausführungen zum Ermessensspielraum beruhen auf dem Grundsatz des milderen Mittels, der sich hier mit der overbreadth-Doktrin[205] überschneidet. Daß das Gericht nicht auf konkreten gesetzlichen Richtlinien für die Ermessensausübung besteht, liegt wohl daran, daß die Formulierung eines Verbreitungsverbots von den Umständen des Einzelfalls abhängt und anders als in unbestimmten Rechtsbegriffen gesetzlich nicht erfaßt werden kann. Hinzu kommt, daß der Supreme Court in dem dem Richter eingeräumten Ermessen in Anbetracht der schwachen Grundrechtsposition und der Ausweichmöglichkeiten der Presse auf andere In-

---

204 104 S.Ct. 2208 f.
205 Vgl. dazu unten § 7.

formationsquellen keine nennenswerte Bedrohung der Meinungs- und Pressefreiheit sieht.


III. *Abwägung unter dem Gebot vernünftiger Erwägungen (reasonableness-Test)*

Regelungen des Wann, Wo und Wie einer Meinungsäußerung (time, place, and manner regulations) unterliegen nicht den bisher diskutierten Schrankenstandards. Für sie gilt der sog. reasonableness-Test. Die Unterscheidung von direkten und ungezielten Beeinträchtigungen spielt keine Rolle; ein direktes Äußerungsverbot wie etwa ein Bannmeilengesetz zum Schutz von öffentlichen Einrichtungen kann also durchaus der strengen Nachprüfung nach dem strict scrutiny-Standard entzogen sein, wenn es die Anwendungsvoraussetzungen des reasonableness-Tests erfüllt.[206] Die Anwendung des milderen reasonableness-Tests rechtfertigt sich daraus, daß eine Regelung des Zeitpunkts, des Orts oder der Modalitäten der Meinungsäußerung keinen Bezug zum Inhalt einer Meinung aufweisen und lediglich eine geringfügige, punktuelle Grundrechtsbeeinträchtigung verursachen darf.[207]

Die erleichterte Einschränkbarkeit des 1. Amendment wird vor allem mit dem grundlegenden Bedürfnis nach einem geordneten Gemeinwesen begründet, in dem vernünftige Rahmenbedingungen sowohl die Ausübung der Freiheitsrechte als auch die Wahrung berechtigter Belange des Gemeinwohls ermöglichen sollen.[208] Die Grundsätze der time, place, and manner-Fälle zielen auf die optimale Verwirklichung widerstreitender privater und öffentlicher Belange.[209] Ihnen liegt das Gebot vernünftiger Rücksichtnahme auf berechtigte Belange der Allgemeinheit oder Dritter bei der Inanspruchnahme der Redefreiheit zugrunde. Die gebotene Rück-

---

206 Vgl. z. B. United States v. Grace, 103 S.Ct. 1702 (1983); Cox v. Louisiana, 379 U.S. 559 (1965); siehe auch Clark v. Community for Creative Non-Violence, 104 S.Ct. 3065, 3071 Fn. 8 (1984).
207 Vgl. *Farber/Nowak,* 70 Va.L.Rev. 1219, 1237 (1984).
208 Cox v. Louisiana, 379 U.S. 536, 554 (1965); Kovacs v. Cooper, 336 U.S. 77, 85 f. (1949), plural.op.; Poulos v. New Hampshire, 345 U.S. 395, 408 (1953).
209 *Emerson,* System S. 359–364 (»principle of fair accommodation«); Breard v. Alexandria, 341 U.S. 622, 642 (1951): »By adjustment of rights, we can have both full liberty of expression and an orderly life.«

sichtnahme endet, wo die Wahrung dieser Interessen zur Aushöhlung des 1. Amendment führt, weil dem Bürger effektive Ausweichmöglichkeiten zur Darstellung und Verbreitung seiner Gedanken nicht mehr offenstehen. Fehlen zufriedenstellende Alternativen, steht die Regelung einem absoluten Redeverbot gleich, so daß der strenge Abwägungstest eingreift.[210]

Vor diesem Hintergrund ist der folgende Test zu verstehen, den der Supreme Court in ständiger Rechtsprechung anwendet:

»The government may enforce reasonable time, place, and manner regulations as long as the restrictions
(1) are content-neutral,
(2) are narrowly tailored
(3) to serve a significant governmental interest, and
(4) leave open ample alternative channels of communication.«[211]

In seinen ersten drei Voraussetzungen ähnelt der Test dem gemäßigten Abwägungstest, doch wird das Merkmal »incidental« aus dem eingangs angeführten Grund nicht übernommen. Der Supreme Court hat angedeutet, daß der reasonableness-Test wenigstens ebenso streng ausfallen muß wie der gemäßigte Abwägungstest, weil dieser nur auf ungezielte, jener hingegen auch auf direkte Beeinträchtigungen anwendbar sei.[212] Der hier untersuchte Test ist also nicht mit den rationality- und reasonableness-Tests zu verwechseln, die die Rechtsprechung zur Equal Protection Clause und zur Due Process Clause im Bereich der Wirtschafts- und Sozialgesetzgebung beherrschen. Dort kontrolliert der Supreme Court die Gesetzgebung lediglich auf Willkür bzw. offensichtliche Unvernunft; es gilt die volle Vermutung der Verfassungsmäßigkeit.[213] Hier bleibt es hingegen

---

210 *Redish,* 34 Stan.L.Rev. 113, 115 f. (1981). Vgl. unten § 5 III 4.
211 United States v. Grace, 103 S.Ct. 1702, 1707 (1983) (Gliederung hinzugefügt). Vgl. ferner Perry Education Assn. v. Perry Local Educators' Assn., 103 S.Ct. 948, 955 (1983); Heffron v. ISKCON, 452 U.S. 640, 647 f. (1981); Kovacs v. Cooper, 336 U.S. 77, 85–89 (1949), plural.op.
212 Clark v. Community for Creative Non-Violence, 104 S.Ct. 3065, 3071 Fn. 8 (1984). Die systematische Zuordnung dieser Fallgruppe bei *Tribe* (§ 12–20) entspricht jener der Rechtsprechung; *Tribe* faßt alle inhaltlich neutralen Beeinträchtigungen auf der milderen zweiten Prüfungsstufe zusammen.
213 Regan v. Taxation with Representation, 103 S.Ct. 1997, 2001 f. (1983); United States R.R. Retirement Board v. Fritz, 449 U.S. 166, 177 (1980); Duke Power Co. v. Carolina Environmental Study Group, 438 U.S. 59, 83 f. (1978); Mathews v. de Castro, 429 U.S. 181, 185 (1976); New Orleans v. Dukes, 427 U.S. 297, 303 f. (1976); Dandridge v. Williams, 397 U.S. 471, 485 (1970); Williamson v. Lee Optical, 348 U.S. 483, 487–489 (1955).

bei dem Grundsatz, daß die Gerichte bei der Nachprüfung von Eingriffen in die Meinungsfreiheit nicht an die Wertungen des Gesetzgebers oder der Verwaltung gebunden und zu einer unabhängigen Prüfung der Verfassungsmäßigkeit einer Beeinträchtigung des 1. Amendment verpflichtet sind.[214]

## 1. *Anwendungsvoraussetzungen*

Der Schrankenstandard ist nur bei Einschränkungen der Kommunikationsgrundrechte anwendbar, die den Zeitpunkt, den Ort oder die Art und Weise der Grundrechtsausübung betreffen.

a) *Zeitpunkt der Äußerung*

Reine Zeitregelungen sind im Fallrecht selten. Dies erklärt sich zum einen daraus, daß der wichtige Bereich der Publikationsverzögerung durch Vorzensur (prior restraint) nicht hierher gehört; aus historischen Gründen unterwirft die Rechtsprechung die Presse- und Filmzensur einer erheblich strengeren Nachprüfung, als sie der reasonableness-Test erlaubt.[215] Daneben treten in der Anwendungspraxis höchstens dann Probleme auf, wenn räumlich begrenzte Kapazitäten wie Stadthallen, öffentliche Wege u. ä. gleichzeitig von mehreren Gruppen beansprucht werden. Rechtliche Komplikationen dieser Kombination von Zeit- und Ortsregelung sind kaum zu erwarten und haben den Supreme Court bisher auch nicht beschäftigt.[216]

---

214 *Shapiro* S. 89. Auch an den Ausnahmen ändert sich nichts: Grundrechtseingriffe im Strafgefangenenverhältnis unterliegen generell geringeren Anforderungen, was sich vor allem an dem Grundsatz zeigt, daß die Gerichte an die Wertungen der Strafvollzugsexperten gebunden sind; vgl. dazu die Fallbeispiele in § 5 III 5a.

215 Vance v. Universal Amusement, 445 U.S. 308 (1980); Nebraska Press Assn. v. Stuart, 427 U.S. 539, 556–562 (1976); New York Times v. United States, 403 U.S. 713 (1971); Organization for a Better Austin v. Keefe, 402 U.S. 415 (1971); Near v. Minnesota, 283 U.S. 697 (1931). Ausführlich zur prior restraint-Doktrin *Tribe* § 12–31 bis § 12–33, *Pritchett* S. 334–338. Zur Bedeutung des subjektiven Willens der Verfassungsgeber vgl. Minneapolis Star v. Minnesota Commissioner of Revenue, 103 S.Ct. 1365, 1371 Fn. 6 (1983).

216 *Emerson,* System S. 364. Ein Sonderproblem beschäftigte den Supreme Court allerdings häufig in den ersten Jahrzehnten der modernen 1. Amendment-Rechtsprechung. Dem Gericht lagen Erlaubnisvorbehaltsregelungen zur Prüfung vor, in denen die Erteilung einer Erlaubnis für die Durchführung von Versammlungen und Aufzügen in das freie Ermessen der Behörde gestellt war; dies beschwor die Gefahr willkürlicher Rechtsanwendung herauf. Auch in diesen Fällen nahm der Supreme Court zumeist einen Verstoß gegen das Vorzensurverbot an; Hague v. C.I.O., 307 U.S. 496,

b) *Ort der Äußerung*

Der größte Teil der Rechtsprechung betrifft Regelungen des Ortes. Hier handelt es sich vorwiegend um Vorschriften zum Schutz staatlicher Institutionen und Veranstaltungen (Schulen, Gerichte, Parlamente, Nationalparks)[217] sowie anderer öffentlicher Interessen, zu denen etwa die Sicherheit und Leichtigkeit des Straßenverkehrs gehört.[218] Eine moderne Quelle von Grundrechtseinschränkungen sind Baunutzungsvorschriften im Bauplanungsrecht.[219] Nicht als Platzregelungen gelten Vorschriften über die Inanspruchnahme öffentlicher Sachen, die weder aus Gründen der Tradition noch auf Grund einer entsprechenden Widmung der Ausübung der Meinungsfreiheit dienen.[220]

c) *Art und Weise der Äußerung*

Typische Regelungsobjekte sind Flugblätter, Lautsprecher, Schilder im Vorgarten und großflächige Werbetafeln.[221] Auch die Art der Wiedergabe

---

516 (1939); Niemotko v. Maryland, 340 U.S. 268 (1951); Kunz v. New York, 340 U.S. 290 (1951); Shuttlesworth v. Birmingham, 394 U.S. 147, 150 f. (1969). Ein Beispiel für eine unbedenkliche Ausgestaltung enthält Cox v. New Hampshire, 312 U.S. 569, 575 f. (1941). Vgl. auch Cantwell v. Connecticut, 310 U.S. 296 (1940), wo dieser Gesichtspunkt im Zusammenhang mit einem sehr weit gefaßten common law-Straftatbestand hervorgehoben wurde.

217 Vgl. Police Department of Chicago v. Mosley, 408 U.S. 92 (1972); Grayned v. Rockford, 408 U.S. 104 (1972); Cox v. Louisiana, 379 U.S. 536 (Cox I) und 379 U.S. 559 (Cox II) (1965); United States v. Grace, 103 S.Ct. 1702 (1983); Heffron v. ISKCON, 452 U.S. 640 (1981); Clark v. Community for Creative Non-Violence, 104 S.Ct. 3065 (1984).

218 *Emerson*, General Theory S. 103; Cox v. New Hampshire, 312 U.S. 569, 574 (1941).

219 Renton v. Playtime Theatres, 106 S.Ct. 925 (1986), und Young v. American Mini Theatres, 427 U.S. 50 (1976); Entflechtung von Sexkinokonzentration; Schad v. Mount Ephraim, 452 U.S. 61 (1981): Gemeindeweites Verbot von Bühnenaufführungen. Young und Schad wurden nicht nach den Regeln der time, place, and manner-Rechtsprechung entschieden, wenn auch Young gewisse Ähnlichkeiten in der Argumentation aufweist (vgl. 427 U.S. 71, plural.op.).

220 Vgl. die Zusammenfassung der public forum-Doktrin in Perry Education Assn. v. Perry Local Educators' Assn., 103 S.Ct. 948, 954–957 (1983); ferner Cornelius v. NAACP Legal Defense and Educational Fund, 105 S.Ct. 3439, 3448–3450 (1985), und U.S. Postal Service v. Council of Greenburgh, 453 U.S. 114, 126–134 (1981). Dem Staat werden Ausschlußrechte eingeräumt, die denen eines privaten Eigentümers weitgehend entsprechen. Siehe dazu oben § 5 I 1a aa.

221 Schneider v. State, 308 U.S. 147 (1939); Martin v. Struthers, 319 U.S. 141 (1943); Talley v. California, 362 U.S. 60 (1960); Saia v. New York, 334 U.S. 558 (1948); Kovacs v. Cooper, 336 U.S. 77 (1949); Linmark v. Willingboro, 431 U.S. 85 (1977); Metromedia v. San Diego, 453 U.S. 490 (1981).

von Geldscheinen,[222] politische Beilagen in Rechnungsbriefen von Energieversorgungsunternehmen[223] und persönliche Interviews von Journalisten mit Strafgefangenen[224] wurden als Modalitäten der Grundrechtsausübung angesehen.

Von der Regelung des Kommunikationsmittels streng zu unterscheiden sind Eingriffe in die Art und Weise, in der ein Gedanke zum Ausdruck gebracht wird. Die freie Wahl der Worte und Symbole wird zum Kernbereich der Äußerungsfreiheit gerechnet. Das Verbot des Gebrauchs von bestimmten Ausdrücken kann daher im allgemeinen nicht allein mit ihrer Anstößigkeit und der Möglichkeit, sich anderer Ausdrücke und Symbole zu bedienen, gerechtfertigt werden.[225] Ein strenger Prüfungsstandard ist hier nicht nur wegen der formalen Differenzierung von Gedanke und Kommunikationsmittel geboten. Vielmehr steht hinter dem Grundsatz die Erwägung, daß die Poenalisierung von bestimmten Ausdrücken oder Symbolen ein erhebliches Risiko der Unterdrückung von Meinungsäußerungen mit sich brächte.[226]

Schlüssige Äußerungen durch rein körperliches Verhalten (wie das Verbrennen einer Flagge) vereinen Gedanke und Medium in untrennbarer Weise. Der Supreme Court prüft sie sowohl nach dem gemäßigten Abwägungstest als auch nach dem reasonableness-Test.[227]

---

222 Regan v. Time, 104 S.Ct. 3262 (1984).
223 Consolidated Edison v. Public Service Commission, 447 U.S. 530 (1980).
224 Pell v. Procunier, 417 U.S. 817 (1974).
225 Cohen v. California, 403 U.S. 15, 23–26 (1971); Organization for a Better Austin v. Keefe, 402 U.S. 415, 419 (1971); Spence v. Washington, 418 U.S. 405, 411 Fn. 4 (1974). Zum Verhältnis von Form und Inhalt siehe auch *Tribe* § 12-8 (S. 606–608). In FCC v. Pacifica Foundation, 438 U.S. 726 (1978), hat allerdings eine knappe Mehrheit von 5 Richtern eine Sanktion gegen einen Rundfunksender gebilligt, der einen satirischen Monolog mit anstößigen Ausdrücken der Umgangssprache ausgestrahlt hatte. Drei der fünf Richter, die das Ergebnis trugen, verwiesen den Sender auf andere Ausdrucksformen zur Vermittlung der Gedanken; 438 U.S. 743 Fn. 18 (plural.op. *J. Stevens*). Ob damit nur eine punktuelle Ausnahme von dem Grundsatz des freien Ausdrucks von Gedanken oder aber eine Umkehrung des Prinzips beabsichtigt war, läßt sich noch nicht mit Bestimmtheit sagen. *Schauer,* 34 Vand.L.Rev. 265, 294 (1981), weist darauf hin, daß der in Cohen und Spence verankerte Grundsatz nicht länger gilt, wenn man Pacifica (nach Ergebnis *und* Pluralitätsbegründung, wie zu ergänzen wäre) nicht auf die Sondersituation des Rundfunks beschränkt sieht.
226 Cohen v. California, 403 U.S. 15, 26 (1971).
227 Clark v. Community for Creative Non-Violence, 104 S.Ct. 3065 (1984). Dies ist allerdings ausgeschlossen, wenn die Voraussetzungen für die Anwendung des strengen Abwägungstests erfüllt sind.

## 2. Inhaltliche Neutralität der Regelung

Liegen die besonderen Voraussetzungen für die Anwendung des reasonableness-Tests vor, ist wie beim gemäßigten Abwägungstest zu prüfen, ob die Maßnahme die verfassungsrechtlich gebotene Neutralität gegenüber dem Inhalt der betroffenen Kommunikation wahrt.[228] Insofern gelten die allgemeinen Regeln.[229]
In diesem Zusammenhang ist auf einen Sonderfall hinzuweisen. Wie oben dargestellt wurde, unterliegen kommerzielle Äußerungen auch dann dem gemäßigten Abwägungstest, wenn der Staat den Inhalt der Werbung zu regeln sucht.[230] Diese Sonderbehandlung setzt sich in der hier behandelten Schrankenrechtsprechung nicht fort. Wird eine kommerzielle Äußerung unabhängig vom Inhalt einer Regelung des Zeitpunktes, des Ortes oder der Modalitäten der Verbreitung unterworfen, greift der reasonableness-Test ein.[231] Da sich der gemäßigte Abwägungstest und der reasonableness-Test nach Voraussetzungen und Prüfungsstrenge weitgehend dekken,[232] tritt für die Werbung die eigenartige Situation auf, daß alle Eingriffe letztlich auf demselben verfassungsrechtlichen Niveau nachgeprüft werden; die sonst stets zu beobachtende Abstufung der Prüfungsintensität nach der Struktur des Eingriffsmittels und der Schwere des Eingriffs fehlt also.

## 3. Anforderungen an Eingriffszweck und Eingriffsmittel

### a) Allgemeines

Die Grundstruktur der Nachprüfung von time, place, and manner-Regelungen auf ihre Vereinbarkeit mit dem 1. Amendment entspricht derjenigen, die allgemein im Rahmen der Interessenabwägung üblich ist. Der Eingriffszweck muß unter den konkreten Umständen jedes Einzelfalles auf die erforderliche Relevanz und Gewichtigkeit hin untersucht werden;

---

228 Police Department of Chicago v. Mosley, 408 U.S. 92, 99 (1972); Regan v. Time, 104 S.Ct. 3262, 3266 (1984).
229 Vgl. hierzu die Ausführungen auf S. 123.
230 Siehe oben § 3 IV 2a.
231 Bolger v. Youngs Drug Products, 103 S.Ct. 2875, 2882 Fn. 18 (1983); Friedman v. Rogers, 440 U.S. 1, 9 (1979).
232 Clark v. Community for Creative Non-Violence, 104 S.Ct. 3065, 3071 Fn. 8 (1984).

hier wird der Nachweis eines substantiellen oder wichtigen Individualrechts- oder Gemeinschaftsguts erwartet.[233] Auch muß das Eingriffsmittel den Eingriffszweck erheblich fördern[234] und darf nicht weiter gehen, als zur Zweckerreichung notwendig ist.[235] Insoweit wird auf die ausführlichen Analysen zum strengen bzw. gemäßigten Abwägungstest verwiesen.[236]

b) *Unverträglichkeitsgrundsatz, Kommunikationsform und Ort der Kommunikation*

In diesem Rahmen gewinnen die Fragen nach der Verträglichkeit der vom Bürger gewünschten Kommunikationsform mit den örtlichen Verhältnissen sowie – in noch größerem Maß – die Eigenart der Kommunikationsform selbst besondere Bedeutung.

Der Unverträglichkeitsgrundsatz steht in Zusammenhang mit der konkreten Interessengewichtung.[237] Er betrifft die Frage, ob im Einzelfall überhaupt eine Gefahr von dem geregelten oder verbotenen Verhalten für das von der Bestimmung geschützte Interesse ausgeht. Die Vereinbarkeit der Grundrechtsausübung mit der normalen Nutzung des Ortes entkräftet die behauptete Dringlichkeit des Eingriffszwecks; der Eingriff ist somit nicht gerechtfertigt.[238] So wäre beispielsweise ein zum Schutz der Gerichte vor Druck »von der Straße« erlassenes Kundgebungsverbot vor Gerichtsgebäuden unter dem Gesichtspunkt der Unverträglichkeit fragwürdig, soweit es auch den harmlosen Einzeldemonstranten erfaßt.[239] Wird hingegen die Unverträglichkeit festgestellt, genießen die öffentlichen Be-

---

233 Heffron v. ISKCON, 452 U.S. 640, 649–651 (1981): Sicherheit und Leichtigkeit des (Fußgänger-)Verkehrs auf einem Messegelände; Bell v. Wolfish, 441 U.S. 520, 546 f. (1979): Sicherheit in Haftanstalt.
234 Regan v. Time, 104 S.Ct. 3262, 3272 Fn. 12 (1984); United States v. Grace, 103 S.Ct. 1702, 1709 f. (1983); Heffron v. ISKCON, 452 U.S. 651 f.
235 Members of the City Council v. Taxpayers for Vincent, 104 S.Ct. 2118, 2130–2132 (1984); Schneider v. State, 308 U.S. 147, 162, 164 (1939).
236 Siehe oben § 5 I 2–4, II 2–3.
237 Siehe dazu oben § 5 I 2b.
238 Vgl. Amalgamated Food Employees v. Logan Valley Plaza, 391 U.S. 308, 320 f. (1968); Grayned v. Rockford, 408 U.S. 104, 116 (1972); Schad v. Mount Ephraim, 452 U.S. 61, 75 (1981). Die Existenz zumutbarer Alternativen für die Verbreitung der Botschaft hat in diesem Fall keinen Einfluß auf das Ergebnis; *Tribe* § 12–20 (S. 684).
239 Vgl. United States v. Grace, 103 S.Ct. 1702, 1710 (1983). Siehe auch Schad v. Mount Ephraim, 452 U.S. 61, 75 (1981): Kein Beweis für Unverträglichkeit von Bühnenaufführungen mit der vorhandenen baulichen Nutzung der Grundstücke in der Gemeinde.

lange Vorrang, sofern nicht die dem Bürger verbleibenden Ausweichmöglichkeiten für die Verbreitung seiner Meinung inadäquat sind.[240]
Trotz des einheitlichen Prüfungsmaßstabes für time, place, and manner-Regelungen ist nicht zu übersehen, daß die Rechtsprechungspraxis mit zweierlei Maß mißt. Sie kennt neben einer relativ milden Anwendungsvariante auch eine strengere Nachprüfung. Der Unterschied kommt weniger in den ausdrücklich vorgegebenen Standards zum Ausdruck als in der Argumentation und in den Ergebnissen.[241] Man kann diese Praxis wenigstens zum Teil mit der Differenzierung nach traditionellen und neuartigen, unorthodoxen Kommunikationsformen und -orten erklären.[242] Historisch bedeutsame und traditionell weitverbreitete Kommunikationsmittel genießen ebenso wie jene Gemeinschaftseinrichtungen, die traditionell oder auf Grund einer Widmung dem Austausch von Gedanken und Informationen dienen, den besonderen Schutz des 1. Amendment. Dies gilt vor allem für Flugblätter[243] und Straßen, Parks, Gehwege und andere öffentliche Wege.[244]
In der Grundtendenz spürbar schwächer fällt die Anwendung des reasonableness-Tests bei stark verhaltensgeprägten, symbolischen Meinungsäußerungen[245] und bei Inanspruchnahme des Grundrechts außerhalb eines traditionellen Redeforums[246] aus. Im folgenden wird der Unterschied zwi-

240 S. u. § 5 III 4. Als Beispiel für eine Unverträglichkeit kann Cameron v. Johnson, 390 U.S. 611, 616 (1968), genannt werden: Größere Demonstrationen vor dem Eingang von öffentlichen Gebäuden verhindern die angestrebte Freihaltung der Zugänge. Vgl. auch Grayned v. Rockford, 408 U.S. 104, 116 (1972): Unzulässigkeit lauter Kundgebungen neben Schulgebäuden während des laufenden Unterrichts; Pell v. Procunier, 417 U.S. 817, 826 f. (1974): Persönliche Interviews von Journalisten mit ausgewählten Häftlingen.
241 Vom Ergebnis her betrachtet gleicht diese Praxis dem Verhältnis des strengen zum gemäßigten Abwägungstest. Während jener in der Regel zur Beanstandung von Grundrechtseingriffen führt, erweist sich dieser nur selten als wirksamer Grundrechtsschutz; ausführlich zu diesen Varianten des Tests oben § 5 I, II.
242 *Ely*, 88 Harv.L.Rev. 1482, 1488–1490 (1975); *Tribe* § 12–20 (S. 684).
243 Zur geschichtlichen Bedeutung des (anonymen) Flugblatts siehe Talley v. California, 362 U.S. 60, 64 f. (1960), und Martin v. Struthers, 319 U.S. 141, 141 (1943).
244 Amalgamated Food Employees v. Logan Valley Plaza, 391 U.S. 308, 315 (1968); Hague v. C.I.O., 307 U.S. 496, 515 (1939); United States v. Grace, 103 S.Ct. 1702, 1706 f., 1708 (1983); Members of the City Council v. Taxpayers for Vincent, 104 S.Ct. 2118, 2133 (1984).
245 Wie z. B. Übernachtung von Obdachlosen in Zelten im Zusammenhang mit einer Demonstration gegen die staatliche Sozialpolitik, Clark v. Community for Creative Non-Violence, 104 S.Ct. 3065 (1984).
246 Staatliche Messeveranstaltung von 12 Tagen Dauer jährlich auf kleiner Fläche, Heffron v. ISKCON, 452 U.S. 640 (1981); Anbringen von Plakaten auf öffentlichem Eigentum wie Verkehrsampeln, Lichtmasten, Schildern u. dgl., Members of the City Council v. Taxpayers for Vincent, 104 S.Ct. 2118 (1984). Vgl. ferner die besondere Behandlung der Strafgefangenenfälle, s. u. § 5 III 5a.

schen den beiden Ansätzen am Beispiel von zwei Entscheidungen dargelegt.
Für die strenge Variante des reasonableness-Tests steht die Leitentscheidung zum Recht auf Flugblattverteilen. In *Schneider v. State* war u. a. die Verfassungsmäßigkeit eines generellen Verteilungsverbots für Flugblätter zu beurteilen. Zweck des Verbots war die Reinhaltung der öffentlichen Wege. Der Supreme Court hob mehrere kommunale Satzungen wegen Verletzung des 1. Amendment auf. Wesentlich war dafür einerseits die Feststellung, daß »die Straßen natürliche und angemessene Orte für die Verbreitung von Information und Meinung seien«, so daß sich der Bürger nicht auf einen anderen Platz verweisen lassen müsse;[247] aus diesem Grund wurde das Sauberkeitsinteresse der Städte für unzureichend erklärt. Andererseits erinnerte das Gericht daran, daß mildere Mittel zur Erreichung des Zwecks zur Verfügung stünden, darunter die Bestrafung der unmittelbaren Verschmutzer.[248] Ähnlich verfuhr der Supreme Court mit einer weiteren Satzung, die das Überreichen von Pamphleten an der Haustür unter Erlaubnisvorbehalt stellte.[249] In einem obiter dictum nannte er wiederum mildere Mittel zur Bekämpfung der Gefahren, die die Gemeinde mit der Satzung hatte bannen wollen. Hier ging es um die Abwehr von Betrug und Hausfriedensbruch; das Gericht empfahl die Anwendung der bestehenden Straftatbestände.[250]
Im Gegensatz dazu bestätigte es in *Heffron v. ISKCON* (1981) eine Bestimmung, die das Verteilen von Waren und Schriften auf einem Messegelände ausschließlich von festen Ständen aus zuließ. Eine Religionsgemeinschaft, die auch in den Gängen des Messegeländes durch Verteilen von Schriften für sich werben und Spenden sammeln wollte, erblickte darin eine Verletzung ihres Rechts auf (religiöse) Meinungsäußerung.[251] Im Prozeß hatte der Veranstalter der einmal jährlich stattfindenden Messe die Regelung mit der Beeinträchtigung des freien Flusses der Besucher in den Gängen begründet. Der Oberste Gerichtshof von Minnesota hatte dies nicht akzeptiert und einige plausible mildere Mittel zur Verhinderung von Stauungen genannt. Der Supreme Court folgte dagegen den Argumenten des Veranstalters. Im Gegensatz zu *Schneider* ordnete er die Mes-

---

247 308 U.S. 147, 163 (1939).
248 308 U.S. 162.
249 Der tragende Grund für die Aufhebung war hier allerdings die Einräumung ungebundenen Ermessens, die wegen der Ermöglichung von Willkürentscheidungen gegen das Vorzensurverbot verstieß; 308 U.S. 163 f.
250 308 U.S. 164.
251 452 U.S. 640, 643 f. (1981).

se lediglich als zeitlich und räumlich begrenztes Forum für den Austausch von Ideen ein; wegen ihrer kleinen Fläche und der großen Besucherzahl sei sie mit Gehwegen oder Parks nicht vergleichbar.[252] Zu Lasten der Religionsgemeinschaft führte das Gericht das Argument ins Feld, daß eine Erlaubnis zum ambulanten Verkauf gegebenenfalls jedem Antragsteller erteilt werden müsse; folglich würde das Problem nur noch größer werden, und die milderen Mittel, die der Oberste Gerichtshof von Minnesota vorgeschlagen hatte, könnten es nicht lösen.[253] Schließlich stünden der Gruppe ausreichende Ausweichmöglichkeiten für die Verbreitung ihrer Überzeugungen offen.[254]

*Schneider* und *Heffron* unterscheiden sich im wesentlichen in der Behandlung der Erforderlichkeitsproblematik. In *Schneider* wird den Gemeinden zugemutet, sich mit zweifellos weniger wirksamen Alternativen zufrieden zu geben,[255] während die Zurückweisung von (wenigstens) gut vertretbaren Alternativen – darunter die zahlenmäßige Begrenzung der Personen, die unabhängig von einem festen Stand werben dürfen, und die räumliche Eingrenzung der Erlaubnis – in *Heffron* keine Bereitschaft des Gerichts erkennen läßt, den Messeveranstalter selbst mit dem Risiko eines geringfügigen Effektivitätsverlusts zu belasten.[256]

Der Grund für die unterschiedliche Prüfungsstrenge dürfte in der unterschiedlichen Stärke der geltend gemachten Grundrechtspositionen liegen. In *Schneider* war ein jedermann ohne besonderen finanziellen Aufwand offenstehendes Kommunikationsmittel aus einem traditionellen Forum eliminiert worden, während in *Heffron* lediglich eine geringfügige Beschränkung in einem vorübergehenden Forum mit zugespitzten Ordnungsproblemen zu verzeichnen war. Außerdem bildete die Messe ein *zusätzliches* Forum zu den traditionellen Orten des Gedankenaustauschs, so daß die Religionsgemeinschaft neben der Messe die traditionellen Foren wie Straßen und Bürgersteige zur Werbung nutzen konnte. *Schneider* gewährleistet die Wirksamkeit des Grundrechts auf freie Meinungsäuße-

---

252 452 U.S. 650 f., 655.
253 452 U.S. 654.
254 452 U.S. 654 f.
255 So ausdrücklich 308 U.S. 147, 164 (1939), und andeutungsweise auch auf S. 162. Als tragenden Grund kann man auch das zu schwache Eingriffsinteresse ansehen.
256 Daß hier ein Effektivitätsverlust eintreten würde, war keineswegs so klar, daß sich eine Begründung erübrigt hätte. Die Bestimmung war so ausgelegt worden, daß sie das Umhergehen und die mündliche Verbreitung von Meinungen nicht untersagte. Folglich konzentrierte sich das öffentliche Interesse auf den Nutzen, den die Regelung gegenüber der erlaubten mündlichen Propaganda brachte.

rung in den traditionellen Bahnen üblicher Kommunikationsmittel und -orte. Dieses verfassungsrechtliche Minimum wird mit einem strengen Abwägungstest im Rahmen des reasonableness-Tests verteidigt. Wenn die Äußerung nicht in diesem Rahmen abgegeben wird, verlagert sich der Akzent von dem Recht auf die Einschränkung, d. h. die Anwendung des Tests wird tendenziell durch größeres Wohlwollen gegenüber der Berechtigung der Regelung geprägt.

### 4. *Gewährleistung der grundrechtlichen Mindestposition: Angemessene Ausweichmöglichkeiten*

Das Kernstück des reasonableness-Tests ist die Sicherung von Alternativen, die dem Bürger zur Verbreitung seiner Meinung verbleiben. Grundsätzlich bestätigt der Supreme Court eine Regelung nur bei Vorliegen adäquater, effektiver Ausweichmöglichkeiten.[257] Erweisen sich die Alternativen als inadäquat, ist eine Einschränkung des 1. Amendment auch dann übermäßig, wenn das geregelte Verhalten nicht voll mit dem geschützten Rechtsgut verträglich ist. Mit der Forderung nach angemessenen Alternativen wird die Frage nach dem Ausmaß des Eingriffsschadens, die sich bei den Anwendungsvoraussetzungen des Tests[258] nicht stellt, in die Gesamtabwägung eingebracht; hiermit beugt die Rechtsprechung einer Aushöhlung des Grundrechts vor. Dies ist auch bei Zeit-, Orts- und Modalitätenregelungen geboten, weil sie nicht immer nur geringfügige, punktuelle Belastungen der freien Meinungsäußerung mit sich bringen, wie es das gemeindeweite Verbot der Aufführung von Bühnenstücken und -veranstaltungen in *Schad v. Mount Ephraim* zeigt.[259]
Die jüngste Rechtsprechung scheint dahin zu gehen, daß die dem Bürger verbleibenden Alternativen unwiderleglich als unzureichend gelten, wenn

---

257 Vgl. z. B. Kovacs v. Cooper, 336 U.S. 77, 87 (1949), plural.op.: »easy means of publicity«; Members of the City Council v. Taxpayers for Vincent, 104 S.Ct. 2118, 2132 f. (1984).
258 S. o. § 5 III 1.
259 452 U.S. 61 (1981). Mit einer Ausnahme hat der Supreme Court bisher keine Grenzen für die Begriffe Ort, Zeit (sieht man von permanenten Verboten ab) und Art und Weise formuliert, deren Überschreiten zur Nichtanwendbarkeit des reasonableness-Tests führen würde. Bei der Ausnahme handelt es sich um Straßen, Plätze und öffentliche Parks, die traditionell auch der Ausübung der Meinungsfreiheit dienen; ihrer ersatzlosen Beseitigung würden schwere verfassungsrechtliche Bedenken begegnen; United States v. Grace, 103 S.Ct. 1702, 1708 (1983); Members of the City Council v. Taxpayers for Vincent, 104 S.Ct. 2118, 2133 f. (1984).

die Regelung eine einzigartig wertvolle oder wichtige Kommunikationsweise ausschaltet.[260] Welche Kommunikationsträger darunter fallen, ist allerdings noch ungeklärt.[261]
In einem zweiten Prüfungsschritt wird die Angemessenheit der Ausweichmöglichkeiten unter den Umständen des Einzelfalls untersucht.[262] Ob eine Alternative den Mindestanforderungen entspricht, entscheidet sich in manchen Fällen nach den Besonderheiten des jeweiligen Kommunikationsprozesses. Ist etwa das Aufstellen von »Verkauf«-Schildern im Vorgarten von Grundstücken die ortsübliche und wirksamste Form des Angebots von Grundstücken, kann ein hierauf gerichtetes Verbot nur ungeeignete marktfremde Wege unberührt lassen.[263] Im allgemeinen vergleicht der Supreme Court die verschiedenen Möglichkeiten miteinander. Dabei muß die Wirksamkeit der Alternativen nicht an diejenige des geregelten Verhaltens heranreichen; geringfügige Effektivitätseinbußen sind ebenso hinzunehmen wie zusätzliche Kostenbelastungen.[264] Allerdings sind hier keine präzisen Grenzen gesetzt; tendenziell nehmen die Bedenken gegen die Alternativen mit deren steigender Ineffizienz und wachsenden Kosten zu. Wird dem Bürger die einzige adäquate Kommunikationsmöglichkeit genommen, kann die Maßnahme nicht als vernünftige Zeit-, Orts- oder Modalitätenregelung aufrechterhalten werden.[265] Dieser Punkt könnte erreicht sein, wenn in einer Gemeinde eine außergewöhnlich hohe Regelungsdichte im Hinblick auf weithin genutzte Arten der Meinungsverbreitung herrscht und somit die freie Rede empfindlich beschnitten wird.[266]

---

260 Vgl. Members of the City Council v. Taxpayers for Vincent, 104 S.Ct. 2118, 2133 (1984); Regan v. Time, 104 S.Ct. 3262, 3282 (1984), Sondervotum von *J. Brennan:* Wirklichkeitsgetreue Abbildung.
261 Vor allem ist offen, welche Rolle soziale Kriterien in diesem Zusammenhang spielen. Siehe dazu *Tribe* § 12–20 (S. 683) mit Nachweisen zur Rechtsprechung sowie Members of the City Council v. Taxpayers for Vincent, 104 S.Ct. 2118, 2133 Fn. 30 (1984).
262 Grayned v. Rockford, 408 U.S. 104, 119 (1972); siehe auch *Shapiro* S. 132, 142.
263 Linmark v. Willingboro, 431 U.S. 85, 93 (1977).
264 Vgl. das Sondervotum von Richter *Brennan* in U.S. Postal Service v. Council of Greenburgh, 453 U.S. 114, 135 f. (1981): Keine verfassungsrechtlichen Bedenken, wenn infolge eines Benutzungsverbots für Briefkästen statt 82 % der verteilten Pamphlete nur noch 70–75 % den Adressaten erreichen; Bell v. Wolfish, 441 U.S. 520, 552 (1979); Members of the City Council v. Taxpayers for Vincent, 104 S.Ct. 2118, 2133 (1984). Zusätzliche Abstriche werden in Haftanstalten zugelassen; vgl. Pell v. Procunier, 417 U.S. 817, 825 f. (1974). Geringe Anforderungen an die Verfügbarkeit von Ausweichflächen für Sexkinos werden in Renton v. Playtime Theatres, 106 S.Ct. 925, 932 (1986), gestellt.
265 Schad v. Mount Ephraim, 452 U.S. 61, 76 (1981); Metromedia v. San Diego, 453 U.S. 490, 516 (1981), plural.op.
266 Members of the City Council v. Taxpayers for Vincent, 104 S.Ct. 2118, 2133 (1984); Metromedia v. San Diego, 453 U.S. 490, 552 (1981), diss.op. *J. Stevens.*

## 5. Fallbeispiele zum reasonableness-Test

Die Fallbeispiele geben Aufschluß über die Rechtsprechung zu Grundrechtseinschränkungen in zwei unterschiedlichen Lebensbereichen. Zum einen geht es um die Redefreiheit in Haftanstalten – ein modernes Problem, das den Supreme Court erstmals 1974 beschäftigt hat. Daneben werden die Schranken der Meinungsfreiheit in einem traditionellen Forum für den Austausch von Meinungen, nämlich auf öffentlichen Wegen, angesprochen.

### a) *Meinungsfreiheit von Häftlingen und Erfordernisse der Anstaltssicherheit*

Nachdem der Supreme Court die Verfassungsmäßigkeit der Postzensur in Haftanstalten in *Procunier v. Martinez* (1974)[267] noch unabhängig von der Frage der Grundrechte von Strafgefangenen beurteilt hatte, erkannte er bald darauf die Geltung des Grundrechts auf freie Meinungsäußerung in Strafvollzug und Untersuchungshaft ausdrücklich an.[268] Einschränkend betonte das Gericht, daß dies nur insoweit gelten könne, als die Grundrechtsausübung mit dem Status als Gefangenem und den legitimen Zwecken des Haftvollzugs vereinbar sei;[269] wegen der besonderen Verhältnisse in Haftanstalten könne der Staat Einschränkungen durchsetzen, die außerhalb solcher Anstalten unzulässig wären.[270] Eine Differenzierung zwischen Untersuchungshäftlingen und Strafgefangenen lehnte der Supreme Court ab.[271]

#### aa) *Pell v. Procunier (1974)*

*Pell* betraf die Verfassungsmäßigkeit einer Bestimmung, die ein allgemeines Verbot von Interviews zwischen Journalisten und einzelnen Gefängnisinsassen vorsah.[272] Die klagenden Häftlinge sahen darin eine Verletzung ihrer Meinungsfreiheit, zu der sie auch die freie Wahl des Gesprächs-

---

267 416 U.S. 396 (1974); siehe dazu auch oben § 5 II 1b, 2, 3b.
268 Pell v. Procunier, 417 U.S. 817 (1974); Jones v. North Carolina Prisoners' Labor Union, 433 U.S. 119 (1977); Bell v. Wolfish, 441 U.S. 520 (1979). Allgemein zur Entwicklung der Rechtsprechung zu den Grundrechten von Häftlingen *Pritchett* S. 437 f.
269 Pell v. Procunier, 417 U.S. 817, 822 (1974).
270 Pell v. Procunier, 417 U.S. 825 f.
271 Vgl. Bell v. Wolfish, 441 U.S. 520, 546 (1979).
272 Pell v. Procunier, 417 U.S. 817 (1974).

partners rechneten. Der Supreme Court wies diese Auslegung des 1. Amendment mit folgender Begründung zurück. Das Verbot berühre zwar den Schutzbereich des Grundrechts, indem es die Art und Weise der Kommunikation von Häftlingen mit den Medien beschränke. Es diene jedoch der Verwirklichung wesentlicher Zwecke des Strafvollzugs, namentlich der Abschreckung, der Rehabilitation sowie der Anstaltssicherheit.[273] Es lägen keine Anzeichen dafür vor, daß die Regelung auf eine übertriebene Reaktion der Anstaltsverwaltung zurückgehe. Sicherheitsexperten hätten bestätigt, daß die frühere Praxis, Interviews der Presse mit ausgewählten Häftlingen zu erlauben, zu disziplinarischen Problemen geführt habe.[274] Die Gerichte sollten die Wertungen der Gefängnisverwaltung regelmäßig hinnehmen, solange den Häftlingen vernünftige und wirksame Kommunikationsmittel verblieben. Letzteres sei hier zu bejahen, weil den Gefangenen neben brieflichen Kontakten mit der Außenwelt auch Besuche von Verwandten, Freunden, Seelsorgern und Anwälten erlaubt seien.[275]

An der Urteilsbegründung fällt die ausdrückliche Bereitschaft des Supreme Court zur Hinnahme administrativer Lagebeurteilungen auf. Dies ist in der modernen Rechtsprechung selten geworden.[276] Die Hinnahme steht allerdings unter dem Vorbehalt, daß sich keine gewichtigen Anzeichen für eine übertriebene behördliche Reaktion ergeben. Da hierfür nichts vorliegt, ist die Nachprüfung des Eingriffs, insbesondere die konkrete Interessengewichtung, nicht von Skepsis gegenüber der Berechtigung der Maßnahme geprägt.

Eine Erforderlichkeitsprüfung findet nicht statt; hier scheint es auszureichen, daß die präzise Formulierung des Verbots keinen Raum für willkürliche Anwendung läßt. Die Entscheidung wird auch von den indirekten Kommunikationsmöglichkeiten mit der Presse beeinflußt; in anderem Zusammenhang hebt das Gericht hervor, daß die Insassen von kalifornischen Haftanstalten keineswegs hermetisch von der Öffentlichkeit und persönlichen Kontakten abgeschottet werden.[277]

---

273  417 U.S. 822 f.
274  417 U.S. 832.
275  417 U.S. 823–826, 827. Ferner wurde der inhaltlich neutrale Charakter der Regelung betont; 417 U.S. 828. Die drei dissentierenden Richter hielten das Verbot für zu pauschal und forderten eine Einzelfallregelung, mit der aus dem Kreis der rund 1,5 Millionen Häftlinge die wirklich gefährlichen Personen ausgesondert und die Rechte der übrigen Insassen erhalten werden könnten; diss.op. *J. Douglas*, 417 U.S. 837–839.
276  Dazu s. o. S. 73.
277  417 U.S. 830.

bb) *Bell v. Wolfish (1979)*

Nach denselben Grundsätzen entschied das Gericht über die Klage von Untersuchungsgefangenen, die sich unter anderem gegen die Anordnung der Anstaltsverwaltung zur Wehr setzten, gebundene Bücher aus Sicherheitsgründen ausschließlich über Verlage, Buchhandlungen oder Bücherklubs zu beziehen.[278] Die Mehrheit der Richter sah ein offensichtliches Sicherheitsproblem, da sich gebundene Bücher leicht zum Schmuggel von Waffen, Drogen und Geld in die Anstalt einsetzen ließen. Die Regelung sei eine vernünftige, auf die Abwehr der Gefahr beschränkte Reaktion auf das Problem. Ohne Beweise für ein überzogenes Sicherheitsdenken der Behörde sei deren Beurteilung nicht zu beanstanden. Dies gelte auch für das Argument, daß ohne die Regelung ein Teil des Personals von seinen eigentlichen Aufgaben abgezogen und zur Sicherheitsüberprüfung für eingegangene gebundene Bücher von unbekannten Absendern eingesetzt werden müsse.[279] Die begrenzte Maßnahme lasse das Recht der Häftlinge auf Bezug von Taschenbüchern, Zeitschriften und Zeitungen unberührt; für gebundene Bücher stehe auch die relativ große Anstaltsbibliothek zur Verfügung. Soweit sich die Kosten für den Bezug von gebundenen Büchern infolge der Anordnung erhöhten, sei dies eine Belastung, die die Werte der Meinungsfreiheit nicht ins Spiel brächte. Schließlich dauere der Aufenthalt der Häftlinge in der betreffenden Anstalt in der Regel nur höchstens zwei Monate.[280] Im Ergebnis bestätigte der Supreme Court die Anordnung. Nachdrücklicher als in *Pell* besteht der Supreme Court hier auf der Respektierung von administrativen Wertungen. Zweifel an der Tatsachengrundlage oder Bedenken gegen die Stichhaltigkeit der Wertung gehen zu Lasten des Häftlings, sofern nicht eine überzogene Reaktion der Verwaltung nachgewiesen wird. Dieser Grundsatz erklärt die beiläufige Behandlung der Erforderlichkeitsfrage; der Hinweis der unteren Instanz auf die Existenz erfolgreich praktizierter milderer Mittel wird in einer Fußnote mit dem Argument zurückgewiesen, die Verantwortlichen müßten rechtzeitig vernünftige Maßnahmen ergreifen können.[281]

---

278 Bell v. Wolfish, 441 U.S. 520 (1979). In dieser Fassung erreichte der Rechtsstreit den Supreme Court. Die ursprüngliche Fassung der Anordnung hatte sich auf alle Bücher sowie Zeitschriften erstreckt; die diesbezügliche Feststellung der Verfassungswidrigkeit durch das Berufungsgericht wurde von der Anstaltsleitung nicht mit der Revision angegriffen; 441 U.S. 548 f.
279 441 U.S. 550 f.
280 441 U.S. 551 f.
281 441 U.S. 551 Fn. 32.

Damit bestätigt sich der in *Pell* gewonnene Eindruck, daß der Erforderlichkeitsgrundsatz in diesem Zusammenhang lediglich problembezogenpräzise Regelungen fordert. Qualitativ verschiedenartige mildere Alternativen[282] (z. B. der Einsatz vorhandener elektronischer Kontrollgeräte) werden nicht berücksichtigt, offenbar weil die Gerichte andernfalls doch in die Rolle geraten würden, die die Mehrheit ihnen verweigert – in die Position eines »richterlichen Gefängnisverwalters«. Darin liegt der Schlüssel zum Verständnis dieser Rechtsprechung: Sie spricht der Verwaltung und dem Gesetzgeber die primäre Kompetenz zur Beurteilung der »komplexen und schwer faßbaren« Gefängnisprobleme zu und entzieht damit der Judikative die Möglichkeit, die Wertungen von Verwaltung und Legislative kritisch zu hinterfragen und das übliche Prüfungsniveau des reasonableness-Tests beizubehalten.[283] In der Haft gelten danach andere Regeln zur Beschränkung der Kommunikationsrechte als in einem »öffentlichen Forum«.[284]

b) *Bannmeilengesetze zum Schutz der Rechtspflege*

Kundgebungsverbote auf öffentlichen Wegen in der Nähe von Gerichtsgebäuden entziehen der Öffentlichkeit einen Teil der traditionell für den Austausch von Gedanken und Informationen vorgesehenen Flächen. Gegen solche Verbote spricht die Vermutung der Verfassungswidrigkeit.[285] Zwei jüngere Entscheidungen befassen sich mit den Schranken des 1. Amendment im Zusammenhang mit dem Schutz der Rechtspflege.

aa) *Cox v. Louisiana (1965) – Cox II –*

In *Cox II* bestätigte der Supreme Court die Verfassungsmäßigkeit eines Gesetzes, das Mahnwachen und Aufzüge in oder nahe bei einem Gerichts-

---

282 Vgl. dazu oben § 5 I 4.
283 Vgl. Bell v. Wolfish, 441 U.S. 520, 548 (1979); Pell v. Procunier, 417 U.S. 817, 827 (1974); siehe auch Procunier v. Martinez, 416 U.S. 396, 404 f. (1974), allgemein zu dieser Einstellung. Kritisch dazu die Richter *Marshall, Stevens* und *Brennan* in ihren Minderheitsvoten in Bell v. Wolfish, 441 U.S. 567 f., 595 f., wo sie auf eigenständiger Prüfung durch die Gerichte beharren.
284 So ausdrücklich Jones v. North Carolina Prisoners' Labor Union, 433 U.S. 119, 136 (1977).
285 United States v. Grace, 103 S.Ct. 1702, 1708 (1983); ähnlich Members of the City Council v. Taxpayers for Vincent, 104 S.Ct. 2118, 2133 (1984). Wenigstens nach der Rhetorik der Begründung eher umgekehrt noch Cox v. Louisiana, 379 U.S. 536, 554 ff. (1965) – Cox I – für Mahnwachen und Demonstrationen.

gebäude des Staates Louisiana untersagt, sofern die Handlung in der Absicht der Behinderung der Rechtspflege oder der Einflußnahme auf Beteiligte an einem Rechtsstreit begangen wird.[286] Das Gericht schloß sich der Wertung des Gesetzgebers an, daß das tatbestandsmäßige Verhalten eine Bedrohung der Rechtspflege darstelle.[287] Die Integrität der Rechtspflege und ihre Freiheit von äußerem Druck gehörten zum Kern der staatlichen Ordnung. Der Gesetzgeber sei berechtigt, diese Gemeinschaftsgüter zu schützen. Das örtlich begrenzte Verbot sei präzise auf den Eingriffszweck zugeschnitten; es sei geeignet und erforderlich, den Schutz der geordneten Rechtspflege in allen Verfahrensarten und -abschnitten zu gewährleisten.[288] Anderweitige Kundgebungsmöglichkeiten erwähnte das Gericht nicht.

Das Gesetz in *Cox II* erfüllt alle Voraussetzungen, die an Verfassungsmäßigkeit einer time, place, and manner-Regelung gestellt werden. Sein Wortlaut erfaßt kommunikatives Verhalten unabhängig von den Inhalten des Protests und sichert über das Absichtserfordernis ein klar legitimes öffentliches Interesse, ohne zuviel Meinungsäußerung zu untersagen. Eingehende Ausführungen zu Alternativen für die Durchführung von Demonstrationen erscheinen angesichts der engen räumlichen Begrenzung des Verbots nicht notwendig.[289]

bb) *United States v. Grace (1983)*

Größere Schwierigkeiten warf das auf das Gelände des Supreme Court beschränkte Bannmeilengesetz des Bundes auf. Die Bestimmung war so ausgelegt worden, daß auf dem Gehweg vor dem Gerichtsgebäude unter anderem Meinungsäußerungen einzelner Bürger auf Flugblättern, Bannern und ähnlichen Kommunikationsmitteln verboten waren.[290] Eine qualifizierte Absicht wie in *Cox II* war nicht vorgesehen.

---

286 Cox v. Louisiana, 379 U.S. 559, 560 (1965) – Cox II –.
287 379 U.S. 565.
288 379 U.S. 562.
289 Schwierig war lediglich die Bestimmtheitsfrage, die durch das Tatbestandsmerkmal »near a building« aufgeworfen wurde. Die dem Begriff »near« anhaftende Unbestimmtheit hielt der Supreme Court noch für verfassungsmäßig. Dabei gestand er der Verwaltung einen Beurteilungsspielraum im Einzelfall zu; die Behörden sind befugt, den Inhalt des Merkmals »near« für jede Demonstration individuell zu bestimmen; 379 U.S. 569.
290 United States v. Grace, 103 S.Ct. 1702, 1706 (1983).

Der Supreme Court erklärte das Gesetz für (teilweise)[291] verfassungswidrig. Zunächst verneinte er ein Recht des Bundes, den Zugang zum Gebäude und die Benutzung des Gehwegs wie ein privater Eigentümer frei zu regeln. Der Gehweg auf dem Gelände des Supreme Court diene keinem anderen Zweck als jeder andere öffentliche Gehweg in Washington; er sei ein »öffentliches Forum« für den Austausch von Gedanken. Gegen die hoheitliche Aufhebung dieser verfassungsrechtlich bedeutsamen Funktion streite die Vermutung der Verfassungswidrigkeit.[292] Das Verbot könne nicht als vernünftige Ortsregelung aufrechterhalten werden. Zwar seien die in Betracht kommenden Normzwecke, namentlich der Schutz des Gebäudes und der in ihm tätigen Menschen sowie die Vermeidung des Anscheins, daß sich das Gericht von außergerichtlichen Meinungsäußerungen beeinflussen ließe, im allgemeinen nicht bedeutungslos.[293] Jedoch fördere das Verbot diese Zwecke nicht erheblich. Ein besonderes Bedürfnis für die Verfolgung des ersten Zwecks sei nicht erkennbar, da sich der Gehweg nicht von anderen in der Stadt unterscheide.[294] Das Verbot trage auch nicht wesentlich dazu bei, den Anschein unzulässiger Einflußnahme auf die Rechtsprechung zu vermeiden; dieser Anschein könne ebenso leicht aufkommen, wenn eine Meinungsäußerung mit den verbotenen Mitteln auf der Straßenseite gegenüber dem Gericht verbreitet würde.[295] Solche Kundgebungen erfasse das Verbot jedoch nicht. Da die Bestimmung schon an der mangelnden Geeignetheit scheiterte, kam es auf andere Demonstrationsmöglichkeiten nicht mehr an.

Ein wesentlicher Unterschied zwischen *Cox II* und *Grace* ist die schlechtere Paßform des Eingriffsmittels in *Grace*. Das Kundgebungsverbot ist teilweise zu weit, teilweise aber (im Verhältnis zum zweiten Eingriffszweck) zu eng gefaßt;[296] das lockere Zweck/Mittel-Verhältnis wird auch

---

291 Anders als Richter *Marshall* beschränkt die Mehrheit die Nachprüfung auf den Gehweg; die Verfassungswidrigkeit erstreckt sich nur auf diesen Teil der Norm. Eine Stellungnahme zu Äußerungen innerhalb des Gebäudes erging nicht; vgl. 103 S.Ct. 1706.
292 103 S.Ct. 1708.
293 103 S.Ct. 1709, 1710.
294 103 S.Ct. 1709.
295 103 S.Ct. 1710.
296 Siehe den Text zur vorigen Fußnote. Daß das Verbot zu weit gefaßt ist, wird lediglich in einer Fußnote vermerkt; es ist zu weit, weil es Äußerungen jeden Inhalts verbietet, also auch allgemeinpolitische Meinungen ohne jeden Bezug zum Supreme Court oder einem anhängigen Verfahren; 103 S.Ct. 1709 Fn. 10. Tatsächlich war der Rechtsstreit aus der Androhung der Gerichtspolizei hervorgegangen, die Norm gegen zwei getrennt auftretende Demonstranten anzuwenden. Einer von ihnen hatte Flugblätter zu Lateinamerika verteilt, die andere ein Plakat mit dem Text des 1. Amendment zur Schau gestellt; vgl. 103 S.Ct. 1704.

nicht über einen eng am Eingriffszweck orientierten subjektiven Tatbestand ausgeglichen.
Zwei Gründe dürften die sorgfältige Untersuchung der Geeignetheit maßgeblich beeinflußt haben.[297] Dazu gehört zunächst der Ort, auf den sich das Verbot erstreckte. Meinungsbeschränkungen auf Gehwegen lösen regelmäßig eine intensivierte Prüfung aus, wenn nicht das Kommunikationsmittel (oder die Tatsache einer kollektiven Meinungsäußerung wie in *Cox II*) besondere Gefahren für das geschützte Rechtsgut mit sich bringt. Ferner existierte neben der aufgehobenen Bestimmung ein weiteres Bannmeilengesetz, das der Regelung in *Cox II* als Vorbild gedient hatte. Da der Supreme Court somit unmittelbar vor Äußerungen mit dem Ziel der Behinderung oder Beeinflussung der Rechtspflege geschützt war, konnte auch bei teilweiser Nichtigkeit keine regelungsbedürftige Rechtslücke entstehen. Interessant ist dabei, daß die Mehrheit diese Norm nicht einmal erwähnt.[298]
*Grace* bietet ein anschauliches Beispiel für den indirekten Einfluß, den die Kommunikationsform und der Ort der Äußerung auf die Anwendung des Abwägungstests ausüben kann. Zugleich illustriert der Fall, daß die Prüfungsstrenge nicht mechanisch an diese Faktoren gekoppelt ist. Andere Erwägungen spielen in die notwendig wertende Subsumtion der Umstände des Einzelfalls unter die Voraussetzungen des vorformulierten Schrankenstandards hinein. Wie sich in *Grace* zeigt, schlagen sie sich nicht einmal immer in den Entscheidungsgründen nieder.

IV. *Zusammenfassung*

Mit dem Interessenabwägungstest verfügt die Rechtsprechung über einen umfassend anwendbaren Schrankenstandard zur Überprüfung staatlicher Akte. Im Gegensatz zu den anderen allgemeinen Schrankentests enthält das Abwägungsmodell keine materiellen Beurteilungskriterien zur Verfassungsmäßigkeit von Meinungsbeschränkungen. Es bestimmt vielmehr in abstrakter Weise die Anforderungen, welche die staatliche Rechtferti-

---

297 Grace ist ersichtlich der bisher einzige time, place, and manner-Fall, in dem die fehlende Geeignetheit des Mittels zum tragenden Grund für die Entscheidung gemacht worden ist.
298 Lediglich Richter *Marshall* zitiert die Bestimmung in seinem partiellen Dissent; vgl. 103 S.Ct. 1711 f.

gung für die Grundrechtsbeeinträchtigung erfüllen muß, wenn der Eingriff vor dem 1. Amendment Bestand haben soll. Die jüngere Rechtsentwicklung hat insoweit zu einer Differenzierung der Anforderungen geführt, denen eine abgestufte Differenzierung der richterlichen Prüfungsintensität entspricht. Es sind der strenge, der gemäßigte und der reasonableness-Test zu unterscheiden; da sich die Voraussetzungen der beiden letztgenannten Tests für die Verfassungsmäßigkeit einer Einschränkung des 1. Amendment weitgehend gleichen, kann man grob von zwei Argumentationsstufen innerhalb des Abwägungsmodells sprechen.

Gegenstand des Interessenabwägungstests ist einerseits die Bedeutung des mit dem Hoheitsakt verfolgten öffentlichen Interesses, andererseits das zu seiner Durchsetzung eingesetzte Regelungsmittel. Durch welche Qualität sich die Begründung von Zweck und Mittel auszeichnen muß, richtet sich im allgemeinen nach Art und Ausmaß der Grundrechtsbeeinträchtigung. Je schwerer der Hoheitsakt die freie Meinungsäußerung behindert, desto überzeugender muß die Unabweisbarkeit der Maßnahme in der Begründung zum Ausdruck kommen. Besonders hohe Anforderungen stellt der strenge Abwägungstest auch an die Rechtfertigung von Eingriffstatbeständen, die Sanktionen nur für die Äußerung bestimmter Meinungen vorsehen. Hier geht es vordringlich um die Durchsetzung des Prinzips, daß der Staat die Kommunikationsrechte und -freiheiten nicht allein mit der Erwägung einschränken darf, die Äußerung bestimmter Meinungen sei unzweckmäßig oder sozial wertlos (Gebot der inhaltlichen Neutralität von Grundrechtseinschränkungen; Prinzip des gleichen Status aller Ideen). Wird die Erörterung bestimmter Themen beschränkt, sind grundsätzlich dieselben strengen Anforderungen anzuwenden; dies gilt allerdings nicht, wenn die Äußerung in einem sog. nicht-öffentlichen Forum abgegeben werden soll.

Die Anforderungen an die Begründung von Hoheitsakten werden im Einzelfall aber auch von materiellen Kriterien beeinflußt, die sich aus der Besonderheit der geregelten Materie ergeben. So billigt die Rechtsprechung der Strafvollzugsverwaltung in Abweichung von allgemeinen Regeln einen begrenzten, richterlich nur beschränkt nachprüfbaren Beurteilungsspielraum zu; umgekehrt löst die Schaffung einer besonderen, die Presse begünstigenden Steuer eine strenge Nachprüfung aus. Auch die Behandlung der Werbung gehört hierher. Insofern erweist sich das Modell des Abwägungstests als übergreifender Prüfungsrahmen, der mit Rücksicht auf die Eigenart der jeweiligen Sachmaterie modifiziert werden kann.

Die gegenwärtige Handhabung des Abwägungstests läßt das Bestreben der Rechtsprechung erkennen, das 1. Amendment vor allen (direkten ebenso wie ungezielten) Beschränkungen zu schützen, von denen nicht zur Überzeugung des Gerichts feststeht, daß sie – unter Berücksichtigung sowohl der subjektiv- als auch der objektivrechtlichen Funktion der Meinungsfreiheit – die Einschränkung des 1. Amendment erfordern.

## § 6 Der Status des Gefahrentests in der neueren Rechtsprechung

Neben dem Interessenabwägungstest behauptet sich der Gefahrentest als zweiter allgemeiner Prüfungsmaßstab zur Bestimmung der Grundrechtsschranken der Äußerungsfreiheit. In der jüngeren Rechtsprechung beschränkt sich sein Anwendungsfeld allerdings auf nur wenige Rechtsgebiete. Zum Teil wird er in modifizierter Form eingesetzt, während er an anderer Stelle unverändert Anwendung findet. Entsprechend dieser Differenzierung ist die folgende Darstellung in einen Abschnitt zu dem neueren sog. Brandenburg-Test und in einen zweiten Abschnitt zum Status des Gefahrentests in seiner traditionellen Form gegliedert.

Der Brandenburg-Test steckt den verfassungsrechtlichen Schutz für Aufforderungen zum Rechtsbruch gegenüber direkten und indirekten Sanktionen ab. Er schließt sich damit an die Fallgestaltungen an, die nach dem 1. Weltkrieg zur Herausbildung des Gefahrentests beigetragen haben, geht aber auch über den Bereich des reinen Staatsschutzrechts hinaus, da er auch in anderen Sachverhalten zur Abgrenzung von geschützter Befürwortung des Rechtsbruchs und ungeschützter Anstiftung zu strafbaren Taten herangezogen wird (I.).

Daneben führt der Supreme Court den traditionellen Gefahrentest (im Sinne der herrschenden Rechtsprechung bis etwa 1950) weiter, allerdings eng begrenzt auf den Bereich des Schutzes der Rechtspflege vor unzulässiger Einflußnahme von Dritten durch Meinungsäußerungen.[1] Diese Fallgruppe hat neuerdings an dogmatischem Interesse gewonnen, seit sich der Supreme Court in einer Entscheidung erstmals wieder ausführlich mit Inhalt und Sinn des Gefahrentests auseinandergesetzt hat. Hier deutet sich eine Assimilation des traditionellen Gefahrentests in die Interessenabwägungstechnik an (II.).

---

[1] Der Supreme Court hat den Test für unanwendbar erklärt, wo es um die Auslegung und Abgrenzung des Schutzbereichs des Grundrechts geht; vgl. Beauharnais v. Illinois, 343 U.S. 250, 266 (1952); Roth v. United States, 354 U.S. 476, 486 (1957).

I. *Modifikation des Gefahrentests: Analyse von Gefährdung und Inhalt der Äußerung*

1. *Der Brandenburg-Test*

Der Brandenburg-Test geht auf die Entscheidung *Brandenburg v. Ohio* (1969) zurück.² Darin wurde ein einzelstaatliches Gesetz gegen kriminellen Syndikalismus wegen Verstoßes gegen die Rede- und Versammlungsfreiheit für verfassungswidrig erklärt. *Brandenburg* ist dogmatisch interessant, weil sich das Gericht erstmals seit Ende der vierziger Jahre wieder mehrheitlich außerhalb des Bereichs des Schutzes der Rechtspflege zum Gefahrentest in seiner traditionellen Fassung bekannte, ihn aber gleichzeitig durch Hinzufügung weiterer Voraussetzungen erheblich modifizierte. Im folgenden wird daher terminologisch unterschieden nach (traditionellem) Gefahrentest³ und Brandenburg-Test.

Die durch *Brandenburg* bewirkte Modifikation wird sichtbar, wenn man Kontext und Inhalt einer Äußerung gegenüberstellt. Beim Gefahrentest standen die äußeren Umstände, unter denen der Bürger seine Meinung äußert, im Mittelpunkt der Prüfung. Hier ging es vor allem um die Wirkungen einer Äußerung auf die Zuhörer; solange die Rede keine klare und gegenwärtige oder unmittelbar drohende Gefahr für ein geschütztes Rechtsgut heraufbeschwor, war der Redner vom 1. Amendment geschützt. Dies entsprach der Auslegung des Grundrechts durch Richter Brandeis, der staatliche Eingriffe in den Kommunikationsprozeß nur als ultima ratio zulassen wollte. Der zweite Halbsatz der Brandenburg-Formel steht in dieser Tradition: Der Staat darf danach die Befürwortung von Rechtsbruch, insbesondere von Gewaltanwendung, nur poenalisieren,

»... where such advocacy is directed to inciting or producing imminent lawless action *and* is likely to incite or produce such action.«⁴

Die im zweiten Halbsatz geforderte Wahrscheinlichkeitsprognose bezüglich der Folgen der Äußerung verkörpert den Gefahrentest, auch wenn ihn die *Brandenburg*-Begründung nicht ausdrücklich erwähnt.⁵ Hier geht es

---
2  395 U.S. 444 (1969).
3  Dazu s. o. § 4 II.
4  Brandenburg v. Ohio, 395 U.S. 444, 447 (1969) (Hervorhebung hinzugefügt).
5  *Emerson,* 68 Cal.L.Rev. 422, 436 (1980); *Tribe* § 12-9 (S. 617); *Bogen,* 35 Md.L.Rev. 555, 569 Fn. 47 (1975); *Gunther* S. 726 Fn. *.

um die zeitliche Nähe der Gesetzesverletzung, also um das zentrale Anliegen des Gefahrentests.
Demgegenüber sprengt der erste Halbsatz den Rahmen des Gefahrentests, denn er betrifft den Inhalt der Äußerung. Der Brandenburg-Test verlangt insoweit eine Anstiftungshandlung zur Begehung einer Straftat; das heißt, daß eine Äußerung nur dann bestraft werden kann, wenn sie subjektiv und objektiv auf die Auslösung rechtswidriger, vor allem gewaltsamer Handlungen abzielt.
Diese Verbindung von Kontext und Inhalt der Äußerung als Kriterien für die Schrankenbestimmung von staatsfeindlichen Meinungsäußerungen hat zu einer beträchtlichen Ausweitung des Freiheitsraums geführt. Nach dem Gefahrentest war eine Äußerung je nach der Reaktion der Zuhörer in der einen Situation geschützt, in der anderen dagegen wegen sich anschließender Gewalttaten nicht geschützt; der Grundrechtsschutz bestimmte sich also letztlich nach Umständen, die sich der Kontrolle des Redners entzogen. Straftaten des Publikums – sofern Kausalität vorlag – verwandelten eine an sich vom 1. Amendment gedeckte Meinungsäußerung in eine Straftat.[6] Diese Konsequenz vermeidet der Brandenburg-Test, indem er über das Gefahrenerfordernis hinaus eine Anstiftungshandlung verlangt. Damit wird in erster Linie derjenige geschützt, dessen friedliche Überzeugungsversuche in gewaltsame Auseinandersetzungen münden oder zu münden drohen;[7] der umgekehrte Fall, der erfolglose Anstifter, wird schon vom Gefahrentest geschützt.[8]
Die inhaltsbezogene Komponente des Brandenburg-Tests (sein erster Halbsatz) läßt sich bis in Entscheidungen aus den zwanziger Jahren zurückverfolgen. Ihr liegt die Unterscheidung von Befürwortung von Gedanken und Ideen bzw. Befürwortung rechtswidriger Taten zugrunde; sie war schon in *Gitlow v. New York* anerkannt worden, wo die schlichte Propagierung abstrakter Lehren als geschützte Meinungsäußerung bezeichnet worden war.[9] Als tragender Grund trat die Differenzierung später in Entscheidungen zum Antisubversionsrecht in Erscheinung. Dies geschah erstmals in *Yates v. United States,* wo der Supreme Court

---

6 *Emerson,* 68 Cal.L.Rev. 422, 437 (1980); *Linde,* 22 Stan.L.Rev. 1163, 1168 f. (1970); *Steinberger* S. 306 f.; *Shapiro* S. 122 f.; *J. Douglas,* diss.op. in Dennis v. United States, 341 U.S. 494, 585 (1951).
7 *Schauer,* 58 B.U.L.Rev. 685, 725 (1978).
8 *Tribe* § 12-9 (S. 617). *Ely,* 88 Harv.L.Rev. 1482, 1491 (1975), weist darauf hin, daß der Erforderlichkeitsgrundsatz (dazu vgl. oben § 5 I 4) in Brandenburg keine Rolle spielt.
9 268 U.S. 652, 664 f. (1925).

die Verurteilung von Mitgliedern der Kommunistischen Partei wegen »Verschwörung zur Befürwortung der Notwendigkeit des gewaltsamen Umsturzes« nachprüfte. Das Gericht beanstandete die Belehrung der Geschworenen durch den Richter erster Instanz, wonach der Tatbestand als erfüllt anzusehen war, wenn sich ein Sprecher zwar auf die Propagierung des gewaltsamen Umsturzes als abstraktem Prinzip beschränkt habe, dies jedoch in der Absicht, den Umsturz der Regierung zu fördern.[10] Der Supreme Court hielt den Einsatz des Strafrechts allein im Hinblick auf die politische Rechtfertigung des gewaltsamen Umsturzes durch die Angeklagten für verfassungswidrig, weil sie nicht zu solchen Aktionen hatten drängen wollen.[11]

Nach *Yates* kam es also nicht auf die objektive Gefahrenlage an, sondern auf den Inhalt der Äußerung und den Vorsatz des Redners.[12]

Die Kategorien der Befürwortung von Gedanken und der Befürwortung rechtswidriger Taten waren in den sechziger Jahren Grundlage vieler Entscheidungen, in denen Vorschriften des Antisubversionsrechts verworfen wurden.[13] Die Grenze zwischen beiden Bereichen wurde jedoch nicht weiter präzisiert. Erst in *Brandenburg* stellte der Supreme Court klar, daß das 1. Amendment nur diejenigen Äußerungen nicht schützt, die andere zur *sofortigen* Gewaltanwendung drängen (und objektiv die Gefahr des Rechtsbruchs heraufbeschwören).[14] Damit bildet das Merkmal der unmittelbar drohenden gesetzwidrigen oder gewaltsamen Handlung den Kern des modernen verfassungsrechtlichen Maßstabs für die Schrankenbestimmung im Staatsschutzrecht. Diese Voraussetzung ist zugleich das Bindeglied zwischen den beiden Elementen des Brandenburg-Tests: Sie muß Gegenstand der Anstiftung sein und zugleich objektiv vorliegen. Wie oben angedeutet, gewährleistet der Brandenburg-Test einen beachtlichen Freiraum für Aufforderungen zur Anwendung von Gewalt oder zum

---

10 354 U.S. 298, 324–326 (1957). Dazu ausführlich *Steinberger* S. 368–377; *Großmann*, JöR N.F. Bd. 10 (1961), 181, 211–215.
11 354 U.S. 321 f.
12 *Linde*, 22 Stan.L.Rev. 1163, 1166 (1970); *Steinberger* S. 373 f. Der Supreme Court hatte seinen Standpunkt aus dem einfachen Gesetzesrecht entwickelt; vgl. 354 U.S. 303 ff. Spätere Entscheidungen interpretieren Yates jedoch ohne weitere Begründung als Ausdruck verfassungsrechtlicher Postulate des 1. Amendment; z. B. Brandenburg v. Ohio, 395 U.S. 444, 448 (1969).
13 Nachweise in Brandenburg v. Ohio, 395 U.S. 448; siehe ferner Kingsley International Pictures v. Regents, 360 U.S. 684 (1959): Befürwortung des Ehebruchs in einem Film.
14 395 U.S. 447. Als Autorität hierfür zitierte das Gericht Dennis v. United States und Yates v. United States; vgl. 395 U.S. 447 Fn. 2. Dazu kritisch *Steinberger* S. 383 f.; *Linde*, 22 Stan.L.Rev. 1163, 1167 (1970).

Rechtsbruch.[15] Dies liegt an der Kumulation der beiden Elemente des Tests.
Inhalt und Reichweite des Tests sind noch nicht abschließend geklärt. So ist etwa unklar, ob er auch auf nichtöffentliche Anstiftungshandlungen ohne ideologischen Hintergrund Anwendung findet und unter welchen Umständen eine »unmittelbar drohende« Handlung anzunehmen ist.[16] Inwieweit *Brandenburg* gerade den Gefahrentest reaktivieren sollte, läßt sich ebenfalls nicht mit Gewißheit sagen. Immerhin ist es bemerkenswert, daß die Entscheidung auf dem Vorliegen des ersten Elements des Tests beruht und der Prüfungsstandard daher in seinem zweiten Teil – dem Gefahrentest – nur als obiter dictum anzusehen ist. Das spätere Fallrecht macht jedenfalls deutlich, daß der Supreme Court vom Wortlaut des Brandenburg-Tests keine Abstriche machen will.

2. *Vernachlässigung des Gefahrentests in der jüngeren Rechtsprechung*

a) *Fallrecht*

Im Anschluß an *Brandenburg* befaßte sich der Supreme Court schon 1972 wieder mit der Anwendung des Schrankenstandards. In *Healy v. James* ging es um die Verweigerung der Anerkennung einer örtlichen Studentenorganisation als Campus-Organisation mit dem Argument, es seien Störungen von der Gruppe zu befürchten, weil sie einer als gewalttätig hervorgetretenen nationalen Studentenorganisation angeschlossen sei.[17] Hier wandte das Gericht den Test außerhalb des Antisubversionsrechts an. Das Merkmal »lawless action« wurde weit ausgelegt. Bei drohenden Störungen des Unterrichts an Schulen und Hochschulen sei der Staat befugt, auch unterhalb der Strafbarkeitsschwelle mit Sanktionen zu

---

15 *Emerson,* 68 Cal.L.Rev. 422, 437 (1980); *Gunther* S. 726; *Tribe* § 12-9 (S. 616). Nach *Steinberger* (S. 384 f.) reduziert der Test den erlaubten Regelungsbereich des politischen Strafrechts auf Anstiftung zu einer Straftat; nach seiner Auffassung geht der Gefahrentest in der strafrechtlichen Teilnahmelehre auf.
16 *Emerson,* 68 Cal.L.Rev. 422, 437 (1980); *Shiffrin,* 25 UCLA L.Rev. 915, 950 (1978); *Greenawalt,* 1980 A.B.F.Res.J. 645, 651–653; *Redish,* 70 Cal.L.Rev. 1159, 1175 (1982). Für den Ausschluß »privater« Befürwortung spricht die Behandlung von wettbewerbswidrigen Preisabsprachen, deren Verbot ohne Rückgriff auf Brandenburg als notwendige Begleiterscheinung des Verbots von Wettbewerbsbeschränkungen bestätigt wurde; vgl. National Society of Professional Engineers v. United States, 435 U.S. 679, 697 f. (1978).
17 408 U.S. 169 (1972).

reagieren.[18] Im konkreten Fall wäre der mit der Nichtanerkennung verbundene Ausschluß von Universitätseinrichtungen nicht zu beanstanden gewesen, wenn sich Anhaltspunkte für die Absicht der Gruppe ergeben hätten, erhebliche und nachhaltige Störungen des Unterrichtsbetriebs zu verursachen.[19]

In *Hess v. Indiana*[20] wurde der Brandenburg-Test herangezogen, um die Verurteilung des Beschwerdeführers wegen ungebührlichen Verhaltens aufzuheben. Ihm war zur Last gelegt worden, bei einer Demonstration in dem Augenblick, als die Demonstranten von Ordnungskräften abgedrängt wurden, laut gerufen zu haben: »We'll take the ... street later (or again).« Diesen Ausruf legte der Supreme Court nicht als Anstiftung im Sinne des ersten Elements des Brandenburg-Tests aus. Hierfür sprach, daß die Bemerkung unstreitig nicht an eine bestimmte Person gerichtet war, so daß niemand zur Besetzung der Straße gedrängt worden war. Auch das Unmittelbarkeitskriterium war nicht erfüllt, da die Bemerkung als Abwiegelung, bei ungünstigster Auslegung jedenfalls aber nur als Befürwortung des Rechtsbruchs zu einem unbestimmten späteren Zeitpunkt zu verstehen war.[21] Mit diesen Argumenten wurde ferner im Rahmen der Gefahrenprognose die Gefahr einer unmittelbar drohenden Straftat durch andere Demonstranten verneint.[22]

Die Qualifikationsfrage stand auch in *Communist Party of Indiana v. Whitcomb*[23] im Mittelpunkt. Zu beurteilen war die Verfassungsmäßigkeit eines Loyalitätseides, den jede politische Partei als Voraussetzung für die Teilnahme an Wahlen leisten mußte und der die Versicherung einschloß, daß die Partei »nicht den Umsturz der örtlichen, einzel- oder bundesstaatlichen Regierung durch Gewalt befürwortet«.[24] Fünf Richter hielten den Brandenburg-Test für anwendbar und erklärten die Vorschrift für verfassungswidrig, weil sie die Vereinigungsfreiheit sowie das aktive und passive Wahlrecht schon bei Befürwortung des gewaltsamen Umsturzes als politischem Grundsatz einschränkte.[25] Danach bestand kein Anlaß zur Prüfung

---

18 408 U.S. 189.
19 408 U.S. 189.
20 414 U.S. 105 (1973).
21 414 U.S. 108 (»later«).
22 414 U.S. 108 f.
23 414 U.S. 441 (1974).
24 414 U.S. 442 f.
25 414 U.S. 449 f. Die in der Begründung abweichenden 4 Richter äußerten Bedenken gegen die Anwendung des Tests auf das Wahlrecht; vgl. *J. Powell*, 414 U.S. 452 Fn. 3 (conc.op.).

der objektiven Gefahr, so daß *Whitcomb* keinen Aufschluß über Inhalt und Relevanz des Gefahrentests gibt.

Nach der Integration der kommerziellen Werbung in den Schutzbereich des 1. Amendment maß der Supreme Court ein gesetzliches Werbeverbot für Verhütungsmittel am Brandenburg-Test, soweit es mit dem Argument begründet worden war, solche Werbung legitimiere gesetzlich untersagte sexuelle Kontakte von Jugendlichen.[26] Der Entscheidung läßt sich entnehmen, daß sich mit diesem Argument jedenfalls kein vollständiges Werbeverbot für ein erlaubtes Produkt rechtfertigen läßt. Das Gericht wies auch darauf hin, daß keine der beanstandeten Anzeigen die Voraussetzungen des Brandenburg-Tests erfülle.[27]

Zur Beurteilung der zivilrechtlichen Verantwortlichkeit im Zusammenhang mit dem Boykott weißer Händler durch die schwarze Bevölkerung wurde der Brandenburg-Test in *NAACP v. Claiborne Hardware*[28] herangezogen. Die Händler verlangten Schadensersatz für ihre wirtschaftlichen Verluste von einem der Organisatoren des Boykotts. Als haftungsbegründendes Verhalten kamen mehrere seiner Reden in Betracht, in denen er den Boykott leidenschaftlich gerechtfertigt hatte. Dabei hatte er sich »starker Worte« bedient und angedeutet, daß sich diejenigen Farbigen, die sich der Aktion nicht anschlössen, auf die Anwendung körperlicher Gewalt gefaßt machen müßten.[29] Erst Wochen oder Monate nach der Rede kam es zu gewaltsamen Ausschreitungen.

Hintergrund des Boykotts war die rechtliche und soziale Benachteiligung der Farbigen in den Südstaaten, so daß sich der wirtschaftliche Boykott als politische Aktion der Bürgerrechtsbewegung darstellte. Die Reden des Beklagten betrafen ein hochbrisantes tagespolitisches Problem und fielen in den Kern der Meinungsfreiheit. Der Supreme Court hielt die Äußerungen nicht für geeignet, eine zivilrechtliche Haftung zu begründen. Nach seiner Auslegung schützt das 1. Amendment grundsätzlich auch den Redner, der sein Publikum mit »spontanen und emotionalen Appellen zu Einheit und Handeln in gemeinsamer Sache stimuliert«.[30] Ohne sich näher mit der Subsumtion des Sachverhalts unter die Voraussetzungen des Brandenburg-Tests zu befassen, erkannte das Gericht, daß die Schwelle zur Anstiftung nicht erreicht sei; eine schwierige Lage hätte sich nur dann

---

26 Carey v. Population Services International, 431 U.S. 678, 701 (1977).
27 431 U.S. 701.
28 458 U.S. 886 (1982).
29 458 U.S. 900 Fn. 28, 926 f., 934 ff. (Appendix).
30 458 U.S. 928.

ergeben, wenn die Gewaltakte den Reden des Beklagten unmittelbar gefolgt wären.[31]

Der Beitrag von *Claiborne Hardware* zur dogmatischen Fortbildung des Tests ist gering; dies steht in engem Zusammenhang mit der atypischen Fallgestaltung. Die Formulierung von *Brandenburg* ist auf Situationen zugeschnitten, in denen der gefahrbringende Geschehensablauf vor Eintritt einer Rechtsgutverletzung abgebrochen wird. In *Claiborne Hardware* entwickelte sich der Boykott dagegen ungestört, so daß bei der Beurteilung der Rede die Entwicklung in den folgenden Monaten berücksichtigt werden konnte. Dementsprechend modifizierte das Gericht den Test stillschweigend; die Zeitspanne zwischen der Rede und den Ausschreitungen ersetzte die Gefahrenprognose. Daß bei Verstreichen von Wochen und Monaten von einer unmittelbaren Reaktion der Zuhörer auf die Rede nicht gesprochen werden kann, liegt auf der Hand. Die Begründung gibt aber keinen präzisen Hinweis darauf, unter welchen Umständen die Unmittelbarkeit der rechtswidrigen Haupttat hätte bejaht werden können.

b) *Praktische Bedeutung der einzelnen Elemente des Brandenburg-Tests*

Die Rechtsprechungsübersicht zeigt, daß der Brandenburg-Test in ständiger Rechtsprechung als verfassungsrechtlicher Schrankenstandard für Meinungsäußerungen dient, welche die Befürwortung einer Gesetzesverletzung zum Gegenstand haben. Sein Anwendungsgebiet geht über das politische Strafrecht hinaus; der Test gilt offenbar unabhängig von der jeweiligen Rechtsmaterie als allgemeiner Schrankenstandard. Die Beschränkung seines Anwendungsbereichs auf Äußerungen mit einem bestimmten Inhalt entspricht der Neigung der jüngeren Rechtsprechung, vor allem des Burger Court, auf unterschiedliche Lebenssachverhalte mit unterschiedlichen Beurteilungskriterien zu reagieren.[32] Diese Differenzierung wirkt sich auch bei den Voraussetzungen des Brandenburg-Tests aus. *Healy v. James* enthält mit der weiten Auslegung von »lawless action« eine Sonderregel, die dem besonderen Schutzbedürfnis der Schulen und Universitäten vor strafrechtlich nicht erfaßten Störungsdrohungen angepaßt ist.[33] In anderen Fallgestaltungen bleibt es bei dem Grundsatz, daß nur die Anstiftung zu Straftaten untersagt werden darf.

---

31 458 U.S. 928.
32 Vgl. *Schauer*, 1982 Sup.Ct.Rev. 285, 308 f. (»maybe we are moving toward codification of the First Amendment«).
33 Vgl. 408 U.S. 169, 189 (1972).

Was die Voraussetzungen des Tests im einzelnen angeht, trägt das Fallrecht wenig zu ihrer Präzisierung bei. Relativ klare Konturen sind nur bei dem ersten Element zu erkennen: Die Propagierung des Rechtsbruchs muß sich als Anstiftung zu sofortigem Handeln darstellen; wer nur von der Richtigkeit und Angemessenheit gesetzwidriger Gewaltakte überzeugen will, kann den Schutz der Meinungsfreiheit für sich in Anspruch nehmen. Der Supreme Court hatte bisher keine Gelegenheit, sich zu der Schwere der Straftat, die die Einschränkung des 1. Amendment rechtfertigen würde, zu äußern. Der insgesamt sehr grundrechtsfreundliche Tenor des Tests legt die Annahme nahe, daß zumindest geringfügige Übertretungen nach Art der Ordnungswidrigkeiten im deutschen Recht nicht ausreichen.[34] Insgesamt wird das Erscheinungsbild des Brandenburg-Tests maßgeblich von seinem ersten Element geprägt.

Schwieriger ist dagegen der Status des Gefahrentests, des zweiten Elements von *Brandenburg*, zu beurteilen. Mit Ausnahme von *Hess v. Indiana* wurden alle Fälle ohne Diskussion der Gefahrenlage nach dem Charakter der Äußerung entschieden. Und selbst in dieser Entscheidung spielt der Gefahrentest keine eigenständige Rolle, denn es fehlte auch hier schon am Merkmal der Anstiftung, so daß die Verneinung einer Gefahr nicht der tragende Grund für die Entscheidung war. Das Fallrecht weckt Zweifel, ob das Kriterium der objektiv drohenden Gefahr überhaupt noch praktische Relevanz hat. Vorstellbar ist, daß der Gefahrentest in Grenzfällen wiederbelebt wird. Hier ist an die objektiv untaugliche Anstiftung zu denken, die eine Rechtsgutgefährdung nicht herbeiführen kann. Vorerst entbehren solche Überlegungen jedoch einer ausdrücklichen Stütze in den Entscheidungen des Supreme Court.


II. *Das moderne Verständnis des Gefahrentests: Assimilation in das Konzept der Interessenabwägung?*


In der Rechtsprechung zum Schutz der Rechtspflege vor unzulässiger äußerer Einflußnahme ist der Gefahrentest fest verankert. Seit *Bridges v. California* (1941)[35] hat der Supreme Court immer wieder Verurteilungen

---

34 Vgl. *Tribe* § 12-9 (S. 617 Fn. 58), der das Betreten fremder, nicht abgegrenzter Grundstücke und das unerlaubte Überqueren der Fahrbahn durch Fußgänger erwähnt.
35 314 U.S. 252 (1941).

wegen Mißachtung des Gerichts (contempt of court) aufgehoben, wenn ihnen kritische außergerichtliche Äußerungen zur Tätigkeit eines Gerichts oder einer Grand Jury zugrunde lagen.[36] Der Burger Court hat den Gefahrentest jüngst auch in Fällen eingesetzt, wo die vermeintliche Störung der richterlichen Aufgabenerfüllung auf Äußerungen von Verfahrensbeteiligten in Anwesenheit des Gerichts zurückging.[37] Grundsätzliche Ausführungen zu Voraussetzungen und Sinn des Gefahrentests hat der Supreme Court kürzlich in *Landmark Communications v. Virginia* (1978)[38] gemacht. Sie verdeutlichen das moderne Verständnis des Gefahrentests durch den Supreme Court. *Landmark* vermittelt den Eindruck, daß der Gefahrentest in seiner traditionellen Form[39] weitgehend in dem Konzept der Interessenabwägung aufgeht und folglich kaum noch eigenständige Bedeutung beansprucht. Bemerkenswert ist in diesem Zusammenhang, daß die Bemerkungen des Gerichts zwar in Gestalt eines obiter dictum erscheinen,[40] aber dennoch erkennbar – wegen ihres beachtlichen Umfangs – als grundsätzliche Aussage zum Status des Tests gemeint waren. Gegenstand des Verfahrens war die Verurteilung eines Verlags wegen Verletzung eines Strafgesetzes, das die Berichterstattung über (geheime) Ermittlungsverfahren der staatlichen Rechtspflegekommission gegen amtierende Richter untersagte.[41] Zur Rechtfertigung des Publikationsverbots hatte Virginia angeführt, daß die Kommission ihre Aufgabe nicht wirksam erfüllen könne, wenn Dritten die Veröffentlichung von Berichten über das Verfahren nicht untersagt sei; ferner sollte das Ansehen des von dem Disziplinarverfahren betroffenen Richters und der institutionelle Ruf der Gerichte insgesamt gewahrt werden.[42]
Während der Supreme Court das erste Argument als unbelegte Behauptung verwarf, bewertete er das Interesse am Ehrenschutz von Richtern und Gerichten als allgemein ungeeignet, eine Einschränkung der Meinungs- oder Pressefreiheit zu rechtfertigen.[43] Hiernach war das Urteil mangels ausreichenden Eingriffszwecks und -mittels wegen Verletzung der Pressefreiheit aufzuheben.

36 Wood v. Georgia, 370 U.S. 375 (1962); Craig v. Harney, 331 U.S. 367 (1947); Pennekamp v. Florida, 328 U.S. 331 (1946).
37 Eaton v. Tulsa, 415 U.S. 697 (1974); In re Little, 404 U.S. 553 (1972).
38 435 U.S. 829 (1978).
39 Hierher zählt nicht der Brandenburg-Test; s. o. S. 155.
40 Vgl. Landmark Communications v. Virginia, 435 U.S. 829, 842 (1978).
41 435 U.S. 831-834. Der Straftatbestand verbot die Verbreitung der Tatsache, daß ein Verfahren stattfindet, sowie des Namens des betroffenen Richters; vgl. 435 U.S. 830 Fn. 1. Zur Auslegung der Vorschrift siehe 435 U.S. 837 Fn. 9.
42 435 U.S. 840.
43 435 U.S. 841 f.; dazu vgl. oben § 5 I 6 b aa.

Nachdem der Rechtsstreit unter Anwendung des Abwägungstests bereits entschieden war, wandte sich der Supreme Court der Begründung des angefochtenen Urteils zu. Der Oberste Gerichtshof von Virginia hatte das Urteil gegen den Verlag auf der Grundlage des Gefahrentests bestätigt. Diesen Ansatz stellte der Supreme Court ausdrücklich in Frage, erläuterte dann aber sein eigenes Verständnis vom Gefahrentest:

»Mr. Justice Holmes' test was never intended ›to express a technical legal doctrine or to convey a formula for adjudicating cases.‹ ... Properly applied, the test requires a court
(1) to make its own inquiry into the imminence and magnitude of the danger said to flow from the particular utterance and then
(2) to balance the character of the evil, as well as its likelihood, against the need for free and unfettered expression.
(3) The possibility that other measures will serve the State's interests should also be weighed.«[44]

Sodann zog das Gericht einschlägige Präzedenzfälle heran und stellte fest, daß in diesen Fällen die Rechtspflege direkter und stärker gefährdet gewesen sei als in *Landmark*. Zudem könne die Gefahr, daß die Berichterstattung dem Ansehen eines von der Untersuchung betroffenen Richters schade, ohne Beschneidung der Pressefreiheit im Wege kommissionsinterner Maßnahmen zur Wahrung der Vertraulichkeit des Verfahrens weitgehend gebannt werden. Wenn schon die größere Gefährdung der Rechtspflege in den Präzedenzfällen eine Einschränkung des 1. Amendment nicht habe rechtfertigen können, müsse das Urteil in *Landmark* erst recht aufgehoben werden.[45]

Die Entscheidung ist vor allem wegen der Ausführungen zum Inhalt des Gefahrentests interessant. Die oben zitierte Auslegung des Tests enthält in den Abschnitten (2) und (3) Formulierungen, die den traditionellen Gefahrentest in die Nähe der Interessenabwägung als Methode zur Überprüfung von Grundrechtseinschränkungen rücken. Dieser Eindruck stützt sich weniger auf die Wortwahl (»abwägen«, »gewichten«) als auf die Einbeziehung milderer Mittel zur Durchsetzung des öffentlichen Interesses in Abschnitt (3). Der Grundsatz des milderen Eingriffsmittels hat sich beim Abwägungstest zu einem wichtigen Entscheidungskriterium entwickelt.[46]

---

44 435 U.S. 842 f. (Gliederung hinzugefügt). Mit der Einbeziehung der Wahrscheinlichkeitsprognose wird klargestellt, daß hier nicht der Dennis-Test gemeint ist; dazu vgl. oben § 4 II 3. Kritisch *Emerson*, 68 Cal.L.Rev. 422, 446 mit Fn. 56 (1980).
45 435 U.S. 844 f.
46 Dazu ausführlich oben § 5 I 4.

Dagegen spielten Erforderlichkeitserwägungen beim Gefahrentest vor *Landmark* keine Rolle.[47] Dies liegt an der Perspektive des Gefahrentests, für den es – vereinfachend ausgedrückt – nicht auf die Qualität des Eingriffsmittels ankommt, sondern auf die Qualität des Sachverhalts. Solange die von einer Meinungsäußerung ausgehende Gefahr die vom Gefahrentest gesetzte Schwelle nicht erreicht, wird der Grundrechtsschutz ohnehin unabhängig von der Erforderlichkeit des Eingriffsmittels gewährleistet; berechtigt die Gefahr jedoch zum Eingreifen, wird diese Erkenntnis nicht durch die Frage nach der Angemessenheit des gewählten Mittels relativiert. Die Kriterien des Gefahrentests bestimmen, zu welchem Zeitpunkt der Staat intervenieren darf, nicht jedoch, mit welchen Mitteln er vorgehen darf. Wenn nunmehr entsprechend dem Postulat von *Landmark* auch beim Gefahrentest nach der Erforderlichkeit des Eingriffsmittels gefragt werden muß, kann die Antwort nicht ohne eine Diskussion der Stärke und Dringlichkeit des öffentlichen Interesses ermittelt werden, das den Eingriff rechtfertigen soll. Damit wird die Untersuchung vom Sachverhalt gelöst und zur Berechtigung von Mittel und Zweck des Eingriffs geführt. In dieser Gestalt verliert der Gefahrentest seine eigenständige Bedeutung in der einzigen Fallgruppe, in der ihn der Supreme Court nicht nur zitiert, sondern auch noch anwendet. Er droht, im Abwägungstest aufzugehen.[48]

Die These von der Assimilation des Gefahrentests wird von der Abwägungsformel in Teil (2) der oben zitierten Stellungnahme des Supreme Court[49] gestützt. Danach muß eine Abwägung stattfinden, bei der sich einerseits das Interesse an freier, ungehinderter Meinungsäußerung, andererseits die Schwere und Wahrscheinlichkeit des »Übels«, das infolge der Äußerung droht, gegenüberstehen. Dieser Sprachgebrauch entspricht jenem in den Entscheidungen zur Interessenabwägung. Allerdings nimmt das Gericht in dem hier interessierenden Abschnitt der Entscheidungsgründe keine offene Abwägung vor; dazu war es auch nicht gezwungen, weil die Entscheidung mühelos auf die Präzedenzfälle gestützt werden konnte.[50]

---

47 *Emerson*, 68 Cal.L.Rev. 422, 438 (1980); dies gilt auch für den Brandenburg-Test.
48 Im Ergebnis ebenso *Emerson*, 68 Cal.L.Rev. 422, 447 (1980). Vgl. ferner *Note*, 78 Yale L.J. 464, 467 Fn. 16 (1969), wo der Gefahrentest als klassifikatorischer Ansatz und die Interessenabwägungstechnik gegenübergestellt werden und nur bei dieser ein Anwendungsfeld für den Grundsatz des milderen Mittels gesehen wird.
49 S. o. S. 164.
50 Der Supreme Court hat den Kern des Gefahrentests jüngst folgendermaßen charakterisiert: » ... the state may sometimes curtail speech when necessary to advance a signifi-

Der Überschrift zu diesem Abschnitt ist ein Fragezeichen angefügt. Es soll den gegenwärtigen Status des Gefahrentests als verfassungsrechtlichem Maßstab für Einschränkungen des 1. Amendment symbolisieren. Nach *Landmark Communications v. Virginia* sprechen einige Anzeichen für die Hinwendung des Supreme Court zum Interessenabwägungstest auch in der letzten Nische, die dem Gefahrentest in seiner traditionellen Form bisher vorbehalten geblieben war. Berücksichtigt man zudem die untergeordnete Rolle des Gefahrentests als Komponente des Brandenburg-Tests,[51] erscheint die Folgerung angebracht, daß der Supreme Court den clear and present danger-Test in seiner ursprünglichen Form in der Praxis bereits stillschweigend aufgegeben hat.[52]

---

cant and legitimate state interest.« Members of the City Council v. Taxpayers for Vincent, 104 S.Ct. 2118, 2128 (1984). Damit bestätigt sich der Trend zur Interessenabwägung.
51 Dazu vgl. oben S. 162.
52 Im Ergebnis ebenso *Hailbronner*, JöR N.F. Bd. 22 (1973), 579, 593.

*Dritter Teil*
# Anforderungen an die Gesetzesgestaltung

Die in diesem Kapitel behandelten Doktrinen, die overbreadth-Doktrin (§ 7) und die void for vagueness-Doktrin (§ 8), präzisieren die verfassungsrechtlichen Anforderungen an die Gestaltung von meinungseinschränkenden Rechtsnormen.[1] Sie stellen die Forderung nach – gegenüber den allgemeinen Anforderungen – gesteigerter Präzision und Klarheit des Normbefehls.[2] Die Verschärfung allgemeiner Maßstäbe beruht auf der Annahme, daß unbestimmte oder teilweise verfassungswidrige Vorschriften nicht nur solche Meinungsäußerungen verhindern, die der Staat ohne Verstoß gegen die Verfassung bestrafen darf, sondern auch äußerungshemmende Wirkungen im Bereich voll geschützter Meinungsfreiheit entfalten. Im Interesse des ungehinderten, freien Meinungs- und Willensbildungsprozesses ermöglichen beide Doktrinen die Verwerfung von Rechtsnormen, von denen eine abschreckende Wirkung auf die Bereitschaft des Bürgers ausgehen könnte, vollen Gebrauch von dem Recht auf freie Meinungsäußerung zu machen.

---

1 Beide Doktrinen gelten auch für andere Hoheitsakte; vgl. Nebraska Press Assn. v. Stuart, 427 U.S. 539, 567 f. (1976). Zur Anwendbarkeit der overbreadth-Doktrin auf Tathandlungen vgl. Laird v. Tatum, 408 U.S. 1 (1972). Die nachfolgende Darstellung beschränkt sich auf meinungseinschränkende Rechtsnormen, den Hauptanwendungsfall beider Lehren.
2 Vgl. NAACP v. Button, 371 U.S. 415, 433, 438 (1963).

## § 7 Gesamtnichtigkeit von teilverfassungswidrigen Rechtsnormen: Die overbreadth-Doktrin

Vor allem in den sechziger Jahren bediente sich der Supreme Court häufig der overbreadth-Doktrin zur Nichtigerklärung teilverfassungswidriger meinungseinschränkender Rechtsnormen. Anfang der siebziger Jahre ist der Anwendungsbereich der Doktrin beschnitten worden, doch gehört dieses Mittel der inzidenten Normenkontrolle weiterhin zum festen Repertoire der Rechtsprechung zur Redefreiheit.

Der Begriff »overbreadth« (Überweite) bezeichnet die partielle Verfassungswidrigkeit einer Norm. Die Doktrin bestimmt die verfahrens- und materiellrechtlichen Folgen dieser Rechtslage.[1] Im Verfahrensrecht regelt sie die Voraussetzungen, unter denen ein Bürger berechtigt ist, die »Verfassungsfrage« der Verfassungswidrigkeit einer ihn belastenden Bestimmung aufzuwerfen, auch wenn sein Verhalten von einer enger gefaßten Regelung erfaßt werden dürfte.[2] Die materiellrechtliche Komponente der Doktrin enthält Richtlinien für die Entscheidung über den Fortbestand einer teilverfassungswidrigen Bestimmung.[3] Über die Rechtsfolge wird unter Berücksichtigung des Gegenstands der Bestimmung und des Umfangs des Verfassungsverstoßes entschieden.[4] Die Vorfrage nach der Vereinbarkeit der Norm mit dem 1. Amendment ist nicht Gegenstand der Doktrin; sie wird nach Maßgabe der allgemeinen Schrankenregeln beurteilt.

---

1 Wegen dieser Doppelwirkung spricht *Monaghan* von zwei Doktrinen; vgl. 1981 Sup.Ct. Rev. 1, 3. Siehe auch *Sedler,* 71 Yale L.J. 599, 612 f. (1962). Abweichend von der Rechtsprechung halten *Monaghan,* a.a.O., und *Sedler,* 70 Cal.L.Rev. 1308, 1327 (1982), die prozessuale Komponente der Doktrin für überflüssig; sie entnehmen der Rechtsprechung den allgemeinen Grundsatz, daß sich jedermann vor Gericht gegen die Belastung mit einem verfassungswidrigen Gesetz wehren könne.
2 Vgl. Thornhill v. Alabama, 310 U.S. 88, 97 f. (1940). Diese Frage (standing to raise a constitutional issue) tritt auch bei der void for vagueness-Doktrin auf, wo sie jedoch anders beantwortet wird; vgl. dazu unten § 8 II 1.
3 Wird die Teilverfassungswidrigkeit durch verfassungskonforme Auslegung oder Teilnichtigerklärung beseitigt, ist für die overbreadth-Doktrin kein Raum; Broadrick v. Oklahoma, 413 U.S. 601, 613 (1973).
4 Im Schrifttum wird die Doktrin nicht selten in Untersuchungen zum Grundsatz des milderen Mittels einbezogen; vgl. *Note,* 78 Yale L.J. 464, 470 (1969); *Note,* 27 Vand.L.Rev. 971, 1011–1016 (1974); *Wormuth/Mirkin,* 9 Utah L.Rev. 254, 278 (1964). Die materiellrechtliche Seite der Doktrin ist eine Ausprägung des Erforderlichkeitsgrundsatzes; insofern fällt beiden Lehren die Aufgabe zu, den Gesetzgeber dazu anzuhalten, die Äu-

Das folgende Beispiel aus der Rechtsprechung illustriert die Grundkonstellation der Doktrin. Verbietet ein Strafgesetz *allen* Mitgliedern der Kommunistischen Partei die Berufsausübung in Betrieben, die der Verteidigungsminister förmlich zur nationalen Verteidigungseinrichtung erklärt hat, ist der Tatbestand zu weit gefaßt, weil er sowohl den Kreis der aktiven Mitglieder mit spezifischem Umsturzvorsatz erfaßt – insoweit wäre das Verbot mit der Vereinigungsfreiheit vereinbar[5] – als auch an die verfassungsrechtlich geschützte schlichte, passive Mitgliedschaft ohne qualifizierenden Vorsatz anknüpft. Kommt eine verfassungskonforme Auslegung nicht in Betracht, stellt sich die Frage, ob hier die Nichtigerklärung des gesamten Verbots geboten ist oder ob es jedem einzelnen Angeklagten überlassen bleibt, sich damit zu verteidigen, daß er zu den passiven Parteimitgliedern gehört und somit eine Bestrafung gegen das 1. Amendment verstoßen würde. Welche Antwort verfassungsrechtlich geboten ist, muß unter Berücksichtigung des Schutzzwecks der Doktrin ermittelt werden.[6] Der Zweck der overbreadth-Doktrin wird im folgenden Abschnitt dargestellt.

I. *Zweck der Doktrin: Beseitigung der Präventionswirkung überweiter Gesetze*

Die overbreadth-Doktrin erhält ihre Existenzberechtigung aus der Unsicherheit über die Grenze zulässiger Einschränkungen der Meinungsfreiheit, welche aus dem Nebeneinander von rechtmäßigen und rechtswidrigen Elementen des Normbefehls resultiert. Der Schlüsselbegriff lautet »chilling effect«; damit wird die Erwartung zum Ausdruck gebracht, daß

---

ßerungsrechte nur soweit zu beschränken, als es zur Verfolgung legitimer öffentlicher Interessen unabdingbar ist; vgl. *Monaghan*, 1981 Sup.Ct.Rev. 1, 37; *Redish*, 78 Nw.U.L.Rev. 1031, 1050 f. (1983); *Comment*, 33 Buffalo L.Rev. 457, 462 (1984). Auf der anderen Seite decken sich der Erforderlichkeitsgrundsatz (dazu ausführlich oben § 5 I 4) und die overbreadth-Doktrin weder bei den Voraussetzungen noch bei den Rechtsfolgen; insbesondere fehlt dem Erforderlichkeitsgrundsatz die prozessuale Komponente sowie die Voraussetzung der Präventionswirkung; dazu unten § 7 I, II.
5 Scales v. United States, 367 U.S. 203 (1961); Noto v. United States, 367 U.S. 290 (1961).
6 Das Beispiel ist United States v. Robel, 389 U.S. 258 (1967), entnommen. Das Gesetz wurde für nichtig erklärt. Zu Robel vgl. *Gunther*, 20 Stan.L.Rev. 1140 (1968); *Bogen*, 38 Md.L.Rev. 387, 440 f. (1979); *Redish*, 78 Nw.U.L.Rev. 1031, 1044–1048 (1983).

ein überweites Gesetz den Bürger oft in eine vorsorgliche Selbstzensur treibt, in der er Meinungsäußerungen aus Furcht vor Nachteilen auf das zweifellos sichere Maß beschränkt.[7] Diesem Verhalten können auch Äußerungen zum Opfer fallen, die den vollen Schutz des Grundrechts genießen.[8] Es wird gefolgert, daß nur selten Gelegenheit zu richterlicher Nachprüfung solcher Bestimmungen bestünde, wenn man nicht auch jenen Bürgern die Einwendung der Verfassungswidrigkeit eröffnen würde, deren Verhalten in den rechtmäßigen Abschnitt der Norm fällt; denn der zu Unrecht »eingeschüchterte« Bürger schweige, statt sich seine Redefreiheit vor Gericht zu erstreiten und bereit zu sein, die damit verbundenen erheblichen Kosten und Umstände sowie das Unterliegensrisiko zu tragen.[9]
Dieses Verhalten soll gleichermaßen bei drohenden strafrechtlichen und nichtstrafrechtlichen Sanktionen auftreten. So soll es für die Intensität der Präventionswirkung gleichgültig sein, ob die Verletzung eines Loyalitätseides im öffentlichen Dienst bestraft wird oder die Entlassung aus dem Dienstverhältnis zur Folge hat.[10]
Der Supreme Court behandelt diese Form der gesetzlichen Einschüchterung als eigenständige Grundrechtsbeeinträchtigung.[11] Die Aufgabe der overbreadth-Doktrin besteht darin, diesen Hemmschuh für die freie Meinungsäußerung zu beseitigen. Mit der Doktrin soll weniger das individuelle Interesse des einzelnen Grundrechtsträgers an der freien Meinungsäußerung verfolgt werden. Vielmehr stellt die Rechtsprechung die Bedrohung der objektiven Funktion des 1. Amendment, der Gewährleistung des

---

7 Sehr instruktiv zur Funktion der »chilling effect«-Doktrin *Schauer,* 58 B.U.L.Rev. 685 (1978).
8 *Schauer* bezeichnet dies treffend als »bösartige« Prävention, um den Unterschied zu der unbedenklichen Abschreckung von rechtswidrigen Taten herauszustellen; 58 B.U.L. Rev. 690 f.
9 Vgl. Bates v. State Bar, 433 U.S. 350, 380 (1977); Buckley v. Valeo, 424 U.S. 1, 40 f. (1976); Broadrick v. Oklahoma, 413 U.S. 601, 612 (1973); Grayned v. Rockford, 408 U.S. 104, 114 (1972); United States v. Robel, 389 U.S. 258, 264–266 (1967); Keyishian v. Board of Regents, 385 U.S. 589, 604, 609 (1967); Dombrowski v. Pfister, 380 U.S. 479, 486 f. (1965); Thornhill v. Alabama, 310 U.S. 88, 97 f. (1940). Ausführlich *Note,* 83 Harv.L.Rev. 844, 853–858 (1970); *Tribe* § 12-12 (S. 634). Ausführlich zu den Ursachen der abschreckenden Wirkung und den Gründen für gesteigerte Anforderungen an die Normpräzision *Schauer,* 58 B.U.L.Rev. 685, 695–705 (1978). Kritisch *Cox,* Role S. 45; siehe auch *Redish,* 78 Nw.U.L.Rev. 1031, 1040 f. (1983).
10 Vgl. Keyishian v. Board of Regents, 385 U.S. 589 (1967). Siehe auch Speiser v. Randall, 357 U.S. 513 (1958): Verweigerung von Steuervergünstigungen. Loyalitätseide werden auch auf verfassungswidrige Unbestimmtheit geprüft; dazu unten § 8 II.
11 Vgl. Erznoznik v. Jacksonville, 422 U.S. 205, 211 Fn. 8 (1975).

freien Meinungs- und Willensbildungsprozesses, in den Vordergrund.[12]
Die Betonung der objektiven Funktion des 1. Amendment begründet die prozessuale Komponente der Doktrin; sie ermöglicht die Geltendmachung der Gesamtnichtigkeit einer teilverfassungswidrigen Rechtsnorm ohne Rücksicht darauf, ob die konkrete Äußerung, die Anlaß zur Einleitung des Rechtsstreits gegeben hat, grundrechtlich geschützt ist.[13] Die lähmende Wirkung überweiter Gesetze rechtfertigt auch die Rechtsfolge der Gesamtnichtigkeit, die außerhalb des 1. Amendment bei Teilverfassungswidrigkeit nicht vorgesehen ist.

In diesem Zusammenhang ist zu erwähnen, daß die Rechtsprechung dem Unterschied von Prozeß- und Verfassungsrecht im Rahmen der overbreadth-Doktrin keine große Bedeutung beimißt. Auf beiden Ebenen wird ein Beitrag zur Schaffung des erforderlichen Freiraums für die Redefreiheit erbracht;[14] unterschiedliche Voraussetzungen werden jedoch nicht statuiert, so daß mit der Verfahrensfrage im Regelfall auch die Nichtigkeitsfrage beantwortet ist.[15]

Die jüngere Rechtsprechung läßt eine gewachsene Skepsis gegenüber dem Konzept des »chilling effect« erkennen.[16] Die overbreadth-Doktrin soll nur als ultima ratio zur Verwerfung von Rechtsnormen eingesetzt werden, wenn außergewöhnliche Umstände ein Abweichen von traditionellen richterlichen Eingriffsmöglichkeiten gebieten.[17] Liegt ein legitimes öffentliches Interesse an der Aufrechterhaltung des verfassungsmäßigen Norm-

---

12 Maryland v. Munson, 104 S.Ct. 2839, 2848 (1984). Dieser Gedanke klang schon in Wieman v. Updegraff, 344 U.S. 183, 191, 195 (1952), an. Vgl. auch *Note*, 69 Col.L.Rev. 808, 824 (1969); *Schauer*, 58 B.U.L.Rev. 685, 693 f. (1978); *Redish*, 78 Nw.U.L.Rev. 1031, 1041 f. (1983).
13 Dazu ausführlich unten § 7 II 2.
14 Walker v. Birmingham, 388 U.S. 307, 345 (1967), diss.op. *J. Brennan*.
15 Der Federal Court of Appeals sah sich zu der folgenden Klarstellung veranlaßt: »The standing and merit issues are so interrelated under the Broadrick test that no real purpose is served by attempting to analyze them separately«; Turchick v. United States, 561 F.2d 719, 722 (1977) - 8. Circuit; vgl. *Note*, 83 Harv.L.Rev. 844, 909 (1970). Während der Supreme Court unter *Chief Justice Warren* vielfach lediglich die Nichtigkeitsfrage ausdrücklich behandelt hat, neigt die jüngere Rechtsprechung seit Broadrick v. Oklahoma, 413 U.S. 601 (1973), dazu, die Doktrin als Modifikation traditioneller Verfahrensregeln darzustellen. Zwischen den beiden Elementen der Doktrin herrscht nicht das Verhältnis der Untrennbarkeit; es ist möglich, die Normenkontrolle über die Präventionswirkung zu ermöglichen und die Kriterien für die Nichtigkeitsfrage aus anderen Schrankentheorien zu gewinnen; vgl. Schad v. Mount Ephraim, 452 U.S. 61 (1981), wo der Supreme Court bei der Beurteilung der Eingriffsnorm auf den Abwägungstest zurückgriff.
16 Vgl. Younger v. Harris, 401 U.S. 37, 51–53 (1971); Lewis v. New Orleans, 414 U.S. 130, 140 (1974), diss.op. *J. Blackmun;* siehe auch *Note*, 83 Harv.L.Rev. 844, 851 (1970).
17 Broadrick v. Oklahoma, 413 U.S. 601, 613-616 (1973).

teils vor, soll die von dem verfassungswidrigen Normteil ausgehende Präventionswirkung nicht mehr stets zur Vollnichtigkeit führen.[18]

## II. Zulassung der konkreten Normenkontrolle (standing to raise a constitutional issue)

Die overbreadth-Doktrin begegnet der abschreckenden Wirkung teilverfassungswidriger Normen, indem sie anstelle der reinen Rechtsanwendungskontrolle die konkrete Normenkontrolle mit der Möglichkeit der Verwerfung von Rechtsnormen zuläßt. Sie begründet damit eine Ausnahme von der Regel, daß der Beschwerdeführer im Prozeß die Verletzung eigener Rechte geltend machen muß.

### 1. Grundsatz: Verletzung von Rechten des Beschwerdeführers

Grundsätzlich bestimmt sich der Umfang der verfassungsrechtlichen Nachprüfung bei Grundrechtsbeeinträchtigungen durch teilverfassungswidrige Normen nach den Regeln des »standing«. Dieses Rechtsinstitut weist partielle Ähnlichkeiten mit dem Rechtsschutzbedürfnis des deutschen Prozeßrechts auf.[19] In dem hier interessierenden Bereich geht es um die Frage, ob sich ein Gericht mit der Rechtsbehauptung eines Bürgers auseinandersetzen muß, die ihn belastende Norm sei teilweise verfassungswidrig und daher insgesamt nichtig. Grundsätzlich gilt hier, daß sich niemand auf (Grund-)Rechte Dritter berufen darf. Ein solcher Fall liegt aber vor, wenn sich der Beschwerdeführer unabhängig davon, ob seine konkrete Rechtsposition vom 1. Amendment geschützt ist, auf die Teilverfassungswidrigkeit der Eingriffsnorm beruft; die Rechtsprechung sieht hierin eine unzulässige Aufforderung zur Überprüfung hypothetischer Sachverhalte auf mögliche Verletzungen von Rechten Dritter.[20] Der Be-

---

18 Dazu im einzelnen unten § 7 III.
19 *Scharpf* S. 358; *Haller* S. 147 f. Ausführlich zu den standing-Regeln *Tribe* § 3–17 bis § 3–29; *Gunther* Ch. 9 Sec. 2; *Lockhart/Kamisar/Choper* Ch. 2 Sec. 2 I B (S. 41–79); *Scharpf* S. 358–364; *Haller* S. 147–161.
20 New York v. Ferber, 458 U.S. 747, 767 (1982). Im Schrifttum wird die Normenkontrolle ohne Bezug zum Sachverhalt als »Vorhersage« unerlaubter Gesetzesanwendung bezeichnet; vgl. *Shapiro* S. 130.

schwerdeführer ist nur insoweit zum Aufwerfen einer Verfassungsfrage befugt (standing to raise a constitutional issue), als er die Verletzung eigener Grundrechte geltend macht.[21] Die Rechtsprüfung erstreckt sich nicht auf die denkbaren Anwendungsmöglichkeiten, sondern ausschließlich auf die Vereinbarkeit der dem Rechtsstreit zugrunde liegenden Rechtsanwendung mit dem 1. Amendment.

Dieser Ansatz ermöglicht es den Gerichten, die Entscheidung verfassungsrechtlicher Fragen auf das im Einzelfall unumgängliche Mindestmaß zu beschränken.[22] Individueller Rechtsschutz wird gewährleistet, weil jede Äußerung am Grundrecht auf freie Meinungsäußerung gemessen wird. Teilverfassungswidrige Normen werden nur von Fall zu Fall und mit Wirkung im Einzelfall beschnitten. Objektivrechtliche Gesichtspunkte wie das Bedürfnis nach wirksamem Schutz des öffentlichen Meinungs- und Willensbildungsprozesses beeinflussen die rechtliche Behandlung nicht.

### 2. Verzicht auf eigene Rechtsverletzung des Beschwerdeführers

Das Modell der overbreadth-Doktrin begründet eine Ausnahme von diesem Grundsatz. Im Interesse der raschen Beseitigung der Präventionswirkung darf auch derjenige die Nichtigkeit der Eingriffsnorm geltend machen, der unter dem unbedenklichen Abschnitt der Norm eigentlich bestraft werden dürfte.[23] Nach der Terminologie des Supreme Court darf er hypothetische Sachverhalte unterbreiten und sich auf das Grundrecht des 1. Amendment von Dritten berufen.[24] Aussicht auf Erfolg besteht aber nur, wenn plausibel dargelegt werden kann, daß die Bestimmung auf Äußerungen Dritter anwendbar ist, die den vollen Schutz des 1. Amendment in Anspruch nehmen dürfen.[25] Da die erweiterte richterliche Prüfungsbe-

---

21 New York v. Ferber, 458 U.S. 747, 767 (1982). Zur Begründung vgl. Broadrick v. Oklahoma, 413 U.S. 601, 611 (1973).
22 *Note,* 83 Harv.L.Rev. 844, 849 (1970); *Scharpf* S. 364.
23 *Tribe* § 12-24 (S. 711 f.). Der Grundsatz wurde erstmals in Thornhill v. Alabama anerkannt; vgl. 310 U.S. 88, 98 (1940). Siehe ferner Bates v. State Bar, 433 U.S. 350, 380 (1977); Gooding v. Wilson, 405 U.S. 518, 520 f. (1972); Coates v. Cincinnati, 402 U.S. 611, 616 (1971).
24 Vgl. New York v. Ferber, 458 U.S. 747, 767 f. (1982); Broadrick v. Oklahoma, 413 U.S. 601, 612 (1973). Das gilt selbst für den Fall, daß der Dritte ohne weiteres die Möglichkeit hätte, sein Grundrecht im Klageweg zu verfolgen; Maryland v. Munson, 104 S.Ct. 2839, 2847 (1984).
25 Members of the City Council v. Taxpayers for Vincent, 104 S.Ct. 2118, 2127 (1984).

fugnis nicht davon abhängt, ob der Beschwerdeführer den Schutz des 1. Amendment genießt, bedarf es auch nicht der umfassenden Ermittlung des Sachverhalts.[26] Der dargestellte verfahrensrechtliche Grundsatz der overbreadth-Doktrin ermöglicht die Durchführung der konkreten Normenkontrolle.[27]
Die Rechtsprechung würde ein Bedürfnis für den Übergang von der sachverhaltsbezogenen Anwendungskontrolle zur Normenkontrolle kaum bejahen, sähe sie die Aufgabe der Gerichte lediglich darin, individuellen Rechtsschutz zu gewährleisten;[28] dieser Zweck könnte schon mit den allgemeinen Regeln des »standing« erreicht werden.[29] Die overbreadth-Doktrin hat sich vor allem deshalb als notwendig erwiesen, weil diese allgemeinen Regeln einen nur unzulänglichen Schutz für die objektivrechtliche Funktion des 1. Amendment vorsehen. Die Rechtsanwendungskontrolle läßt eine Norm, von der einschüchternde Wirkungen auf die Bereitschaft des Bürgers zur vollen Wahrnehmung des Grundrechts ausgehen, in Kraft. Zur raschen Herstellung eines Rechtszustandes, der eine offene und ungehinderte Auseinandersetzung in allen Angelegenheiten von öffentlichem Interesse erlaubt, ist jedoch der langwierige Prozeß des fallweisen Beschneidens der Norm um verfassungswidrige Anwendungsmöglichkeiten ungeeignet;[30] auch würden sich solche Kontrollmöglichkeiten für die Gerichte umso seltener ergeben, desto wirksamer die Bürger durch die Existenz der Norm eingeschüchtert werden.
Die Anwendung der overbreadth-Doktrin ist in das Ermessen des Gerichts gestellt. Der Supreme Court behält sich vor, sich in geeigneten Fällen auf die Rechtsanwendungskontrolle zu beschränken, auch wenn die Voraussetzungen der Doktrin erfüllt sind.[31] Damit soll erreicht werden, daß der Supreme Court verfassungsrechtliche Entscheidungen im Einzelfall vermeiden oder umgekehrt Fälle herausgreifen kann, die sich zu

---

26 Vgl. Village of Schaumburg v. Citizens, 444 U.S. 620, 633 f. (1980), wo der Supreme Court ein entsprechendes Vorgehen der Vorinstanz billigte; auch in United States v. Robel, 389 U.S. 258 (1967), finden sich keine Hinweise darauf, welcher Gruppe von CP-Mitgliedern der betroffene Werftarbeiter angehörte (vgl. dazu das Beispiel auf S. 169).
27 Die abstrakte Normenkontrolle ist dem amerikanischen Verfassungsrecht fremd; *Stalder* S. 96. Sie wäre ein mit der »case or controversy«-Klausel in Art. III der Verfassung unvereinbares Gutachten ohne Bedeutung für die Rechte der Verfahrensbeteiligten; *Haller* S. 140–143.
28 Vgl. Maryland v. Munson, 104 S.Ct. 2839, 2848 (1984).
29 *Sedler,* 71 Yale L.J. 599, 615 (1962); *Tribe* § 12–24 (S. 710 f.).
30 Dombrowski v. Pfister, 380 U.S. 479, 486 f. (1965).
31 Vgl. Spence v. Washington, 418 U.S. 405, 414 Fn. 9 (1974).

Grundsatzentscheidungen eignen. In diesem Sinn kommt der Doktrin dieselbe Funktion zu wie den herkömmlichen »standing«-Regeln.[32] In der Praxis ist der Unterschied zwischen der Anwendungskontrolle und der overbreadth-Doktrin auch geringer, als es die obige Darstellung vermuten ließe. Da nach denselben Kriterien über die verfahrens- und die materiellrechtliche Komponente der Doktrin entschieden wird,[33] gelangt ein Gericht stets zur Anwendungskontrolle, wenn es die Norm nicht verwirft; in diesem Fall ist die Befugnis zum Aufwerfen der Nichtigkeitsfrage zu verneinen.

3. *Präventionswirkung und Grenzen der Normenkontrolle*

a) *Nachträglicher Fortfall der Präventionswirkung*

Die Anwendbarkeit der overbreadth-Doktrin reicht nicht weiter, als es ihr Zweck gebietet. Dementsprechend lehnt es der Supreme Court ab, eine Normenkontrolle durchzuführen, wenn die Vorschrift vor Abschluß des Rechtsmittelverfahrens durch Gesetzesänderung von ihrem verfassungswidrigen Normteil befreit worden ist.[34] Hier ginge der Einsatz der overbreadth-Doktrin – gemessen an ihrem Zweck, für die Zukunft ein Hindernis für die offene Auseinandersetzung in allen Angelegenheiten von öffentlichem Interesse zu beseitigen – ins Leere.

b) *Werbung*

Erhebliche Zweifel an der Existenz einer Präventionswirkung hat der Supreme Court im Bereich der Werbung geäußert. Das Gericht sieht insoweit keine nennenswerten Gefahren für die ungehinderte Werbetätigkeit.[35] Eine Selbstzensur ist nach Ansicht des Supreme Court wegen der

---

32 *Scharpf* S. 364; *Haller* S. 148; siehe auch Maryland v. Munson, 104 S.Ct. 2839, 2846 (1984).
33 S. o. S. 171; dies gilt für den Fall, daß der Einsatz der Doktrin nicht auf die Eröffnung der Normenkontrolle beschränkt bleibt.
34 Bigelow v. Virginia, 421 U.S. 809, 817 f. (1975).
35 Strahlt die Präventionswirkung einer werberegelnden Bestimmung dagegen auf ideelle Meinungsäußerungen aus, kann die Fortgeltung der Norm nach den allgemeinen Grundsätzen in Frage gestellt werden; Ohralik v. Ohio State Bar, 436 U.S. 447, 462 Fn. 20 (1978).

großen Bedeutung der Werbung für das wirtschaftliche Wohlergehen eines Unternehmens kaum jemals zu erwarten, selbst wenn Unklarheit über die Grenze zwischen verfassungsmäßigen und -widrigen Werbebeschränkungen herrscht.[36] Diese Immunität der Wirtschaftswerbung hat das Gericht bisher stets angeführt, wenn es in einem commercial speech-Fall mit dem Argument der verfassungswidrigen Überweite konfrontiert worden ist. Demnach kann eine Werbebeschränkung nur damit angegriffen werden, daß die geregelte kommerzielle Äußerung den vollen Schutz des 1. Amendment genießt.[37]

c) *Soldaten- und Geheimdienstverhältnis*

Im Soldatenrecht vertritt die Rechtsprechung den Standpunkt, daß eine etwaige Präventionswirkung unter Berücksichtigung des besonderen Charakters des Soldatenverhältnisses eher hinzunehmen ist als im zivilen Sektor.[38] Die Leitentscheidung *Parker v. Levy* (1974) läßt allerdings eine klare Stellungnahme zu den Folgen dieser Auffassung vermissen. In *Haig v. Agee* (1981), einer Entscheidung zur Meinungsfreiheit von Geheimdienstagenten, wird *Parker* in dem Sinn zitiert, daß ein Soldat die Frage der Teilverfassungswidrigkeit nicht aufwerfen darf, wenn sein eigenes Verhalten in den zweifellos verfassungsmäßigen Teil der Eingriffsnorm fällt.[39] Das würde bedeuten, daß die overbreadth-Doktrin bei Eingriffen in die Meinungsfreiheit auf Grund von soldaten- und geheimdienstrechtlichen Vorschriften unanwendbar ist.

---

36 Bates v. State Bar, 433 U.S. 350, 380 f. (1977); Central Hudson Gas & Electric v. Public Service Commission, 447 U.S. 557, 565 Fn. 8 (1980); New York v. Ferber, 458 U.S. 747, 772 (1982). Siehe auch Village of Schaumburg v. Citizens, 444 U.S. 620, 634 (1980), und oben S. 56 (Fn. 60).
37 Bates v. State Bar, 433 U.S. 350, 381 (1977); Village of Hoffman Estates v. Flipside, 455 U.S. 489, 497 (1982).
38 Parker v. Levy, 417 U.S. 733, 757–761 (1974).
39 453 U.S. 280, 309 Fn. 61 (1981). Die zitierte Fußnote bezieht sich allerdings auf den Teil der Ausführungen in Parker v. Levy, der sich mit der Zulassung der Normenkontrolle bei unbestimmten Straftatbeständen befaßt. Im Gegensatz zur overbreadth-Doktrin kennt die void for vagueness-Doktrin den Grundsatz, daß die teilweise verfassungswidrige Unbestimmtheit von demjenigen nicht geltend gemacht werden darf, dessen Verhalten in den hinreichend bestimmten Kern des Tatbestands fällt; s. u. § 8 II 1. Haig v. Agee läßt zum Schluß zu, daß dieser Grundsatz wenigstens im Soldaten- und Geheimdienstverhältnis auf die overbreadth-Doktrin übertragen werden soll.

## III. Kriterien der Gesamtnichtigkeit

Eine der elementaren Forderungen des Supreme Court an den Gesetzgeber ist es, unnötige Beeinträchtigungen der Äußerungsfreiheit zu vermeiden. Grundrechtsrelevante Regelungen müssen genau auf den Regelungszweck zugeschnitten sein, so daß die Belastung des 1. Amendment nicht weiter geht, als zur Verfolgung berechtigter öffentlicher Interessen erforderlich ist:

> »Broad prophylactic rules in the area of free expression are suspect. Precision of regulation must be the touchstone in an area so closely touching our most precious freedoms.«[40]

Die overbreadth-Doktrin soll diesen Grundsatz im Bereich teilverfassungswidriger Eingriffsnormen durchsetzen. Liegen ihre Voraussetzungen vor, kann ein teilweise verfassungswidriges Gesetz für insgesamt richtig erklärt werden, um die von ihm ausgehende Abschreckung zu unterbinden.

Die Kriterien für die Entscheidung über die Verwerfung ergeben sich nur indirekt aus der chilling effect-Doktrin. Die Präventionswirkung überweiter Normen ist zwar der tragende Grund für die overbreadth-Doktrin. Sie bezeichnet aber nur eine besondere Art der Grundrechtsbeeinträchtigung, ohne normative Kriterien für die Beurteilung der Nichtigkeitsfrage zu liefern. Über die Rechtsfolge entscheidet die Quantität der Teilverfassungswidrigkeit, vor allem aber der Regelungsgegenstand. Dieser bestimmt, welche der zwei Varianten der Doktrin – die Rechtsprechung differenziert nach äußerungsbezogenen und verhaltensbezogenen Normen – anzuwenden ist. Während eine Prüfungsformel für äußerungsbezogene Eingriffstatbestände bisher nicht artikuliert worden ist, gilt seit der Grundsatzentscheidung *Broadrick v. Oklahoma* (1973) für verhaltensbezogene Gesetze der folgende Test:

> »(W)here conduct and not merely speech is involved . . . the overbreadth of a statute must not only be real, but substantial as well, judged in relation to the statute's plainly legitimate sweep.«[41]

---

40 NAACP v. Button, 371 U.S. 415, 438 (1963). Zum Verhältnis der overbreadth-Doktrin zum Erforderlichkeitsgrundsatz vgl. S. 168 (Fn. 4).
41 413 U.S. 601, 615 (1973).

Dieser sog. Broadrick-Test stellt geringere Anforderungen an den Gesetzgeber als die ältere äußerungsbezogene Variante der Doktrin. Für diese ist es bei der vor *Broadrick* geltenden Rechtslage geblieben. Im folgenden wird unterschieden nach dem gemäßigten Broadrick-Test und der strengen Variante der Doktrin.

1. *»Reine Rede« und »körperliches Verhalten« als Anknüpfungspunkte der overbreadth-Analyse*

Zur Bestimmung des anwendbaren overbreadth-Tests ist es erforderlich, die Norm darauf zu untersuchen, ob sie als vorwiegend äußerungs- (speech) oder verhaltensbezogen (conduct) zu qualifizieren ist. Die »speech/conduct«-Differenzierung erinnert an die Theorie vom absoluten Schutz der Meinungsfreiheit. Mit diesen Begriffen verbinden die Vertreter dieser Theorie jedoch einen anderen Inhalt. Mit »speech« bezeichnen sie den uneinschränkbaren Freiheitsraum des 1. Amendment, während mit »conduct« kommunikatives Verhalten gemeint ist, dessen Verhaltenselement berechtigte Belange der Allgemeinheit berührt und daher einer Einschränkung unterworfen werden darf. Es geht um den Umfang des Grundrechtsschutzes für die freie Rede und ihre Begleiterscheinungen.[42]
Im Rahmen der overbreadth-Doktrin hingegen spricht das Begriffspaar den tatsächlichen Gegensatz von schlichtem Verhalten und Meinungsäußerung an. Es bezeichnet den Schwerpunkt des von einer Eingriffsnorm geregelten Lebenssachverhalts. Anders als bei der absoluten Theorie ist die Kategorisierung der Ausgangspunkt der Prüfung; sie faßt nicht schon das Auslegungsergebnis zusammen.[43]
Blickt man hinter den Wortlaut dieser Kategorisierung, stößt man auf eine flexibel eingesetzte Regel zur Abgrenzung von allgemeinen Gesetzen und spezifischen Äußerungsregelungen. Die Zuordnung einer Norm wird in stillschweigender Anlehnung an die Differenzierung von inhaltsneutralen und inhaltsbezogenen Regelungen, wie sie der Systematik des Ab-

---

42 S. o. § 4 IV.
43 Der Begriff »conduct« schließt symbolische Meinungsäußerungen ein; Broadrick v. Oklahoma, 413 U.S. 601, 615 (»expressive conduct«). Die dissentierenden Richter erblicken darin eine ungerechtfertigte Ungleichbehandlung von reinen und symbolischen Äußerungen. Sie weisen darauf hin, daß kommunikatives Verhalten den gleichen Schutz des 1. Amendment genießt wie das gesprochene Wort; vgl. *J. Brennan*, 413 U.S. 631.

wägungstests zugrunde liegt, vorgenommen.[44] Darauf deuten sowohl *Broadrick* als auch das jüngere Fallrecht hin. In *Broadrick v. Oklahoma*[45] und *U.S. Civil Service Commission v. National Assn. of Letter Carriers*[46] bestätigte der Supreme Court weitgehende gesetzliche Verbote für Beschäftigte des öffentlichen Dienstes, sich an parteipolitischen Aktivitäten zu beteiligen. Die Verbote erstreckten sich unter anderem auf Reden auf Parteiversammlungen,[47] aber auch auf andere, stärker verhaltensbezogene Aktivitäten (z. B. Mitgliedschaft in Parteiausschüssen, Sammeln von Spenden für den Wahlkampf). Der Supreme Court erkannte den Schwerpunkt der komplexen und detaillierten Regelungen im Verhaltensbereich. Hieran ändere auch die Tatsache nichts, daß sich die Regelungen nach ihrem Wortlaut speziell gegen politische Äußerungen richteten; insoweit genüge es, daß die Verbote unabhängig von bestimmten Meinungen gleichmäßig und neutral gegen jede parteipolitische Äußerung gerichtet seien.[48]

*Broadrick* und *Letter Carriers* belegen, daß die »speech/conduct«-Dichotomie nicht schematisch zur Anwendung kommt, sondern daß der Supreme Court eine wertende Betrachtung vornimmt, in der die Frage nach der Zielsetzung der Eingriffsnorm eine besondere Rolle spielt.

Die folgenden Entscheidungen bestätigen die obige Interpretation und veranschaulichen die praktische Anwendung der »speech/conduct«-Differenzierung in der Rechtsprechung. Als Verhaltensregelung wurde beispielsweise eine Bestimmung des Militärstrafgesetzbuchs qualifiziert, die »conduct unbecoming an officer and a gentleman« mit Strafe bedroht.[49] In gleicher Weise wurde eine bundesrechtliche Norm beurteilt, die die Entlassung aus dem öffentlichen Dienst wegen »such cause as will pro-

---

44 Vgl. *Monaghan,* 1981 Sup.Ct.Rev. 1, 23 ff., 27 ff.; ähnlich schon *Sedler,* 71 Yale L.J. 599, 613–616 (1962). Zum Abwägungstest s. o. § 5 I 1a, II 1a, III 2. Anders *Redish,* 78 Nw.U.L.Rev. 1031, 1059–1061 (1983), der einen vernünftigen Grund für die Differenzierung nicht erkennt.
45 413 U.S. 601 (1973).
46 413 U.S. 548 (1973).
47 Vgl. 413 U.S. 616 f., wo eine Übersicht über die Verbote abgedruckt ist. Die entsprechenden Regelungen des Bundes finden sich (zusammen mit den ausdrücklich erlaubten Aktivitäten) in Letter Carriers, 413 U.S. 576 Fn. 21.
48 413 U.S. 616. Zu ähnlichen Vorschlägen für einen abgestuften Einsatz der Doktrin vgl. *Note,* 83 Harv.L.Rev. 844, 918 ff. (1970). Dort wird angeregt, das Maß der Prüfungssorgfalt danach zu variieren, ob ein meinungsbezogenes Gesetz, eine inhaltsneutrale oder eine Vielfalt des Meinungsspektrums fördernde Regelung vorliegt.
49 Parker v. Levy, 417 U.S. 733, 760 (1974), wo die Vorschrift auf kritische Äußerungen eines Offiziers zur Vietnam-Politik angewendet wurde.

mote the efficiency of the service« vorsieht.[50] Beide Gesetze sind so allgemein formuliert, daß sie verschiedenartigste Verhaltensformen erfassen und nicht auf Meinungsäußerungen zielen.

Als spezifische Äußerungsdelikte wurden Straftatbestände gegen den Gebrauch von Schimpfwörtern[51] sowie die Verbreitung von Druckschriften angesehen, die Informationen über legale Schwangerschaftsabbrüche enthielten.[52] In beiden Fällen knüpfen die Normen direkt an den Inhalt des gesprochenen Wortes bzw. der Publikation an, so daß sich ihre potentielle Abschreckungswirkung auf Meinungsäußerungen konzentriert.

### 2. Die gemäßigte Variante der Doktrin: Substantial overbreadth

Die in *Broadrick v. Oklahoma* formulierte gemäßigte overbreadth-Doktrin ermöglicht die Nichtigerklärung einer Norm, deren Regelungsschwerpunkt im Verhaltensbereich (conduct) liegt. Voraussetzung ist, daß die Überweite – das ist die Zahl der verfassungswidrigen Anwendungsmöglichkeiten – im Verhältnis zu dem unbedenklichen Regelungsteil erheblich ist; die Teilverfassungswidrigkeit muß »wirklich und erheblich« (real and substantial) sein.[53]

Ob die Erheblichkeitsschwelle erreicht ist, bestimmt sich nach einem wertenden Vergleich der rechtmäßigen und der rechtswidrigen Abschnitte des Regelungsbefehls. In den Vergleich bezieht der Supreme Court nicht jede im Rechtsstreit vorgetragene verbotene Anwendungsmöglichkeit ein. Dies versteht sich vor dem Hintergrund, daß nicht jede theoretisch denkbare Auslegung eines Gesetzes praktische Bedeutung in der Rechtswirklichkeit gewinnen kann.[54] Der Zweck der overbreadth-Doktrin und ihr Ausnahmecharakter gebieten, nur nachvollziehbare, realistische Auslegungsmöglichkeiten zu berücksichtigen. Nur von ihnen kann der freien Meinungsäußerung Gefahr drohen, nicht aber von spekulativen Sinnvarianten der Norm.[55]

---

50 Arnett v. Kennedy, 416 U.S. 134, 161 (1974).
51 Lewis v. New Orleans, 415 U.S. 130 (1974); Plummer v. Columbus, 414 U.S. 2 (1973); Gooding v. Wilson, 405 U.S. 518 (1972).
52 Bigelow v. Virginia, 421 U.S. 809, 817 (1975).
53 413 U.S. 601, 615 (1973). Zum Wortlaut des Tests s. o. S. 177.
54 Vgl. *Tribe* § 12–24 (S. 710 f.).
55 Vgl. New York v. Ferber, 458 U.S. 747, 773 (1982), und Erznoznik v. Jacksonville, 422 U.S. 205, 216 (1975), wo von »demonstrable overbreadth« die Rede ist. Ferner Members of the City Council v. Taxpayers for Vincent, 104 S.Ct. 2118, 2126 (1984): » . . . there must be a realistic danger that the statute itself will significantly compromise recognized First Amendment protections of parties not before the Court . . .«

In diesem Rahmen hat der Supreme Court seit 1973 zwei verschiedene Ansätze zur Beurteilung der Erheblichkeitsfrage verfolgt. Den im folgenden dargestellten Argumentationsmodellen entsprechen unterschiedliche Regelungsgegenstände und -strukturen der nachgeprüften Normen.
Wo sich ein meinungseinschränkender Tatbestand in *mehrere* Tathandlungen aufgliedern läßt, stellt der Supreme Court auf das numerische Verhältnis der Tathandlungen ab. Das Gericht stellt die Geltungskraft einer geprüften Vorschrift nicht in Frage, wenn die große Mehrzahl der Tathandlungen ohne Zweifel in verfassungsmäßiger Weise die Freiheit der Meinungsäußerung einschränkt und lediglich eine einzelne Sinnvariante der angegriffenen Vorschrift verfassungsrechtlich bedenklich ist.[56] Bei diesem Ansatz kommt es nicht darauf an, ob es sich bei der verfassungsrechtlich zweifelhaften Tatbestandsvariante um eine weitverbreitete Art der Meinungsäußerung oder um ein nur von wenigen Bürgern wahrgenommenes Kommunikationsmittel handelt. In diese Fallgruppe gehört etwa *Letter Carriers;* das dort bestätigte Verbot parteipolitischer Betätigung von Beschäftigten des öffentlichen Dienstes erfaßte eine Vielzahl von Tätigkeiten, von denen nur die Verfassungsmäßigkeit des Verbots, sich öffentlich für die Wahl bestimmter Kandidaten auszusprechen und Reden auf Parteikongressen zu halten, in Frage gestellt worden war.[57]
Einen anderen Weg beschreitet der Supreme Court, wo der Tatbestand nur eine *einzige* Tathandlung beschreibt. Das Gericht orientiert sich an der Anzahl der Einzelfälle, die unter den Tatbestand subsumiert werden können. Hier liegt der Argumentationsschwerpunkt im empirischen Bereich. Zu diesem Ansatz hat sich der Supreme Court im Falle eines Verbots der Verbreitung pornographischer Darstellungen von Kindern bekannt, das nicht in einzelne Tathandlungen aufgespalten war. Die Vorschrift wurde mit dem Argument bestätigt, daß die Zahl der nach dem Wortlaut der Bestimmung strafrechtlich verfolgbaren Handlungen, die auf Grund besonderer Umstände den vollen Schutz des 1. Amendment genießen (so etwa medizinische oder ethnologische Fachliteratur), so unbedeutend sei, daß die Nichtigerklärung des gesamten Verbots nicht gerechtfertigt sei.[58] Ob sich das Gericht auch bei weniger evidenten Sachla-

---

56 Vgl. Broadrick v. Oklahoma, 413 U.S. 601, 616–618 (1973); U.S. Civil Service Commission v. National Assn. of Letter Carriers, 413 U.S. 548, 580 f. (1973).
57 U.S. Civil Service Commission v. National Assn. of Letter Carriers, 413 U.S. 548, 580 f. (1973).
58 New York v. Ferber, 458 U.S. 747, 773 (1982); im Ansatz ähnlich Regan v. Time, 104 S.Ct. 3262, 3268 (1984), plural.op.

gen von Prognosen über die denkbare Häufigkeit unerlaubter Strafverfolgungen leiten lassen wird, erscheint allerdings fraglich. Auf einen Vergleich von Überweite und zulässigerweise eingeschränkten Handlungen verzichtet der Supreme Court, wenn der Tatbestand nach Wortlaut und Auslegung an typischerweise nicht kommunikative Verhaltensweisen anknüpft. Hierunter würden etwa die Straftatbestände des Hausfriedensbruchs und des einem Offizier unziemlichen Verhaltens[59] fallen, die dem Kern des Verhaltensbegriffs zuzuordnen sind.
Gemessen an den Ergebnissen hat sich der substantial overbreadth-Test als wenig grundrechtsfreundlich erwiesen. Soweit sich der Supreme Court mit der relativen Tragweite des als verfassungswidrig angegriffenen Teils einer Vorschrift beschäftigt hat, ist er stets zur Bestätigung der Norm gelangt.[60]

### 3. Der strenge overbreadth-Test

Im Gegensatz zum gemäßigten overbreadth-Test ist die ältere, strenge Variante der Doktrin regelmäßig zur Verwerfung der angegriffenen Norm eingesetzt worden. Ihr Anwendungsbereich ist allerdings mit der Einführung der gemäßigten Spielart der Doktrin in *Broadrick v. Oklahoma* (1973) auf jene Vorschriften beschränkt worden, die sich nach Wortlaut und Auslegung gegen Meinungsäußerungen richten.[61]
Die strenge Variante der Doktrin erlaubt die Verwerfung von Rechtsnormen schon bei teilweiser Verfassungswidrigkeit. Das bedeutet, daß lediglich zu prüfen ist, ob die Vorschrift auch bei restriktiver Auslegung noch in den Bereich geschützter und nicht einschränkbarer Meinungsfreiheit hineinwirkt.[62] Bisher hat der Supreme Court allerdings die Grenze zwischen verfassungswidriger Überweite und unwesentlichen verfassungs-

---

59 Vgl. Parker v. Levy, 417 U.S. 733, 760 f. (1974) (conduct unbecoming an officer and a gentleman); siehe auch Broadrick v. Oklahoma, 413 U.S. 601, 616 (1973).
60 Vgl. auch *Comment*, 33 Buffalo L.Rev. 457, 473 (1984). Die Entscheidung Erznoznik v. Jacksonville, 422 U.S. 205 (1975), nimmt eine Sonderstellung ein, weil dort maßgeblich auf die Erheblichkeit der abschreckenden Wirkung abgestellt wird und eine quantitative Analyse unterbleibt; auf dieser Grundlage wird dort eine meinungseinschränkende Norm verworfen.
61 413 U.S. 601, 615 (1973); Bigelow v. Virginia, 421 U.S. 809, 817 (1975), läßt den Schluß zu, daß darunter auch schlichte Pressepublikationen zu subsumieren sind.
62 Typisch für den Prüfungsansatz ist die folgende Fragestellung: »The crucial question . . . is whether the ordinance sweeps within its prohibitions what may not be punished under the First and Fourteenth Amendments«, Grayned v. Rockford, 408 U.S. 104, 114 f. (1972).

widrigen Auslegungsvarianten einer Vorschrift nicht artikuliert. Klar ist aber, daß ähnlich wie beim substantial overbreadth-Test realitätsferne Auslegungsmöglichkeiten nicht zur Grundlage der Entscheidung über die Verfassungsmäßigkeit gemacht werden.[63] Ferner besteht Übereinstimmung darin, daß eine einzelne verfassungswidrige Anwendungsmöglichkeit allein noch nicht zur Verwerfung einer Vorschrift führt.[64]
Darüber hinaus sind die Entscheidungen des Supreme Court wenig aufschlußreich. So zitiert das Gericht in der wichtigsten Entscheidung zum strengen overbreadth-Test nach *Broadrick v. Oklahoma*, in *Lewis v. New Orleans* (1974), lediglich einen Präzedenzfall, um die Verwerfung einer gegen den Gebrauch von Schimpfwörtern gerichteten örtlichen Satzung zu begründen. In der zitierten Entscheidung wird aber nur auf das Abschreckungspotential teilverfassungswidriger Vorschriften im Bereich der Meinungsfreiheit hingewiesen, während nähere Ausführungen zur Tragweite der Abschreckung unterbleiben.[65]
Auch die Entscheidungen des Supreme Court in den sechziger Jahren haben sich nicht ausdrücklich zu dem hier diskutierten Problem geäußert. Soweit die overbreadth-Doktrin zur Verwerfung von belastenden Vorschriften des Antisubversionsrechts herangezogen worden ist, war deren Teilverfassungswidrigkeit jedoch häufig leicht erkennbar und zudem zum Teil von erheblicher Tragweite für weite Kreise der Bevölkerung. Dies gilt etwa für viele Loyalitätseide im öffentlichen Dienst,[66] aber auch für andere Vorschriften, die die Anwendung von Sanktionen gegen Mitglieder subversiver Gruppen ohne Rücksicht auf konkrete strafbare Handlungen allein an die schlichte Mitgliedschaft knüpften und damit weit über das verfassungsrechtlich zulässige Maß an Einschränkungen der Vereinigungsfreiheit hinausgingen.[67]

63 Hierauf hat erstmals *Note,* 83 Harv.L.Rev. 844, 918, 858–860 (1970), aufmerksam gemacht. Ebenso Younger v. Harris, 401 U.S. 37, 51 f. (1971). Siehe auch Grayned v. Rockford, 408 U.S. 104, 121 Fn. 50 (1972), und Shuttlesworth v. Birmingham, 382 U.S. 87, 91 (1965).
64 Vgl. *J. Brennan,* diss.op. in Broadrick v. Oklahoma, 413 U.S. 601, 630 (1973); *Redish,* 78 Nw.U.L.Rev. 1031, 1064 (1983).
65 415 U.S. 130, 133 f. (1974). Zum Gebrauch von Schimpfwörtern vgl. Chaplinsky v. New Hampshire, 315 U.S. 568 (1942); Gooding v. Wilson, 405 U.S. 518 (1972); siehe ferner *Tribe* § 12–10.
66 Vgl. Keyishian v. Board of Regents, 385 U.S. 589 (1967); Elfbrandt v. Russell, 384 U.S. 11 (1966); Baggett v. Bullitt, 377 U.S. 360 (1964); Cramp v. Board of Public Instruction, 368 U.S. 278 (1961). Ausführlich zu diesen Entscheidungen *Steinberger* S. 545–569; *Voss* S. 60–66; *Bogen,* 37 Md.L.Rev. 679, 714–719 (1978).
67 Vgl. Scales v. United States, 367 U.S. 203 (1961); United States v. Robel, 389 U.S. 258 (1967); Aptheker v. United States, 378 U.S. 500 (1964) – entschieden nach Maßgabe des 5. Amendment.

Insgesamt erweist sich die strenge Variante der Doktrin im Ergebnis als sehr wirksam bei der Freihaltung der öffentlichen Diskussion von Vorschriften, die sich gegen bestimmte Äußerungen oder politische Vereinigungen richten. Liegt eine äußerungsbezogene Vorschrift vor, legt die Rechtsprechung eine deutlich größere Sensibilität gegenüber denkbaren Störungen der freien und ungehinderten Meinungsäußerung an den Tag, als sie es bei verhaltensbezogenen Normen erkennen läßt. Die Funktion der overbreadth-Doktrin als Mittel zur Schaffung einer schützenden »Pufferzone«[68] tritt hier besonders deutlich hervor, weil schon eine insgesamt nicht wesentliche Teilverfassungswidrigkeit zur Verwerfung der Vorschrift führt.

Die besondere Sensibilität der Rechtsprechung gegenüber den Gefahren überweiter äußerungsbezogener Hoheitsakte trägt dem auch für das System des Abwägungstests maßgeblichen Umstand Rechnung, daß inhaltsbezogene Anknüpfungspunkte in der Regel zur Unterdrückung von Meinungsäußerungen führen können und somit »argwöhnisch« begutachtet werden müssen. Die Parallele zum Abwägungstest tritt ebenso beim gemäßigten overbreadth-Test zutage, wo die moderate Kontrolldichte mit der geringen objektiven Eignung einer verhaltensbezogenen, allgemeinen Maßnahme zur Unterdrückung von Meinungsäußerungen gerechtfertigt wird. Im Gegensatz zum Abwägungstest kann hier allerdings eine Beeinträchtigung des 1. Amendment nicht unter Berufung auf einen gewichtigen Regelungszweck oder auf die Erforderlichkeit des Mittels begründet werden. Entscheidungserheblich ist im wesentlichen die am Regelungsgegenstand der Maßnahme orientierte Beurteilung des Abschreckungspotentials im Bereich der Meinungsäußerungsfreiheit.

### 4. Zur Zukunft der overbreadth-Doktrin

Der Supreme Court hat die »speech/conduct«-Kategorisierung nicht stets beachtet. Schon in den Jahren 1975 bis 1977 wurde der gemäßigte overbreadth-Test mehrfach eingesetzt, ohne daß zuvor eine Zuordnung der überprüften Norm zu einer der beiden Fallgruppen erfolgt war.[69] Zweifel

---

[68] Der Begriff wurde von *Amsterdam* im Zusammenhang mit der nachfolgend behandelten void for vagueness-Doktrin geprägt; vgl. 109 U.Pa.L.Rev. 67, 75 (1960).
[69] Erznoznik v. Jacksonville, 422 U.S. 205, 216 (1975); Young v. American Mini Theatres, 427 U.S. 50, 59–61 (1976); Ward v. Illinois, 431 U.S. 767, 776 (1977).

am Fortbestand der »speech/conduct«-Unterscheidung wurden laut;[70] sie entfachten sich vor allem an zwei Entscheidungen, in denen sich das Gericht unmittelbar am Zweck der Doktrin orientiert und nur darauf abgestellt hatte, ob von der überweiten Regelung ein spürbarer Abschreckungseffekt auf den Bürger ausgeht.[71] Hiernach erschien es nicht ausgeschlossen, daß sich dieser funktionale Ansatz gegenüber der problemverkürzenden Kategorisierung in Verhalten und Reden auf Dauer durchsetzen würde, konnte man doch eine Einzelfallentscheidung mit der jeweiligen Präventionswirkung zu Lasten der Meinungsfreiheit wohl überzeugender begründen als mit der schematisch erscheinenden Einordnung einer Vorschrift in eine der beiden Kategorien.

Die nachfolgende Rechtsprechung griff diesen Ansatz nicht auf. Vielmehr erweiterte der Supreme Court den Anwendungsbereich der gemäßigten overbreadth-Doktrin in *New York v. Ferber* (1982) auf Filme und Druckerzeugnisse, also klassische »reine Äußerungen« ohne Verhaltenskomponente.[72] Die »speech/conduct«-Unterscheidung war für die Entscheidung ohne Bedeutung. Zur Begründung verwies das Gericht darauf, daß die Unterscheidung von »speech« und »conduct« nach dem Zweck der Doktrin nicht zu rechtfertigen sei: Ob eine meinungseinschränkende Vorschrift wegen ihrer Präventionswirkung verworfen werden könne, bestimme sich nach der Reichweite der Regelung; für den Bürger sei es gleichgültig, ob er sich einer überweiten Bestimmung mit Schwerpunkt »reine Rede« oder »Verhalten« gegenübersehe.[73] Es sei sogar denkbar, daß eine äußerungsbezogene Vorschrift eine schwächere Abschreckung auslöse als eine verhaltensbezogene, wenn sie einen nicht ideell, sondern wirtschaftlich motivierten Grundrechtsträger (z. B. einen Buchhändler oder Filmverleiher) betreffe.[74]

Welche Bedeutung *Ferber* für die Weiterentwicklung der Doktrin haben wird, läßt sich wegen der Uneinheitlichkeit der nachfolgenden Rechtsprechung noch nicht abschließend beurteilen.[75] Es sprechen jedoch einige Anhaltspunkte für die Annahme, daß sich die Frage der Gesamtrichtig-

---

70 Vgl. *Note,* 31 Vand.L.Rev. 609, 620 f. (1978).
71 Vgl. Erznoznik v. Jacksonville, 422 U.S. 205, 216 (1975); Young v. American Mini Theatres, 427 U.S. 50, 59–61 (1976).
72 458 U.S. 747, 771 f. (1982).
73 458 U.S. 772.
74 458 U.S. 772.
75 Vgl. einerseits Maryland v. Munson, 104 S.Ct. 2839, 2851 (1984) – conduct –, andererseits die Bestätigung von Ferber in einem obiter dictum in Brockett v. Spokane Arcades, 105 S.Ct. 2794, 2802 Fn. 12 (1985), sowie in Regan v. Time, 104 S.Ct. 3252, 3268 (1984), plural.op.

keit einer teilverfassungswidrigen Norm in absehbarer Zeit ausschließlich an den Kriterien des gemäßigten Standards entscheiden wird. Zum einen spielt der strenge overbreadth-Test seit 1975 praktisch keine Rolle mehr. Zweitens hat sich die Unterscheidung von »speech« und »conduct« als wenig praktikabel erwiesen, weil sie die maßgeblichen Erwägungen im Einzelfall nur unzureichend kennzeichnet.[76] Zum dritten kommt der gemäßigte overbreadth-Standard der konservativen Grundhaltung der heutigen Mehrheit der Richter entgegen, indem er eine ins Gewicht fallende Teilverfassungswidrigkeit verlangt; damit wird die Verwerfung von Rechtsnormen erschwert und die Durchsetzung der mit dem verfassungsmäßigen Normteil verfolgten legitimen öffentlichen Interessen ermöglicht.

Sollte sich die gemäßigte Variante der overbreadth-Doktrin auf Dauer als einzig maßgeblicher Test behaupten, könnte – nach der bisherigen Anwendungspraxis zu urteilen[77] – die Doktrin ihre Funktion als wirksames Instrument zum Schutz der Meinungsfreiheit einbüßen.

---

76 So auch *Redish*, 78 Nw.U.L.Rev. 1031, 1064 (1983).
77 Vgl. hierzu oben S. 182 und *Comment*, 33 Buffalo L.Rev. 457, 473 (1984).

# § 8 Bestimmtheitsanforderungen an meinungseinschränkende Gesetze: Die void for vagueness-Doktrin

Das allgemeine Problem der hinreichenden Bestimmtheit von belastenden Rechtsnormen stellt sich mit besonderer Dringlichkeit bei Einschränkungen der im 1. Amendment verbürgten Kommunikationsrechte. Die Rechtsprechung unterscheidet zwischen dem allgemeinen rechtsstaatlichen Bestimmtheitsgebot, das seinen Sitz in der Due Process Clause des 5. bzw. 14. Amendment hat (I.), und den strengeren Bestimmtheitsanforderungen des 1. Amendment (II.). Die void for vagueness-Doktrin ermöglicht die Verfassungswidrigerklärung von Rechtsnormen, deren Tatbestand nicht hinreichend präzise gefaßt ist.

## I. *Das rechtsstaatliche Bestimmtheitsgebot der Due Process Clause*

Die Forderung nach tatbestandlicher Bestimmtheit hat ihre Wurzeln im Strafrecht. Die Rechtsprechung hatte sie schon lange vor den ersten wichtigen Entscheidungen zum 1. Amendment anerkannt.[1] Dem allgemeinen Bestimmtheitsgebot liegt nach heutiger Anschauung die Idee der Fairness zugrunde.[2] Unbestimmte Strafgesetze sind verfassungswidrig, wenn sie die in der Due Process Clause des 5. und 14. Amendment verankerte void for vagueness-Doktrin verletzen.[3]

Die Doktrin beinhaltet zum einen den Grundsatz des »fair warning«. Ein freiheitsbelastender Tatbestand muß so präzise und verständlich gefaßt

---

1 Vgl. United States v. Reese, 92 U.S. 214, 221 (1876). Im ersten Drittel des 20. Jahrhunderts wurde die void for vagueness-Doktrin häufig eingesetzt, um wirtschaftsregulierende Gesetze als verfassungswidrig zu verwerfen; z. B. International Harvester Co. v. Kentucky, 234 U.S. 216, 221–224 (1914), und Cline v. Frink Dairy Co., 274 U.S. 445 (1927), zum Wettbewerbsrecht und United States v. L. Cohen Grocery Co., 255 U.S. 81 (1921), zur Preisregulierung im 1. Weltkrieg. Ausführlich zur Rechtsprechung *Ehmke* S. 359–362.
2 Colten v. Kentucky, 407 U.S. 104, 110 (1972).
3 Dazu ausführlich *Bickel* S. 149–152; *Tribe* § 12–28.

sein, daß es dem Durchschnittsbürger möglich ist, den verbotenen Handlungsrahmen zu erkennen und sein Verhalten darauf einzustellen. Insoweit postuliert die Doktrin das mit der Warnfunktion des Straftatbestands verbundene Gebot der Normenklarheit.[4]

Als vordringlichere Funktion der void for vagueness-Doktrin wird in neueren Entscheidungen die Aufforderung an den Normgeber hervorgehoben, Normenklarheit um der Gleichmäßigkeit der Strafverfolgung willen zu schaffen.[5] Damit soll verhindert werden, daß die Entscheidung über die Strafbarkeit nicht vom Gesetzgeber, sondern auf der Ebene der Strafverfolgungs- und Justizorgane getroffen wird; die Möglichkeit zu diskriminierender Gesetzesanwendung wird als unvereinbar mit den Anforderungen der Due Process Clause angesehen.[6]

Als Faustformel für die Beurteilung von Strafgesetzen zieht die Rechtsprechung die folgende Formulierung heran. Eine Rechtsnorm ist nicht hinreichend bestimmt, wenn

> »men of common intelligence must necessarily guess at its meaning and differ as to its application«.[7]

Dabei kommt dem Gesetz die Vermutung der Verfassungsmäßigkeit zugute;[8] bei der Auslegung unklarer Gesetzesbegriffe wird dem Normzweck besondere Bedeutung beigemessen.[9]

Diese Grundsätze gelten im Strafrecht ebenso wie in anderen Rechtsgebieten. Allerdings setzt die Rechtsprechung die Doktrin je nach der Regelungsmaterie unterschiedlich streng ein. Strafgesetze müssen im allgemeinen höheren Bestimmtheitsanforderungen genügen als Vorschriften,

---

4 Lanzetta v. New Jersey, 306 U.S. 451, 453 (1939): »... no one may be required at peril of life, liberty or property to speculate as to the meaning of penal statutes.«; Winters v. New York, 333 U.S. 507, 509 f. (1948); Grayned v. Rockford, 408 U.S. 104, 108 (1972).
5 Kolender v. Lawson, 103 S.Ct. 1855, 1858 f. (1983); Smith v. Goguen, 415 U.S. 566, 574 (1974).
6 Smith v. Goguen, 415 U.S. 566, 572 f. (1974); Grayned v. Rockford, 408 U.S. 104, 108 f. (1972); Papachristou v. Jacksonville, 405 U.S. 156, 162 (1972); Giaccio v. Pennsylvania, 382 U.S. 399, 402 f. (1966); NAACP v. Button, 371 U.S. 415, 432 f. (1963); Stromberg v. California, 283 U.S. 359, 369 (1931). *Ehmke* (S. 359 f.) hat darauf aufmerksam gemacht, daß die Rechtsprechung das in diesem Grundsatz enthaltene Gewaltenteilungsproblem (»delegation«) nicht sauber von den Due Process-Fragen der Bestimmtheit und Vorhersehbarkeit trennt.
7 Connally v. General Construction Co., 269 U.S. 385, 391 (1926).
8 United States v. National Dairy Products Corp., 372 U.S. 29, 32 (1963).
9 Welsh v. United States, 398 U.S. 333, 347 (1970), conc.op. *J. Harlan*.

die nichtstrafrechtliche Sanktionen vorsehen;[10] Wirtschaftsstrafgesetze wiederum unterliegen mit Rücksicht auf ihren regelmäßig eng begrenzten Regelungsbereich sowie wegen der in Unternehmerkreisen verbreiteten Praxis, vor Entscheidungen Rechtsrat einzuholen, weniger strengen Bestimmtheitsanforderungen als andere Straftatbestände.[11]
Unter der Due Process Clause kommt die Verwerfung einer unbestimmten Rechtsvorschrift nur dann in Betracht, wenn der Tatbestand *insgesamt* zu unbestimmt formuliert ist.[12] Erfaßt die unzulässige Unbestimmtheit lediglich einen Teil der Norm, wird ihre Geltung bestätigt. Der Bürger kann sich gegen die Anwendung der Vorschrift auf sein Verhalten nur dann erfolgreich zur Wehr setzen, wenn sein Verhalten unter den unbestimmten Teil des Normbefehls fällt.[13]


II. *Unbestimmtheit als Verletzung des 1. Amendment*


Berührt eine unbestimmte Rechtsnorm den Schutzbereich des 1. Amendment, zieht die Rechtsprechung neben einer Verletzung der Due Process Clause einen Verstoß gegen die Meinungsfreiheit in Erwägung. In diesem Fall werden besonders strenge Anforderungen an die Gesetzesgestaltung gestellt.[14] Der Grund für diese Verschärfung des allgemeinen Prüfungsmaßstabs ist derselbe wie bei der overbreadth-Doktrin:[15] Unbestimmten Rechtsnormen wird eine abschreckende Wirkung auf die freie und offene Meinungsäußerung zugeschrieben; aus der Selbstzensur des Bürgers soll ein Verlust an Vitalität, Vielfalt und Offenheit der öffentlichen Diskus-

---

10 Winters v. New York, 333 U.S. 507, 515 (1948); Village of Hoffman Estates v. Flipside, 455 U.S. 489, 498 f. (1982).
11 Village of Hoffman Estates v. Flipside, 455 U.S. 489, 498 (1982). Vgl. auch Zauderer v. Office of Disciplinary Counsel of the Supreme Court of Ohio, 105 S.Ct. 2265, 2290 (1985), conc./diss.op. *J. Brennan,* der auf den Normadressaten abhebt (im anwaltlichen Standesrecht sind die Bestimmtheitsanforderungen geringer).
12 Coates v. Cincinnati, 402 U.S. 611, 614 (1971).
13 Village of Hoffman Estates v. Flipside, 455 U.S. 489, 495, 497 (1982).
14 Hynes v. Mayor of Oradell, 425 U.S. 610, 620 (1976); Buckley v. Valeo, 424 U.S. 1, 40 f., 77 (1976); Ashton v. Kentucky, 384 U.S. 195, 200 (1966); Smith v. California, 361 U.S. 147, 151 (1959). Vgl. auch Winters v. New York, 333 U.S. 507, 517 f. (1948); United States v. Robel, 389 U.S. 258, 275 f. (1967), conc.op. *J. Brennan.*
15 Dazu ausführlich oben § 7 I.

sion resultieren, der in der repräsentativen Demokratie nicht geduldet werden kann.[16]

Die void for vagueness-Doktrin soll dieser Tendenz entgegenwirken, indem sie eine schützende »Pufferzone« an der Peripherie des Grundrechts auf freie Meinungsäußerung gewährleistet.[17] Dementsprechend wird die Doktrin gleichmäßig streng auf alle Normen angewandt, von denen eine rechtlich beachtliche Abschreckungswirkung ausgeht. Der abgestufte Einsatz der Doktrin je nach dem Charakter der Sanktion bleibt auf Sachverhalte außerhalb des 1. Amendment beschränkt.[18]

Die Doktrin ermöglicht die Verwerfung von Rechtsnormen gerade in den Fällen, in denen nicht nur Fragen der Warnfunktion des Tatbestands sowie der gleichmäßigen Rechtsanwendung zu prüfen sind, sondern zugleich die Gefahr besteht, daß die Unbestimmtheit der Eingriffsnorm die Wirksamkeit des gerichtlichen Grundrechtsschutzes unterläuft. Dem liegt die Erwägung zugrunde, daß unbestimmte Tatbestände eher als präzise die Möglichkeit öffnen, daß die Anwendung des Gesetzes von unsachgemäßen Erwägungen bestimmt wird; je unbestimmter der Tatbestand ist, desto leichter entziehen sich verdeckte Grundrechtsverletzungen der richterlichen Kontrolle.[19] Die Verschärfung der Bestimmtheitsanforderungen dient daher in besonderem Maß auch der Durchsetzung eines wirksamen gerichtlichen Rechtsschutzes.

Vor diesem Hintergrund wird verständlich, warum die Verwerfung von unbestimmten Rechtsnormen durch den Supreme Court so gut wie ausschließlich auf Normen des Gliedstaatenrechts beschränkt ist.[20] Da die

---

16 Smith v. California, 361 U.S. 147, 150 f. (1959); Cramp v. Board of Public Instruction, 368 U.S. 278, 287 f. (1961); Baggett v. Bullitt, 377 U.S. 360, 372 (1964); Interstate Circuit v. Dallas, 390 U.S. 676, 684 (1968), wo ausdrücklich festgestellt wird, daß die Doktrin mehr als nur die subjektiven Rechte des Angeklagten durchsetzen soll; Buckley v. Valeo, 424 U.S. 1, 40 Fn. 48 (1976); In re Primus, 436 U.S. 412, 433 f. (1978).
17 *Amsterdam*, 109 U.Pa.L.Rev. 67, 75–85 (1960). In Fortsetzung der restriktiveren Auslegung des 1. Amendment im Soldaten- und Geheimdienstverhältnis (s. o. §§ 5 II 1b, 7 II 3c) werden Bestimmtheitsfragen lediglich nach Maßgabe des milderen Standards der Due Process Clause (s. o. § 8 I) beurteilt, auch wenn sich die unbestimmte Vorschrift auf die freie Meinungsäußerung von Soldaten und Geheimdienstagenten hemmend auswirken kann; vgl. Parker v. Levy, 417 U.S. 733, 756 f. (1974); Haig v. Agee, 453 U.S. 280, 309 Fn. 61 (1981).
18 Vgl. Keyishian v. Board of Regents, 385 U.S. 589, 603 (1967): Entlassung aus dem Hochschuldienst; siehe auch oben S. 170.
19 So schon *J. Frankfurter*, conc.op. in Joseph Burstyn v. Wilson, 343 U.S. 495, 532 (1952); Interstate Circuit v. Dallas, 390 U.S. 676, 684 f. (1968). Vgl. *Amsterdam*, 109 U.Pa.L.Rev. 67, 80 (mit Fn. 72), 90, 104 (1960); *Schauer*, 58 B.U.L.Rev. 685, 696 Fn. 53 (1978).
20 Vgl. *Amsterdam*, 109 U.Pa.L.Rev. 67, 83 Fn. 80 (1960).

Auslegung des Rechts der Gliedstaaten allein in die Zuständigkeit der Gliedstaatengerichte fällt,[21] ist der Supreme Court an deren Auslegung gebunden.[22] Eine verfassungskonforme Auslegung kommt – anders als bei Bundesrecht[23] – nicht in Betracht, so daß dem Supreme Court nur wenig Spielraum bei dem Bemühen um Aufrechterhaltung der Rechtsnorm bleibt.[24] Insofern verstärkt die void for vagueness-Doktrin die Effektivität des von den Bundesgerichten gewährten Rechtsschutzes gegenüber gliedstaatlichen Einschränkungen der Meinungsfreiheit.[25] Geht von der (nicht behebbaren) Unbestimmtheit einer gliedstaatlichen Rechtsnorm die Gefahr aus, daß die Vorschrift die öffentliche Diskussion hemmt oder sich zu willkürlicher Anwendung im Einzelfall eignet, kann der Schutz der Meinungsfreiheit oft nur durch Nichtigerklärung der Vorschrift gewährleistet werden.

Ebenso wie die overbreadth-Doktrin wird auch die void for vagueness-Doktrin unter verfahrens- und materiellrechtlichen Gesichtspunkten diskutiert.[26]

## 1. Unbestimmtheit und konkrete Normenkontrolle

Im Gegensatz zur overbreadth-Doktrin weicht die verfahrensrechtliche Komponente der void for vagueness-Doktrin nicht von den allgemeinen Regeln ab. Es gilt der Grundsatz, daß sich nur derjenige auf die verfassungswidrige Unbestimmtheit einer ihn belastenden Norm berufen darf,

---

21 Grayned v. Rockford, 408 U.S. 104, 110 (1972).
22 NAACP v. Button, 371 U.S. 415, 432 (1963). Ausnahmsweise berücksichtigt der Supreme Court eine (verfassungskonforme) Auslegung von Gliedstaatenrecht nicht, wenn sie erstmals in dem anhängigen Verfahren vorgenommen wurde und die Regelung infolge der Auslegung in ihr Gegenteil verkehrt wurde. Hier wird auf die Rechtslage zur Zeit der Gesetzesanwendung auf den Beschwerdeführer abgestellt, weil die nachträgliche restriktive Auslegung nicht vorherzusehen war und die Behörden ihr Verhalten auf den verfassungswidrigen Normbefehl eingerichtet hatten; vgl. Shuttlesworth v. Birmingham, 394 U.S. 147, 156–159 (1969) – ungebundenes Ermessen bei Entscheidungen über die Genehmigung von Versammlungen und Umzügen war in gebundenes Ermessen umgedeutet worden.
23 Siehe etwa Buckley v. Valeo, 424 U.S. 1, 77 f. (1976); United States v. Rumely, 345 U.S. 41, 45, (1952); vgl. auch *Amsterdam*, 109 U.Pa.L.Rev. 67, 86 (1960).
24 Den Gerichten des Bundes bleibt lediglich der selten gangbare Weg, die Unbestimmtheit einer gliedstaatlichen Norm durch Rückgriff auf die Auslegung gleichlautender Formulierungen in Gesetzen derselben Rechtsordnung sowie – mit gewissen Einschränkungen – auf die Gesetzesauslegung der zuständigen gliedstaatlichen Behörden zu beheben; Grayned v. Rockford, 408 U.S. 104, 110 (1972).
25 *Amsterdam*, 109 U.Pa.L.Rev. 67, 89 f. (1960).
26 Zur overbreadth-Doktrin s. o. § 7 II, III.

der in eigenen Rechten durch sie verletzt sein könnte.[27] Ob dies der Fall ist, bestimmt sich nach der Bestimmtheitsstruktur der angegriffenen Vorschrift. Die Rechtsprechung unterscheidet völlig unbestimmte Tatbestände von jenen, deren Merkmale in einen hinreichend präzisen Begriffskern und einen unzulässig vagen Begriffshof zerfallen. Eine vollständig unbestimmte Norm ist in allen denkbaren Sinnvarianten unbestimmt, so daß jeder die Nichtigkeitsfrage aufwerfen darf, in dessen Rechte die Norm eingreift.[28] Dagegen genügt die Norm in der zweiten Variante wenigstens in ihrem Kern dem Bestimmtheitsgebot. Die periphere Unbestimmtheit wirkt sich nicht auf die Rechte dessen aus, der von Begriffskern her gewarnt sein muß, daß sein Verhalten rechtswidrig ist; er dringt nicht mit dem Argument durch, die Norm sei nichtig, weil sie die Meinungsfreiheit Dritter in hypothetischen Sachlagen beeinträchtigt.[29] Umgekehrt darf der Bürger, dessen Verhalten nicht vom Begriffskern erfaßt wird, die Nichtigkeitsfrage aufwerfen.[30]

Diese Regeln offenbaren einen wesentlichen Unterschied zwischen der overbreadth- oder der void for vagueness-Doktrin. Beide Doktrinen beruhen zwar auf dem Gedanken, daß die Präventionswirkung überweiter bzw. unbestimmter Rechtsnormen verfassungsrechtlichen Bedenken begegnet. Während aber die overbreadth-Doktrin vor allem im Interesse einer möglichst raschen Beseitigung der Präventionswirkung die Verwerfung teilverfassungswidriger Rechtsnormen zuläßt, ohne daß Rechte des Beschwerdeführers verletzt sein müssen,[31] kommt die Normenkontrolle hinsichtlich einer teilweise unbestimmten Rechtsnorm erst dann in Betracht, wenn der Beschwerdeführer eine eigene Rechtsverletzung geltend macht. Die Präventionswirkung einer Norm, deren verfassungswidrige Unbestimmtheit sich auf den Randbereich von Tatbestandsmerkmalen beschränkt, wird also als weniger gravierend angesehen; die Recht-

---

27 Young v. American Mini Theatres, 427 U.S. 50, 58 f., 73 Fn. 1 (1976); s. o. § 7 II 1.
28 Smith v. Goguen, 415 U.S. 566, 577 f. (1974); Coates v. Cincinnati, 402 U.S. 611, 614 (1971); Baggett v. Bullitt, 377 U.S. 360, 374 (1964). Siehe auch *Tribe* § 12–29 (S. 721).
29 Parker v. Levy, 417 U.S. 733, 755 f. (1974); Smith v. Goguen, 415 U.S. 566, 577 f. (1974). Siehe auch Haig v. Agee, 453 U.S. 280, 309 Fn. 61 (1981); Broadrick v. Oklahoma, 413 U.S. 601, 608 (1973); Kleindienst v. Mandel, 408 U.S. 753, 756 Fn. 3 (1972). Vgl. ferner *Amsterdam,* 109 U.Pa.L.Rev. 67, 101 (1960); *Tribe* § 12–29 (S. 720 f.). Die void for vagueness-Doktrin knüpft ebenso wie die overbreadth-Doktrin in ihrer verfahrensrechtlichen Komponente an materiellrechtliche Gesichtspunkte an; vgl. oben S. 177 zur overbreadth-Doktrin und *Amsterdam,* 109 U.Pa.L.Rev. 100, zum Bestimmtheitsgrundsatz.
30 Anders als im Rahmen des allgemeinen Bestimmtheitsgebots; s. o. S. 189.
31 S. o. § 7 II 2.

sprechung ist bereit, die Entscheidung über die Verfassungsmäßigkeit der Norm so lange aufzuschieben, bis die Vollnichtigkeit der Vorschrift von einem Bürger geltend gemacht wird, dessen Verhalten in den unbestimmten Begriffshof fällt.[32] An dieser Stelle zeigt sich besonders deutlich, daß die Argumentation mit der Abschreckungswirkung im Rahmen der void for vagueness-Doktrin lediglich die beiden rechtsstaatlichen Funktionen des Bestimmtheitsgebots[33] verstärken soll, nicht aber ein eigenständiges Kriterium für die Verwerfung unbestimmter Normen darstellt.

## 2. *Leitlinien für die Bestimmtheitsprüfung*

Für die Anforderungen des 1. Amendment an die Tatbestandsbestimmtheit von Hoheitsakten hat die Rechtsprechung keinen griffigen Prüfungsmaßstab artikuliert.[34] Sie hat lediglich Leitlinien entworfen, in denen eine Reihe von wesentlichen Beurteilungskriterien zusammengefaßt sind. Manche Faktoren werden offen angesprochen, andere wiederum lassen sich nur bei einer Gesamtschau des Fallrechts extrapolieren.
Im Mittelpunkt der Rechtsprechung steht die Verwirklichung der Zwecke der void for vagueness-Doktrin. Der Supreme Court ergründet den Sinngehalt einer unbestimmten Regelung vor allem aus der Sicht des Adressaten – insoweit soll der individuelle Freiheitsraum durch Normenklarheit verstärkt werden; im Mittelpunkt der Prüfung steht ferner die Mißbrauchsanfälligkeit einer unbestimmten Norm – hier rückt der objektivrechtliche Charakter der Doktrin in den Vordergrund.[35]
Mit diesem Hinweis auf die Zwecke der Doktrin ist nur der Ausgangspunkt der Bestimmtheitsprüfung identifiziert. Viele Entscheidungen des Supreme Court geben allerdings über die Schlußfolgerung, daß ein Tatbestandsmerkmal solchen abstrakten Wertmaßstäben wie der hinreichenden Vorhersehbarkeit oder der Unanfälligkeit für mißbräuchliche Anwendung nicht genügt, hinaus keine eingehenden Hinweise auf die tragenden Gründe für die Beurteilung im Einzelfall.[36]

---

32 Die praktische Bedeutung dieses Unterschieds ist allerdings gering, weil es häufig gelingt, neben der Unbestimmtheit auch die Nichtigkeitsfrage nach der overbreadth-Doktrin aufzuwerfen.
33 Dazu s. o. § 8 I.
34 *Tribe* § 12–28 (S. 718, 719); *Note,* 31 Vand.L.Rev. 609, 626 f. (1978).
35 Dazu s. o. S. 188.
36 Besonders unergiebig ist das Argument, der englischen Sprache seien insoweit Grenzen gesetzt, als es um gleichzeitig bestimmte und praxisgerechte kurze Gesetzesformulierungen gehe; vgl. U.S. Civil Service Commission v. National Assn. of Letter Carriers, 413 U.S. 548, 579 f. (1973); Broadrick v. Oklahoma, 413 U.S. 601, 608 (1973).

Einige Parameter lassen sich dennoch herausfiltern. Die Grenzen zulässiger Unbestimmtheit sind etwa dann überschritten, wenn ein Tatbestandsmerkmal keinen objektiv erfaßbaren Sinngehalt aufweist. In diesem Fall ist der Anwendungsbereich der Vorschrift nicht berechenbar; über ihre Anwendung entscheiden unkontrollierbare subjektive Empfindungen, so daß sich das Problem des mißbräuchlichen Gesetzesvollzugs zu Lasten unpopulärer Gruppen oder Minderheiten mit besonderer Schärfe stellt. Dies ist etwa bei einem Straftatbestand der Fall, der sich gegen diejenigen Teilnehmer an Versammlungen auf Gehwegen richtet, deren Verhalten sich für Dritte als störendes Ärgernis darstellt.[37]
Während die Rolle der Eingriffsintensität einer unbestimmten Norm bisher nicht diskutiert und auch die von der overbreadth-Doktrin her bekannte Abstufung nach äußerungs- und verhaltensbezogenen Normen nicht übernommen worden ist,[38] läßt sich ein anderer Grundsatz wenigstens zwischen den Zeilen ablesen. Der Rechtsprechung liegt offenbar der Grundsatz der Vermeidbarkeit von Unbestimmtheiten zugrunde; der Gebrauch unbestimmter Rechtsbegriffe wird daraufhin überprüft, ob die hieraus erwachsende Unklarheit hätte vermieden werden können.[39] Dieses Bewertungskriterium ist eng mit dem Charakter der Regelungsmaterie verbunden. Soweit sich eine sachgesetzlich vorgegebene Notwendigkeit für den Gebrauch normativer Rechtsbegriffe feststellen läßt, berücksichtigt dies die Rechtsprechung. In dem Spannungsverhältnis zwischen der Warnfunktion des Tatbestands einerseits und dem Bedürfnis nach einer für den Gesetzesvollzug geeigneten, praktikablen Formulierung von Rechtsnormen verlangt das 1. Amendment vom Gesetzgeber nichts Unmögliches oder Unzweckmäßiges.[40] Umgekehrt gilt, daß leicht vermeidbare Unklarheiten zur Verfassungswidrigkeit führen, sofern sich die Zweifel am Anwendungsbereich der Vorschrift als Hemmnis für die freie Meinungsäußerung niederschlagen können.

---

37 Vgl. Coates v. Cincinnati, 402 U.S. 611, 614, 616 (1971). Die Bestimmung war dem Supreme Court ohne eine konkretisierende restriktive Auslegung des Wortes »annoy« durch die zuständigen Gliedstaatengerichte zur Prüfung vorgelegt worden. Siehe ferner Keyishian v. Board of Regents, 385 U.S. 589, 604 (1967). Zu diesem Problem vgl. auch *Amsterdam,* 109 U.Pa.L.Rev. 67, 91 ff. (1960).
38 Hierauf läßt Coates v. Cincinnati, 402 U.S. 611 (1971), schließen, wo die in der vorigen Fußnote dargestellte Einschränkung der Versammlungsfreiheit verworfen wurde.
39 Dazu allgemein *Amsterdam,* 109 U.Pa.L.Rev. 67, 95 f. (1960): »principle of necessity«; vgl. auch *Bogen,* 37 Md.L.Rev. 679, 726 (1978).
40 Vgl. Colten v. Kentucky, 407 U.S. 104, 110 (1972); Roth v. United States, 354 U.S. 476, 491 (1957). Siehe auch *Tribe* § 12–28 (S. 718 f.).

Von maßgeblicher Bedeutung für die Beurteilung der Vermeidbarkeit ist die Eigenart der jeweiligen Regelung. Je komplexer der geregelte Sachverhalt ausfällt, desto eher wird der Einsatz von normativen Rechtsbegriffen hinzunehmen sein;[41] eine nähere Differenzierung etwa nach statischen oder eher dynamisch sich weiterentwickelnden Sachverhalten findet sich allerdings nicht.[42]

Das Bestimmtheitsproblem bei Pornographieverboten[43] hat der Supreme Court auf ungewöhnliche, aber wirksame Weise gelöst. Da diese Materie einerseits ohne normative Tatbestandsmerkmale nicht erfaßbar ist, andererseits ein erhebliches Maß an Unsicherheit über ihre Reichweite im Grenzbereich zu verfassungsrechtlich geschützten Darstellungen sexuellen Inhalts bestehen bleibt, hat der Supreme Court den Gesetzgeber nicht nur aufgefordert, die Verbote durch zusätzliche deskriptive Tatbestandsmerkmale präziser zu fassen, sondern ihm auch gleich einen eigenen Beispielskatalog entworfen.[44]

Als eigenständige Fallgruppe werden Regelungen behandelt, welche die Grundrechtsausübung von einer behördlichen Erlaubnis abhängig machen. Hierzu zählt vor allem die Filmzensur. In ständiger Rechtsprechung verbietet der Supreme Court jegliche Form der Einräumung von Ermessen; zur Sicherung des 1. Amendment verlangt er klare gesetzliche Kriterien für die Ausübung der Filmzensur im Einzelfall.[45] Damit soll der Gefahr der versteckten Zensur nach subjektiven Gesichtspunkten vorgebeugt werden. Wegen der Nähe zum Zensurverbot stellt die Rechtsprechung in dieser Fallgruppe besonders strenge Anforderungen an die Bestimmtheit. Die Warnfunktion des Eingriffstatbestands spielt nur eine untergeordnete Rolle; im Mittelpunkt des Anliegens der Rechtsprechung steht vielmehr die Gewährleistung eines Verfahrens, das die Effektivität des Grundrechts

---

41 Dieser Aspekt dürfte wohl die Bestätigung der Verfassungsmäßigkeit von meinungseinschränkenden Regelungen des öffentlichen Dienstes beeinflußt haben; diese Regelungen waren Bestandteile einer umfassenden Normierung der Rechte und Pflichten von Bediensteten des Staates; vgl. U.S. Civil Service Commission v. National Assn. of Letter Carriers, 413 U.S. 548 (1973); Broadrick v. Oklahoma, 413 U.S. 601 (1973).
42 Ein Beispiel für einen einfach gelagerten Fall mit leicht vermeidbarer Unbestimmtheit ist Hynes v. Mayor of Oradell, 425 U.S. 610, 620 ff. (1976), Meldepflicht für karitativ oder politisch motivierte Haustürbesuche. Dazu vgl. *Bogen,* 37 Md.L.Rev. 679, 723 (1978).
43 Dazu vgl. allgemein oben § 2.
44 Miller v. California, 413 U.S. 15, 24 f. (1973); dazu s. o. § 2 I 4.
45 Interstate Circuit v. Dallas, 390 U.S. 676 (1969); Holmby Productions v. Vaughn, 350 U.S. 870 (1955); Commercial Pictures v. Regents, 346 U.S. 587 (1954); Gelling v. Texas, 343 U.S. 960 (1952); Joseph Burstyn v. Wilson, 343 U.S. 495 (1952). Zur Vorzensur s. o. S. 86 (Fn. 12).

gegenüber Zensurbestrebungen von unteren Verwaltungsbehörden und anderen öffentlichen Stellen absichert.

III. *Zusammenfassung*

Die void for vagueness-Doktrin dient im Bereich des 1. Amendment dem Zweck, die öffentliche Meinungs- und Willensbildung vor der Präventionswirkung unbestimmter meinungseinschränkender Tatbestände zu bewahren. Die entscheidungserheblichen Beurteilungskriterien werden von der Rechtsprechung nur ansatzweise offengelegt. Es läßt sich jedoch feststellen, daß die Anwendung der Doktrin im Ergebnis gerade dort zur Beanstandung unbestimmter Normen eingesetzt worden ist, wo Verwaltungsbehörden infolge mangelnder Normenklarheit ein Instrument zur Diskriminierung andersdenkender oder unpopulärer Gruppen oder Individuen erhalten hätten. Insofern hat die Doktrin ihren Platz an der Seite der anderen Doktrinen, die in erster Linie zur Offenhaltung des politischen Meinungs- und Willensbildungsprozesses beitragen sollen.

# § 9 Schlußbetrachtung

Die Rechtsprechung des Supreme Court zu den Kommunikationsrechten stellt das 1. Amendment betont in den Gesamtzusammenhang der amerikanischen Verfassung. Der subjektivrechtliche Charakter der Vorschrift wird zwar anerkannt, doch kommt ihm bei der Inhalts- und Schrankenbestimmung eher geringe Bedeutung zu. Die moderne 1. Amendment-Rechtsprechung beruht ganz überwiegend darauf, daß der Supreme Court die objektivrechtliche Funktion des 1. Amendment in dem demokratisch verfaßten Gemeinwesen der USA in den Mittelpunkt der Auslegung stellt. Die Meinungs-, Presse- und Versammlungsfreiheit, das Petitionsrecht und die ungeschriebenen Rechte und Freiheiten des 1. Amendment werden als wesentliche Strukturelemente der verfassungsmäßigen Ordnung angesehen, als Vorbedingung für eine lebendige Demokratie, in der alle Angelegenheiten von öffentlichem Interesse frei und ungehindert erörtert werden können.[1]

Die Rechtsprechung wird ferner von einer kritischen, »aktivistischen« Grundhaltung gegenüber Gesetzgeber und Verwaltung geprägt.[2] Insoweit hebt sich die Nachprüfungspraxis deutlich von derjenigen zur Wirtschafts- und Sozialgesetzgebung ab, wo sich der Supreme Court regelmäßig in richterlicher Selbstbeschränkung gegenüber den Wertungen der Legislative übt. Einschränkungen des 1. Amendment werden kritisch auf ihre Berechtigung hin nachgeprüft. In dieser Hinsicht steht die jüngere Rechtsprechung in einer langen Tradition, deren Wurzeln in den Voten der Richter Holmes und Brandeis zwischen 1919 und 1927 liegen.[3]

Die aktivistische Einstellung des Supreme Court findet ihren Niederschlag in dem Prinzip, daß Einschränkungen der im 1. Amendment verankerten Kommunikationsrechte stets einer überzeugenden Begründung

---

1 Das weite Verständnis des Supreme Court von der demokratischen Funktion des 1. Amendment mag die Vernachlässigung der subjektivrechtlichen Seite des Grundrechts erklären; der Rückgriff auf ein nichtinstrumentales Grundrechtsverständnis erscheint überflüssig. Zur objektivrechtlichen Seite vgl. z. B. Cohen v. California, 403 U.S. 15, 24 f. (1971); Virginia State Board of Pharmacy v. Virginia Citizens Consumer Council, 425 U.S. 748, 764 f. (1976).
2 Vgl. z. B. Landmark Communications v. Virginia, 435 U.S. 829, 843 f. (1978). Zur Einräumung eines Beurteilungsspielraums s. o. § 5 III 5a.
3 S. o. § 4 II 1.

durch den eingreifenden Hoheitsträger bedürfen. Im allgemeinen richten sich die Anforderungen an die Begründung nach Art und Ausmaß der Grundrechtsbeeinträchtigung. Bei der Ermittlung des Eingriffsschadens berücksichtigt der Supreme Court in geeigneten Fällen neben den Belangen des am Rechtsstreit beteiligten Bürgers auch überindividuelle, objektive Beeinträchtigungen des Meinungs- und Willensbildungsprozesses. Dies lassen besonders deutlich die void for vagueness-[4] und die overbreadth-Doktrin[5] erkennen.

Letztlich sind aber alle oben dargestellten Doktrinen zur Schutzbereichs- und Schrankenbestimmung Ausprägungen des allgemeinen Grundsatzes, daß die Äußerungsfreiheiten im Interesse einer funktionstüchtigen Demokratie vor hoheitlichen Beeinträchtigungen geschützt werden müssen. Im Rahmen der Inhaltsbestimmung und Schutzbereichsabgrenzung illustriert die Rechtsprechung zur Pornographie, daß das 1. Amendment nach Sinn und Zweck zwar nicht die Integration von rein physisch wirkenden Darstellungen in seinen Schutzbereich zuläßt, aber doch dem Gesetzgeber gebietet, bei der Umschreibung von regulierbaren Darstellungen sexuellen Inhalts sicherzustellen, daß diese Tatbestände nicht zugleich den Bereich objektiv geschützter Meinungsäußerungen belasten;[6] dieser Gedanke einer schützenden »Pufferzone« – er liegt auch der Rechtsprechung zur Verfassungsmäßigkeit von Ehrschutztatbeständen und zur void for vagueness-Doktrin zugrunde – hat zur Folge, daß im Interesse eines effektiven Schutzes von geistig wirkenden Äußerungen in begrenztem Umfang auch ungeschützte Äußerungen von den Doktrinen profitieren, die dem Schutz von »speech« im Sinne des 1. Amendment zu dienen bestimmt sind.

Im Bereich der Werbung ist die Einwirkung objektivrechtlicher Erwägungen auf die Grundrechtsauslegung besonders klar hervorgetreten. Die Integration der Werbung in den Schutzbereich beruht unmittelbar auf einer weiten Auslegung des 1. Amendment als Schutznorm für alle Äußerungen, die auch nur mittelbar einen Beitrag zur Meinungs- und Willensbildung leisten können.[7]

Auf der Ebene der Schrankenbestimmung kommt die Dominanz des instrumentalen Charakters der Äußerungsfreiheit nicht ganz so deutlich in den materiellen Berurteilungskriterien zum Ausdruck wie etwa bei der

---

4   S. o. § 8.
5   S. o. § 7.
6   S. o. § 2.
7   S. o. § 3.

verfahrensrechtlichen Komponente der void for vagueness- und der overbreadth-Doktrin.[8] Hier ist es nicht zuletzt die strenge Gestaltung der Normenkontrolle im Rahmen des Abwägungstests, die dazu beiträgt, daß die öffentliche Diskussion nicht durch Vorschriften belastet wird, deren Eignung oder Erforderlichkeit nicht überzeugend belegt oder deren Zwecke nicht hinreichend gewichtig sind.[9] Die den Hoheitsträger treffende Rechtfertigungslast für Meinungseinschränkungen ist Ausdruck des Grundsatzes, daß Einschränkungen des 1. Amendment nach der Wertentscheidung der Verfassung als Ausnahme anzusehen sind und somit einer besonderen Begründung bedürfen.

In der Schrankenrechtsprechung hat sich zu Beginn der fünfziger Jahre die Interessenabwägung durchgesetzt. Bei dem sog. Abwägungstest geht es allerdings nicht um die abstrakte Abwägung von Gütern und Interessen: »Balancing of interests« verlangt nicht die Herstellung einer Rangordnung von widerstreitenden Gütern und Interessen. Vielmehr bestimmt der Abwägungstest die Anforderungen an die Argumentation, die im Einzelfall zur Begründung eines meinungseinschränkenden Hoheitsaktes erfüllt sein müssen. Die Überzeugungskraft von Eingriffszweck und -mittel steht im Mittelpunkt der Nachprüfung. Es ist das Verdienst der jüngeren Rechtsprechung, die Feinstruktur der Argumentationsstufen und -anforderungen für den Bereich der Normenkontrolle herausgearbeitet zu haben. Die Grundelemente des »Abwägungs«-tests – Art und Ausmaß der Grundrechtsbeeinträchtigung; Gewicht des Zwecks; Erforderlichkeit und Geeignetheit des Mittels – bilden ein Bezugssystem, in dem die grundsätzliche Wertentscheidung für die Freiheit der Meinungsäußerung zum Ausdruck kommt und das zugleich genügend Raum für die Berücksichtigung von legitimen öffentlichen Interessen im Einzelfall läßt. Dieser Schrankenstandard beherrscht die Rechtsprechung zum 1. Amendment in zunehmendem Maße. Wie sich bei der Analyse des Gefahrentests herausgestellt hat, werden sogar andere eigenständige Schrankentests im Sinne der Interessenabwägung umgedeutet.[10]

Als Beispiel für einen besonders weitgehenden Schutz von Meinungsäußerungen dient der Gefahrentest in Form des Brandenburg-Tests. Dieser immunisiert die Befürwortung rechtswidriger Taten gegen strafrechtliche Eingriffe, solange nicht der Rechtsbruch unmittelbar folgen soll und

---

8 S. o. §§ 7 II, 8 II 1.
9 S. o. § 5.
10 S. o. § 6 II.

auch objektiv unmittelbar bevorsteht.[11] Da diese Lehre sogar die Aufforderung zur Begehung von Tötungsdelikten zu erfassen scheint, läßt sie sich allein unter dem Gesichtspunkt erklären, daß radikale politische Rhetorik bis hin zur Grenze der unmittelbaren physischen Bedrohung von Personen Bestandteil des demokratischen Meinungskampfes ist und im Interesse einer umfassenden öffentlichen Auseinandersetzung über die Gestaltung des Gemeinwesens hinzunehmen ist. Die Rechtsprechung hat bisher keine Gelegenheit gehabt, die Grenzen des Brandenburg-Tests genauer abzustecken.

Die dargestellten Doktrinen dienen dem Schutz des 1. Amendment in verschiedenartigen Fallgestaltungen und gegenüber bestimmten Eingriffsformen. Dies gilt auch für die noch junge Rechtsprechung zur Werbung.[12] Hier zeichnet sich eine interessante dogmatische Entwicklung zu der Frage ab, in welchem Umfang das 1. Amendment Ausnahmen von dem Grundsatz zuläßt, daß die dem Staat gebotene Neutralität gegenüber dem Inhalt von Äußerungen[13] eine Abstufung des Grundrechtsschutzes nach dem Gegenstand einer Äußerung ausschließt. Die Rechtsprechung zur Werbung bietet das bisher einzige Beispiel für eine mehrheitlich gebilligte Herabstufung einer bestimmten Kategorie von Äußerungen. Es erscheint nicht unwahrscheinlich, daß der Supreme Court diesen Ansatz auf Darstellungen sexuellen Inhalts übertragen wird. In diesem Falle würde die für die Auslegung des 1. Amendment grundlegende Frage nach Inhalt und Grenzen des Neutralitätsgebots in den Mittelpunkt der Diskussion innerhalb und außerhalb des Gerichts rücken.[14] Vorerst aber bleibt es bei dem Grundsatz, daß es dem Staat verwehrt ist, den Grundrechtsschutz für die in den Schutzbereich des 1. Amendment fallenden Äußerungen danach abzustufen, welches Werturteil ein Staatsorgan über den Inhalt einer Äußerung abgibt. Dieses Neutralitätsprinzip entspricht der vom Supreme Court vertretenen Auffassung, daß das 1. Amendment den Bürgern einen von staatlicher Intervention weitgehend freien Raum für die Meinungs- und Willensbildung gewährleisten soll.

---

11 S. o. § 6 I.
12 Dazu s. o. § 3.
13 Dazu s. o. § 5 I 1a aa.
14 Hierzu vgl. allgemein *Stephan*, 68 Va.L.Rev. 203 (1982); *Schauer*, 34 Vand.L.Rev. 265, 290 ff. (1981).

# Summary

This book examines the scope and limits of freedom of expression as guaranteed by the First and Fourteenth Amendments to the Constitution of the United States of America. In analyzing the newer case law of the Supreme Court, the study's focus is less on *where* the Court »draws the line« but rather on *how* it determines the content and the limits of free speech. Thus, the main topics of the analysis are the reasoning the Court employs in defining constitutionally protected speech and the principal standards or tests the Court uses to define the limitations on free expression. The concluding part of the book is dedicated to overbreadth and vagueness problems.

1. The first part addresses the question of how constitutionally protected speech and »non-speech« are distinguished by the Court. It has been asserted that – particularly in the area of obscenity – the Supreme Court has employed a balancing test in order to define the content of »speech«. This study attempts to show that despite some ambiguous statements which appear to support this thesis, the Court has not adhered to the balancing approach in the case law on obscenity. Rather, the obscenity decisions – with perhaps one exception – have been consistent in using teleological reasoning for outlining what obscenity is; basic to the law of obscenity is the notion that obscenity does not reach the level of constitutionally protected expression because its impact is, and is meant to be, purely physical.

This conclusion is supported by a careful reading of the opinions of the Court; the various definitions of obscenity conform to the basic notion that the First Amendment is not designed to include within its ambit expression lacking any relation to the mind. The diverse definitions of obscenity may simply reflect differing notions as to the extent that obscene speech should enjoy »strategic« First Amendment protection (concept of a protective buffer zone), and to the considerable difficulties of framing a definition of obscenity – a social phenomenon which easily escapes definition.

2. Another section of the inquiry is dedicated to the recent developments in the field of commercial speech. After tracing the constitutional status

of advertising from the beginning of the century until 1975, the author sums up the Burger Court's expansive interpretation of the First Amendment. He focuses on the generous application of the concept of the free flow of information to commercial speech.

The study tries to illustrate the dynamics of expanding the scope of freedom of speech in terms of its effect on the limits of that freedom. It shows that the inclusion of advertising into the First Amendment was accompanied by a more rigorous, less protective reading of these limits. With the *Virginia Pharmacy* decision a two tier level of constitutional protection has been introduced into the First Amendment: It may be divided into a level of moderate protection for commercial speech and another level of higher protection traditionally granted to all other sorts of speech. The most interesting feature of this new development is likely to be whether the Supreme Court will expand the scope of application of the »lower level« to other forms of expression.

3. The second and main part of the book deals with the principal standards or tests for judging the constitutionality of limitations on speech. Section 4 outlines the development and content of the bad tendency test, the clear and present danger test, the concept of balancing of interests, and the principle of absolutism. The following two sections focus on the development of the balancing test and the clear and present danger test during the past 15 to 20 years.

4. Section 5 offers a comprehensive analysis of the balancing test as used and refined by the Supreme Court under Chief Justice Burger. Three branches of balancing are distinguished: Strict scrutiny, intermediate scrutiny, and the so-called reasonableness test applicable to time, place, and manner restrictions. For each variation the study elaborates the rules of applicability and the substantive criteria for the evaluation of First Amendment restrictions. Each form of balancing is also shown in operation in selected recent Supreme Court decisions.

The balancing of interests test is described as a relatively loose scheme of general applicability specifying in abstract terms the intensity of judicial review or – in other words – defining the level and quality of reasons necessary to justify an intrusion on free expression. It is pointed out that the balancing test is a flexible framework wich allows adjustment to particular features or situations.

The study shows that the intensity of review rises along with the gravity of the restriction on speech; strict scrutiny is also applied to regulations indicating a tendency to suppress ideas. On the other hand, regulations having only a minimal impact on freedom of speech are generally subject to moderate scrutiny. Given the special status of freedom of expression within the democratic system of government, judicial deference to legislative and administrative judgments is exercised in rare incidences only.

The basic element of the balancing test is the scrutiny of means and ends. The study derives from the case law a detailed means of analysis guiding the review of the state interest backing the restriction, the extent to which a regulation furthers the interest, and the necessity of the intrusion in light of alternative means available to secure the state interest. This analysis reveals the structure of contemporary balancing in the Supreme Court.

5. Section 6 is dedicated to the fate of the clear and present danger test. The inquiry distinguishes between the traditional danger test and its modification in *Brandenburg v. Ohio*. It is pointed out that the Brandenburg test offers considerable protection to expression which is directed to inciting or producing imminent lawless action as long as there is no likelihood of such action. In the realm of political discussion this test secures a wide range of impassioned speech. Yet, it is by no means clear whether the Brandenburg test will be applied to non-ideological expression as well.

The vitality of the traditional danger test has been called into question by its latest application in the *Landmark Communications* case. The Supreme Court's interpretation of the meaning of clear and present danger indicates that there is no longer any meaningful distinction between the balancing of interests test and the danger test. This appears to be true at least in the area of administration of justice – the only remaining field of application of the clear and present danger test.

As the clear and present danger element within the Brandenburg test has not yet been relevant to any decision of the Supreme Court, the study concludes that the clear and present danger test may have been silently put to rest by the Supreme Court.

6. The concluding third part (sections 7 and 8) examines two doctrines designed to afford freedom of speech particular protection from unduly overbroad or vague regulations. The rationale underlying both the overbreadth doctrine and the void for vagueness doctrine is the expectation that vague and overbroad regulations may deter the exercise of freedom of expression because the line between constitutionally

permissible and unconstitutional regulations is uncertain. The study emphasizes that both doctrines are primarily concerned with the protection of public debate. This is particularly true for the overbreadth doctrine which departs from traditional principles of standing in order to subject an overbroad law to judicial review.

The study analyzes the range of application and the content of the overbreadth doctrine. It also discusses the future of the Supreme Court's distinction between »speech« and »conduct« as keys to the application of the two branches of overbreadth scrutiny. It concludes that the more moderate substantial overbreadth requirement shall probably become the decisive factor in all overbreadth cases.

The definiteness of regulations touching on liberty has been a traditional concern of the Supreme Court. The study summarizes the purposes of the void for vagueness doctrine as well as the guidelines the Court has developed for judging the constitutionality of indefinite regulations on speech. It demonstrates that the Supreme Court requires a particularly high degree of precision in regulations affecting freedom of expression in order to prevent discriminatory abuse and to keep open the market place of ideas to all expression which enjoys constitutional protection.

# Schrifttum

*Abraham, Henry J.:* Freedom and the Court. Civil Rights and Liberties in the United States, 4. Auflage, New York 1982.
*Alfange, Dean:* Free Speech and Symbolic Conduct: The Draft-Card Burning Case, 1968 Sup.Ct.Rev. 1.
*Amsterdam, Anthony G.:* The Void-for-Vagueness Doctrine in the Supreme Court, 109 U.Pa.L.Rev. 67 (1960).

*Bezanson, Randall P.:* The New Free Press Guarantee, 63 Va.L.Rev. 731 (1977).
*Bickel, Alexander M.:* The Least Dangerous Branch. The Supreme Court at the Bar of Politics, Indianapolis/New York 1962.
*Black, Charles L., Jr.:* The People And The Court. Judicial Review in a Democracy, New York 1960.
*Bogen, David S.:* The Supreme Court's Interpretation of the Guarantee of Freedom of Speech, 35 Md.L.Rev. 555 (1976).
*Bogen, David S.:* First Amendment Ancillary Doctrines, 37 Md. L.Rev. 679 (1978).
*Bogen, David S.:* Balancing Freedom of Speech, 38 Md.L.Rev. 387 (1979).
*Bornkamm, Achim:* Pressefreiheit und Fairneß des Strafverfahrens. Die Grenzen der Berichterstattung über schwebende Strafverfahren im englischen, amerikanischen und deutschen Recht, Baden-Baden 1980.
*Brennan, William J., Jr.:* State Constitutions and the Protection of Individual Rights, 90 Harv.L.Rev. 489 (1977).
*Brennan, William J., Jr.:* Address, 32 Rutgers L.Rev. 173 (1979).

*Carr, Robert K.:* Die Grundrechte in den Vereinigten Staaten, in: *Bettermann/Neumann/ Nipperdey,* Die Grundrechte. Handbuch der Theorie und Praxis der Grundrechte. Erster Band – Die Grundrechte in der Welt, Zweiter Halbband, Berlin 1967, S. 873.
*Carstens, Karl:* Grundgedanken der amerikanischen Verfassung und ihre Verwirklichung, Berlin 1954.
*Chafee, Zechariah, Jr.:* Free Speech in the United States, Cambridge, Mass. 1948.
*Comment:* Should the »Substantial Overbreadth« Doctrine Be Overhauled? The Example of Morrisette v. Dilworth, 33 Buffalo L.Rev. 457 (1984).
*Cox, Archibald:* The Role of the Supreme Court in American Government, London/Oxford/New York 1976. Zit.: Role.
*Cox, Archibald:* The Supreme Court 1979 Term – Foreword: Freedom of Expression in the Burger Court, 94 Harv.L.Rev. 1 (1980).

*Decken, Georg von der:* Meinungsäußerungsfreiheit und Ehrenschutz in der politischen Auseinandersetzung, Diss. iur. Göttingen 1981.
*Developments in the Law:* The Interpretation of State Constitutional Rights, 95 Harv. L.Rev. 1324 (1982).
*Ducat, Craig R.:* Modes of Constitutional Interpretation, St. Paul 1978.

*Ehmke, Horst:* Wirtschaft und Verfassung. Die Verfassungsrechtsprechung des Supreme Court zur Wirtschaftsregulierung, Karlsruhe 1961.
*Ely, John Hart:* Flag Desecration: A Case Study in the Roles of Categorization and Balancing in First Amendment Analysis, 88 Harv.L.Rev. 1482 (1975).
*Ely, John Hart:* Democracy and Distrust, Cambridge, Mass./London 1980. Zit.: Democracy.

*Emerson, Thomas I.:* Toward a General Theory of the First Amendment, New York 1966. Zit.: General Theory.
*Emerson, Thomas I.:* The System of Freedom of Expression, New York 1970. Zit.: System.
*Emerson, Thomas I.:* First Amendment Doctrine and the Burger Court, 68 Cal.L.Rev. 422 (1980).
*Erbel, Günter:* Ist das Sittengesetz eine verfassungsrechtlich legitimierte Schranke der geistigen Ausdrucksfreiheit? – Eine rechtsvergleichende Untersuchung der Rechtsprechung des amerikanischen Supreme Court und der deutschen Rechtsprechung, VerwArch. Bd. 59 (1968), 197.

*Farber, Daniel A.:* Content Regulation and the First Amendment: A Revisionist View, 68 Geo.L.J. 727 (1980).
*Farber, Daniel A./Nowak, John E.:* The Misleading Nature of Public Forum Analysis: Content and Context in First Amendment Adjudication, 70 Va.L.Rev. 1219 (1984).
*Finnis, John M.:* »Reason and Passion«: The constitutional dialectic of free speech and obscenity, 116 U.Pa.L.Rev. 222 (1967).
*Fraenkel, Ernst:* Das amerikanische Regierungssystem. Eine politische Analyse, Köln/Opladen 1960.
*Frank, John P.:* Review and basic liberties, in: *Cahn, Edmond* (Hrsg.): Supreme Court and Supreme Law, Taschenbuchausgabe New York 1971, S. 109.
*Frantz, Laurent B.:* The First Amendment in the Balance, 71 Yale L.J. 1424 (1962).
*Frantz, Laurent B.:* Is the First Amendment Law? – A Reply to Professor Mendelson, 51 Cal.L.Rev. 729 (1963).
*Fried, Charles:* Two Concepts of Interests: Some Reflections on the Supreme Court's Balancing Test, 76 Harv.L.Rev. 755 (1963).

*Greenawalt, Kent:* Speech and Crime, 1980 A.B.F.Res.J. 645.
*Großmann, Karl-Heinz:* Das Recht auf freie Meinungsäußerung in den Vereinigten Staaten von Amerika. Inhalt und Grenzen des Grundrechts im Spiegel der Entscheidungen des U.S. Supreme Court, Diss. iur. Göttingen 1959.
*Großmann, Karl-Heinz:* Inhalt und Grenzen des Rechts auf freie Meinungsäußerung im Spiegel der Entscheidungen des Supreme Court of the United States, JöR N.F. Bd. 10 (1961), 181.
*Gründler, Klaus:* Werbebeschränkungen bei den freien Berufen und ihre Zulässigkeit nach amerikanischem Recht, Diss. iur. München 1980.
*Gunther, Gerald:* Reflections on Robel: It's Not What the Court Did But the Way It Did It, 20 Stan.L.Rev. 1140 (1968).
*Gunther, Gerald:* Cases and Materials on Individual Rights in Constitutional Law, 2. Auflage, Mineola, N.Y. 1976.

*Hailbronner, Kay:* Der »clear and present danger test« und verfassungsfeindliche Betätigung in der neueren Rechtsprechung des Supreme Court der Vereinigten Staaten, JöR N.F. Bd. 22 (1973). 579.
*Haller, Walter:* Supreme Court und Politik in den USA, Bern 1972.

*Jackson, Thomas H./Jeffries, John Calvin:* Commercial Speech: Economic Due Process and the First Amendment, 65 Va.L.Rev. 1 (1979).

*Kalven, Harry, Jr.:* The Metaphysics of the Law of Obscenity, 1960 Sup.Ct.Rev. 1.
*Kalven, Harry, Jr.:* The Concept of the Public Forum: Cox v. Louisiana, 1965 Sup.Ct.Rev. 1.
*Kalven, Harry, Jr.:* The Negro and the First Amendment, Columbus 1965.
*Kauper, Paul G.:* Frontiers of Constitutional Liberty, Ann Arbor 1956. Zit.: Frontiers.
*Kauper, Paul G.:* Civil Liberties and the Constitution, Ann Arbor 1962. Zit.: Civil Liberties.

*Kommers, Donald P.:* Der Gleichheitssatz: Neuere Entwicklungen und Probleme im Verfassungsrecht der USA und der Bundesrepublik Deutschland, in: *Link, Christoph* (Hrsg.): Der Gleichheitssatz im modernen Verfassungsstaat, Baden-Baden 1982, S. 31.
*Kommers, Donald P./Ripple, Kenneth F./Scalan, John A.:* American Constitutional Law 1976–1981, JöR N.F. Bd. 30 (1981), 457.
*Krislov, Samuel:* The Supreme Court and Political Freedom, New York/London 1968.

*Lange, David:* The Speech and Press Clauses, 23 UCLA L.Rev. 77 (1975).
*Leventhal, Harold:* An empirical inquiry into the effects of Miller v. California on the control of obscenity, 52 N.Y.U.L.Rev. 810 (1977).
*Levy, Leonard:* Legacy of Suppression. Freedom of Speech and Press in Early American History, Cambridge, Mass. 1960.
*Linde, Hans A.:* »Clear and Present Danger« Reexamined: Dissonance in the Brandenburg Concerto, 22 Stan.L.Rev. 1163 (1970).
*Lockhart, William B./McClure, Robert C.:* Literature, the law of obscenity, and the Constitution, 38 Minn.L.Rev. 295 (1954).
*Lockhart, William B./McClure, Robert C.:* Censorship of Obscenity: The developing constitutional standards, 45 Minn.L.Rev. 5 (1960).
*Lockhart, William B./Kamisar, Yale/Choper, Jesse H.:* The American Constitution. Cases – Comments – Questions, 4. Auflage, St. Paul 1975.

*Magrath, C. Peter:* The obscenity cases: Grapes of Roth, 1966 Sup.Ct.Rev. 7.
*Mason, Alpheus T./Beaney, William M.:* The Supreme Court in a Free Society, Englewood Cliffs 1959.
*McCloskey, Robert G.:* The American Supreme Court, Chicago 1960.
*McKay, Robert B.:* The Preference for Freedom, 34 N.Y.U.L.Rev. 1182 (1959).
*Meiklejohn, Alexander:* The First Amendment is an Absolute, 1961 Sup.Ct. Rev. 245.
*Mendelson, Wallace:* On the Meaning of the First Amendment: Absolutes in the Balance, 50 Cal.L.Rev. 821 (1962).
*Mendelson, Wallace:* The First Amendment and the Judicial Process: A Reply to Mr. Frantz, 17 Vand.L.Rev. 479 (1964).
*Monaghan, Henry Paul:* Obscenity, 1966: The Marriage of Obscenity Per Se and Obscenity Per Quod, 76 Yale L.J. 127 (1966).
*Monaghan, Henry Paul:* First Amendment »Due Process«, 83 Harv.L.Rev. 518 (1970).
*Monaghan, Henry Paul:* Overbreadth, 1981 Sup.Ct.Rev. 1.

*Nimmer, Melville B.:* The Right to Speak from Times to Time: First Amendment Theory Applied to Libel and Misapplied to Privacy, 56 Cal.L.Rev. 935 (1968).
*Nimmer, Melville B.:* The Meaning of Symbolic Speech under the First Amendment, 21 UCLA L.Rev. 29 (1973).
*Nimmer, Melville B.:* Speech and Press: A Brief Reply, 23 UCLA L.Rev. 120 (1975).
*Nimmer, Melville B.:* Introduction – Is Freedom of the Press A Redundancy: What Does it Add To Freedom of Speech? 26 Hast.L.J. 639 (1975).
*Note:* The Chilling Effect in Constitutional Law, 69 Col.L.Rev. 808 (1969).
*Note:* Less Drastic Means and the First Amendment, 78 Yale L.J. 464 (1969).
*Note:* First Amendment Overbreadth Doctrine, 83 Harv.L.Rev. 844 (1970).
*Note:* The Less Restrictive Alternative in Constitutional Adjudication: An Analysis, A Justification, and Some Criteria, 27 Vand.L.Rev. 971 (1974).
*Note:* First Amendment Vagueness and Overbreadth: Theoretical Revisions by the Burger Court, 31 Vand.L.Rev. 609 (1978).
*Note:* Constitutional Protection of Commercial Speech, 82 Col.L.Rev. 720 (1982).

*Pritchett, C. Herman:* The American Constitution, 3. Auflage, New York 1977.

*Rabban, David M.:* The First Amendment in its Forgotten Years, 90 Yale L.J. 514 (1981).
*Redish, Martin H.:* The Content Distinction in First Amendment Analysis, 34 Stan. L.Rev. 113 (1981).
*Redish, Martin H.:* Advocacy of Unlawful Conduct and the First Amendment: In Defense of Clear and Present Danger, 70 Cal.L.Rev. 1159 (1982).
*Redish, Martin H.:* The Warren Court, the Burger Court and the First Amendment Overbreadth Doctrine, 78 Nw.U.L.Rev. 1031 (1983).

*Scharpf, Fritz Wilhelm:* Grenzen der richterlichen Verantwortung. Die political question – Doktrin in der Rechtsprechung des amerikanischen Supreme Court, Karlsruhe 1965.
*Schauer, Frederick:* The Return of Variable Obscenity? 28 Hast.L.J. 1275 (1977).
*Schauer, Frederick:* Fear, Risk and the First Amendment: Unraveling the »Chilling Effect«, 58 B.U.L.Rev. 685 (1978).
*Schauer, Frederick:* Reflections on »Contemporary Community Standards«: The Perpetuation of an Irrelevant Concept in the Law of Obscenity, 56 N.C.L.Rev. 1 (1978).
*Schauer, Frederick:* Language, Truth, and the First Amendment: An Essay in Memory of Harry Canter, 64 Va.L.Rev. 263 (1978).
*Schauer, Frederick:* Speech and »Speech« – Obscenity and »Obscenity«: An Exercise in the Interpretation of Constitutional Language, 67 Geo.L.J. 899 (1979).
*Schauer, Frederick:* Response: Pornography and the First Amendment, 40 U.Pitt.L.Rev. 605 (1979).
*Schauer, Frederick:* Categories and the First Amendment: A Play in Three Acts, 34 Vand.L.Rev. 265 (1981).
*Schauer, Frederick:* Codifying the First Amendment: New York v. Ferber, 1982 Sup.Ct.Rev. 285.
*Sedler, Robert Allen:* Standing to Assert Constitutional Jus Tertii in the Supreme Court, 71 Yale L.J. 599 (1962).
*Sedler, Robert Allen:* The Assertion of Constitutional Jus Tertii: A Substantive Approach, 70 Cal.L.Rev. 1308 (1982).
*Shapiro, Martin:* Freedom of Speech: The Supreme Court and Judicial Review, Englewood Cliffs 1966.
*Shiffrin, Steven:* Defamatory Non-Media Speech and First Amendment Methodology, 25 UCLA L.Rev. 915 (1978).
*Stalder, Christoph:* »Preferred Freedoms«. Das Verhältnis der Meinungsäußerungsfreiheit zu den anderen Grundrechten, Bern 1977.
*Steinberger, Helmut:* Konzeption und Grenzen freiheitlicher Demokratie. Dargestellt am Beispiel des Verfassungsrechtsdenkens in den Vereinigten Staaten von Amerika und des amerikanischen Antisubversionsrechts, Berlin/Heidelberg/New York 1974.
*Stephan III, Paul B.:* The First Amendment and Content Discrimination, 68 Va.L.Rev. 203 (1982).
*Stewart, Potter:* »Or of the Press«, 26 Hast.L.J. 631 (1975).
*Stone, Geoffrey R.:* Restrictions of Speech Because of its Content: The Peculiar Case of Subject-Matter Restrictions, 46 U.Chi.L.Rev. 81 (1978).
*Stone, Geoffrey R./Marshall, William P.:* Brown v. Socialist Workers: Inequality as a Command of the First Amendment, 1982 Sup.Ct.Rev. 583.

*Tribe, Laurence H.:* American Constitutional Law, Mineola, N.Y. 1978.

*Van Alstyne, William:* The Hazards to the Press of Claiming a »preferred position«, 28 Hast.L.J. 761 (1977).
*Voss, Harald K.:* Meinungsfreiheit und verfassungsmäßige Ordnung. Verfassungsrechtsprechung und Verfassungslehre in den Vereinigten Staaten von Amerika, Berlin 1969.

*Weigend, Thomas:* Landesbericht USA, in: Bericht der Bundesregierung zum Thema: »Öffentliche Vorverurteilung« und »faires Verfahren«, Bundestags-Drucksache 10/4608, S. 116 (1985).
*Westen, Peter:* The Empty Idea of Equality, 95 Harv.L.Rev. 537 (1982).
*Wormuth, Francis D./Mirkin, Harris G.:* The Doctrine of the Reasonable Alternative, 9 Utah L.Rev. 254 (1964).

*Zweigert, Konrad:* Einige rechtsvergleichende und kritische Bemerkungen zur Verfassungsgerichtsbarkeit, in: *Starck, Christian* (Hrsg.): Bundesverfassungsgericht und Grundgesetz, Festgabe aus Anlaß des 25jährigen Bestehens des Bundesverfassungsgerichts. Erster Band – Verfassungsgerichtsbarkeit, Tübingen 1976, S. 63.

# Entscheidungsregister

A Book Named »John Cleland's Memoirs of A Woman of Pleasure« v. Attorney General 31
Abrams v. United States 63
American Communications Assn. v. Douds 67, 70, 71

Bell v. Wolfish 147 f.
Bigelow v. Virginia 48, 49
Brandenburg v. Ohio 155–158
Branzburg v. Hayes 124
Bridges v. California 65, 162
Broadrick v. Oklahoma 177 ff.
Brown v. Hartlage 115 f.
Buckley v. Valeo 83, 84, 99 f., 113–115, 117 f., 119 f.

Carey v. Brown 105, 106, 121 f.
Carey v. Population Services International 160
Chaplinsky v. New Hampshire 35, 37
Communist Party of Indiana v. Whitcomb 159 f.
Consolidated Edison v. Public Service Commission 108–110
Cox v. Louisiana 148 f., 150 f.
Cox Broadcasting Corp. v. Cohn 112

Dennis v. United States 68 f.

Elrod v. Burns 87

FCC v. Pacifica Foundation 137 Fn. 225
First National Bank of Boston v. Bellotti 97, 107 f., 109 f.

Ginzburg v. United States 34, 40
Gitlow v. New York 20, 60, 63, 156

Haig v. Agee 176
Healy v. James 158 f., 161
Heffron v. ISKCON 141–143
Herndon v. Lowry 65
Hess v. Indiana 159, 162

Landmark Communications v. Virginia 110–112, 163–166
Lanzetta v. New Jersey 188
Lewis v. New Orleans 183

Marbury v. Madison 25
Members of the City Council v. Taxpayers for Vincent 128 Fn. 192
Metromedia v. San Diego 55 f., 57, 127
Miller v. California 32 f., 195
Mills v. Alabama 77, 78

NAACP v. Alabama 74, 75 f., 93, 117
NAACP v. Button 177
NAACP v. Claiborne Hardware 160 f.
New York v. Ferber 185
Nixon v. Administrator of General Services 118 f.

Paris Adult Theatre I v. Slaton 35, 37 f.
Parker v. Levy 176
Pell v. Procunier 145 f., 148
Pittsburgh Press Co. v. Pittsburgh Commission on Human Relations 47
Police Department of Chicago v. Mosley 89, 105, 106, 120 f.
Procunier v. Martinez 125, 129, 145

Roth v. United States 30 f., 35, 37

Schad v. Mount Ephraim 143
Schenck v. United States 63
Schneider v. State 141–143
Seattle Times v. Rhinehart 131–133
Shelton v. Tucker 76 f.
Smith v. California 80
Smith v. Daily Mail Publishing Co. 111 f.
Stanley v. Georgia 34

Talley v. California 78
Thornhill v. Alabama 46

United States v. Carolene Products Co. 66 Fn. 32

211

United States v. Grace  134, 149–151
United States v. O'Brien  77 f., 83, 122 ff.
United States v. Robel  102 Fn. 85, 169
U.S. Civil Service Commission v. National Assn. of Letter Carriers  179, 181

Valentine v. Chrestensen  45 f.
Virginia State Board of Pharmacy v. Virginia Citizens Consumer Council  49–54

Whitney v. California  61, 64

Yates v. United States  156 f.

# Sachregister

Abschreckungswirkung 169–172, 175 f., 177, 185, 189 f., 192 f.
Absoluter Schutz der Meinungsfreiheit 79–82, 178
Abstufung des Grundrechtsschutzes 56, 57 f., 200
Abwägungstest 83–153
– strenger 83, 86–106
– gemäßigter 57, 78, 83, 122–130
– bei Zeit-, Orts- und Modalitätenregelungen 69, 83, 133–144
– Parallele zum Abwägungstest 184
Allgemeines Gesetz 123, 178
Anstößige Äußerungen 109, 137
Antisubversionsrecht 64, 70 ff., 117, 183
Argumentationslast 67, 73, 85 f., 197 f.
Äußerungsverbot 107–110, 121
Ausweichmöglichkeiten für Grundrechtsausübung 134, 143 f.

bad tendency-Test 60–62, 63
Bannmeilengesetze 148–151
Befürwortung rechtswidriger Taten/von Ideen 69, 156 f.
Begünstigung von Meinungen 91 f., 106
Bestimmtheitsgebot, allgemeines 187–189
Bestimmtheitsgebot und 1. Amendment 189–196
Bevormundung (paternalism) 51, 52, 126
Beweislast 73, 85 f., 92 f., 124
Brandenburg-Test 154–162, 199 f.

captive audience-Doktrin 109
Carolene Products – Fußnote 66 Fn. 32
chilling effect-Doktrin siehe Abschreckungswirkung
clear and present danger-Test siehe Gefahrentest
commercial speech-Doktrin 45–48; siehe auch Werbung (commercial speech)

Demokratische Meinungs- und Willensbildung 22, 51, 62, 64, 66, 170 f., 173, 196, 197 ff.
Dennis-Test 68 f.
Diskreditierung des Regelungszwecks 95, 98
Due Process Clause 20 f., 38, 44 f., 57, 74, 130, 134, 187–189

Ehrschutz 27 Fn. 4, 48 Fn. 28, 198
Eingriffszweck 75, 93–98, 125–127, 138 f., 165
Equal Protection Clause (Gleichheitssatz) 44 f., 57, 83, 91 f., 104–106, 120–122, 134
Erforderlichkeit 76, 100–104, 128–130, 139, 164 f., 168 Fn. 4, 177
expression/action-Differenzierung 80

Fallbeispiele
– zum strengen Abwägungstest 107–122
– zum gemäßigten Abwägungstest 131–144
– zum reasonableness-Test 145–151
Flugblätter 136, 141, 142 f.
Föderalismus, Neuer 21 Fn. 11
Freier Informationsfluß 50 f., 53, 87, 88

Geeignetheit 77, 98–100, 127 f., 139
Gefahrentest 59, 62–69, 154–166, 199 f.
Geheimdienstverhältnis 176, 190 Fn. 17
Gesamtnichtigkeit 177–186
Gesetzesgestaltung, Anforderungen an 167–196
Gestaltungsspielraum der Gemeinde 127 f.
Gleichheit von Äußerungen 24, 89, 120, 121
Gleichmäßigkeit der Strafverfolgung 188
Grundrechtsbeeinträchtigung
– direkte 78, 93, 133
– durch chilling effect 170

- erhebliche 123
- indirekte 71, 77 f., 92 f., 122–130, 133
- schwere 92 f.

Interessenabwägung (siehe auch Abwägungstest) 59, 69–78, 84 f., 151–153, 199
- Pornographie 36 f.
- Werbung 49, 54

Interessengewichtung
- abstrakte 93 f., 125
- konkrete 94–98, 125

Kommunikationsrechte
- Inhalt 21–24, 84
- Rechtsquellen 19–21
- ungeschriebene 21, 23 f.

Meinung, Anknüpfung des Eingriffs an 88, 90
Meinungsfreiheit 19, 21, 23 f., 120, 137

Neutralitätspflicht des Staates (content neutrality) 56, 89, 91, 123, 138, 200
Normenkontrolle 25, 172–176, 191–193, 199

Offenlegungspflicht 117 f.
overbreadth-Doktrin 56, 168–186, 192
- gemäßigte Variante 180–182
- strenge Variante 182–184
- Tendenzen 184–186

Petitionsrecht 19, 22
Pornographie (obscenity) 29–41, 198
- Auslegungsmethodik 35–38
- Bestimmtheit 33, 195
- Definition 29–33
- Definition und Normzweck 38–41
- Rechtfertigung des Ausschlusses vom Schutzbereich 35–38
- Relative Obszönität 34, 40
Präventionswirkung siehe Abschreckungswirkung
preferred position-Doktrin 65–67, 69, 75
Pressefreiheit 19, 22, 92
Privatsphäre 34, 109, 121
public forum-Doktrin 90 f., 140, 142
Pufferzone 27 Fn. 4, 39, 184, 190, 198

reasonableness-Test
- der Due Process Clause 77, 134

- für Zeit-, Orts- und Modalitätenregelungen 133–144
Rechtsanwendungskontrolle 172–176
Regelungsdefizit (underinclusiveness) 96 f., 106
Richterliche Selbstbeschränkung (judicial self-restraint) 60 f., 66 f., 72, 74, 129, 146, 147 f.
Richterlicher Aktivismus 66, 75, 197 f.
Richterliches Prüfungsrecht 25
Rücksichtnahme 133 f.

Schutzbereich des 1. Amendment 27–58, 198
Schutzbereichserweiterung und Grundrechtsschranken 57 f., 200
seditious libel 60
Soldatenverhältnis 124, 176, 190 Fn. 17
speech/conduct-Differenzierung 177–186
standing to raise a constitutional issue 172 f., 191 f.
Strafgefangenenstatus 124, 145–148
Symbolische Meinungsäußerung 24, 82, 137, 140 f.

Teilverfassungswidrigkeit 168 ff.
Thematische Anknüpfung des Eingriffs 88, 89–91, 107–110, 121
time, place, and manner-Regelungen siehe Abwägungstest

Überweite (overinclusiveness) 97, 106, 122, 129; siehe auch overbreadth-Doktrin

Ungleichbehandlung siehe Equal Protection Clause (Gleichheitssatz)
Unterdrückung von Meinungen 87 f., 123, 137
Unverträglichkeitsgrundsatz 139 f.

Verbreitung vertraulicher Informationen 88, 110–112
Vereinigungsfreiheit 23, 117–120
Verfassungskonforme Auslegung 64 168 Fn. 3, 191
Verfassungswidriger Normzweck 94, 121 f.
Vermutung der Verfassungsmäßigkeit 61, 67, 73, 134, 188
Vermutung der Verfassungswidrigkeit 85 f., 148, 150

Versammlungsfreiheit 19, 22
void for vagueness-Doktrin 187–196, 198
Vorzensur 56, 86 Fn. 12, 104 Fn. 93, 135, 195

Wahlkampffinanzierung 113–115
Wahlversprechen 115 f.
Werbung (commercial speech) 34, 42–58, 88 Fn. 18, 122, 125, 126, 129 f., 138, 175 f., 198, 200
– als Meinungsäußerung 49–58
– als wirtschaftliche Betätigung 44 f.
– Definition 42–44
– Schranken des Grundrechts auf Werbung 55–57
– Zweitrangigkeit 56, 57 f.

Zivilprozessuales Verbreitungsverbot 131–133
Zumutbarkeit des Eingriffs 100 Fn. 76, 119
Zweckerreichung durch andere Normen 97 f.

# Studien und Materialien zur Verfassungsgerichtsbarkeit

Herausgegeben von Prof. Dr. iur. Christian Starck

1   *Helmut Goerlich,* Wertordnung und Grundgesetz – Kritik einer Argumentationsfigur des Bundesverfassungsgerichts, *1973, 214 S., 54,– DM*

2   *Folke Schuppert,* Die verfassungsgerichtliche Kontrolle der Auswärtigen Gewalt, *1973, 236 S., 57,– DM*

3   *Ralf Dreier* und *Friedrich Schwegmann,* Probleme der Verfassungsinterpretation – Dokumentation einer Kontroverse, *1976, 353 S., 29,– DM*

4   *Harald Noack,* Sozialstaatsklauseln und juristische Methoden – Probleme einer Interpretation der Art. 20 Abs. 1 und 28 Abs. 1 des Grundgesetzes, *1975, 219 S., 48,– DM*

5   *Henning Grund,* »Preußenschlag« und Staatsgerichtshof im Jahre 1932, *1976, 167 S., 36,– DM*

6   *Ulrich Steinwedel,* »Spezifisches Verfassungsrecht« und »einfaches Recht« – Der Prüfungsumfang des Bundesverfassungsgerichts bei Verfassungsbeschwerden gegen Gerichtsentscheidungen, *1976, 211 S., 52,– DM*

7   *Wolfgang Richter,* Zur Verfassungsmäßigkeit von Sonderabgaben, *1977, 191 S., 57,– DM*

8   *Christoph Moench,* Verfassungswidriges Gesetz und Normenkontrolle – Die Problematik der verfassungsgerichtlichen Sanktion, dargestellt anhand der Rechtsprechung des Bundesverfassungsgerichts, *1977, 200 S., 59,– DM*

9   *Charlotte Timm,* Eigentumsgarantie und Zeitablauf, *1977, 141 S., 38,– DM*

10   *Norbert Holzer,* Präventive Normenkontrolle durch das Bundesverfassungsgericht, *1978, 227 S., 54,– DM*

11   *Harald Schneider,* Die Güterabwägung des Bundesverfassungsgerichts bei Grundrechtskonflikten – Empirische Studie zu Methode und Kritik eines Konfliktlösungsmodelles, *1979, 278 S., 78,– DM*

12   *Dieter G. Bodenheim,* Der Zweck der Steuer – Verfassungsrechtliche Untersuchung zur dichotomischen Zweckformel fiskalisch-nichtfiskalisch, *1979, 404 S., 87,– DM*

13   *Joachim Vetter,* Die Bundesstaatlichkeit in der Rechtsprechung des Staatsgerichtshofs der Weimarer Republik, *1979, 181 S., 49,– DM*

14   *Heinrich Weber-Grellet,* Beweis- und Argumentationslast im Verfassungsrecht unter besonderer Berücksichtigung der Rechtsprechung des Bundesverfassungsgerichts, *1979, 174 S., 26,– DM*

Nomos Verlagsgesellschaft
Postfach 610 · 7570 Baden-Baden

# Studien und Materialien zur Verfassungsgerichtsbarkeit
Herausgegeben von Prof. Dr. iur. Christian Starck

15 *Ernst Benda*, Grundrechtswidrige Gesetze – Ein Beitrag zu den Ursachen verfassungsrechtlicher Beanstandung, *1979, 75 S., 19,– DM*

16 *Gerhard Robbers*, Gerechtigkeit als Rechtsprinzip – Über den Begriff der Gerechtigkeit in der Rechtsprechung des Bundesverfassungsgerichts, *1980, 205 S., 54,– DM*

17 *Henning von Olshausen*, Landesverfassungsbeschwerde und Bundesrecht – Zur Geltung und prozessualen Aktualisierung von Landesgrundrechten im Bundesstaat des Grundgesetzes, *1980, 174 S., 54,– DM*

18 *Jörn Ipsen*, Rechtsfolgen der Verfassungswidrigkeit von Norm und Einzelakt, *1980, 332 S., 82,– DM*

19 *Jürgen Rühmann*, Verfassungsgerichtliche Normenqualifikation – Rechtsvergleichende Untersuchung von Funktion und Verfahren am Beispiel von Frankreich und Deutschland, *1982, 213 S., 49,– DM*

20 *Christoph Link* (Hrsg.), Der Gleichheitssatz im modernen Verfassungsstaat – Symposion zum 80. Geburtstag von Gerhard Leibholz, *1982, 131 S., 39,– DM*

21 *Margot Fröhlinger*, Die Erledigung der Verfassungsbeschwerde – Zugleich ein Beitrag zum Verhältnis des Verfassungsprozeßrechts zum sonstigen Prozeßrecht, *1982, 275 S., 65,– DM*

22 *Andreas Sattler*, Die rechtliche Bedeutung der Entscheidung für die streitbare Demokratie – Untersucht unter besonderer Berücksichtigung der Rechtsprechung des Bundesverfassungsgerichts, *1982, 123 S., 39,– DM*

23 *Christian Starck*, Main Principles of the German Basic Law, *1983, 160 S., 48,– DM*

24 *Fritz Ossenbühl*, Verfassungsrechtliche Grundfragen des Länderfinanzausgleichs gem. Art. 107 II GG, *1984, 167 S., 38,– DM*

25 *Landesverfassungsgerichtsbarkeit*, Teilband I: Geschichte, Organisation, Rechtsvergleichung. Teilband II: Zuständigkeiten und Verfahren der Landesverfassungsgerichte. Teilband III: Verfassungsauslegung. Hrsg. Christian Starck, Klaus Stern, *1983, 1 600 S., 365,– DM*

26 *Paul Henseler*, Begriffsmerkmale und Legitimation von Sonderabgaben, *1984, 191 S., 56,– DM*

27 *Franz-Joseph Peine*, Systemgerechtigkeit. Die Selbstbindung des Gesetzgebers als Maßstab der Normenkontrolle, *1985, 334 S., 89,– DM*

Nomos Verlagsgesellschaft
Postfach 610 · 7570 Baden-Baden

# Studien und Materialien zur Verfassungsgerichtsbarkeit

Herausgegeben von Prof. Dr. iur. Christian Starck

---

28  *Robert Alexy,* Theorie der Grundrechte, *1985, 548 S., 98,– DM*

29  *Gunnar Folke Schuppert/Frank Dahrendorf,* Verfassungsrechtliche und finanzwirtschaftliche Aspekte des Länderfinanzausgleichs, *1985, 104 S., 39,– DM*

30  *Christian Starck/Albrecht Weber* (Hrsg.), Verfassungsgerichtsbarkeit in Westeuropa, Teilband I: Berichte, *iVb. 1986, ca. 400 S.*
Teilband II: Dokumentation, *iVb. 1986*

31  *Julia Iliopoulos-Strangas,* Rückwirkung und Sofortwirkung von Gesetzen, *1986, 376 S., 98,– DM*

32  *Michael Kleine-Cosack,* Berufsständische Autonomie und Grundgesetz, *1986, 319 S., 98,– DM*

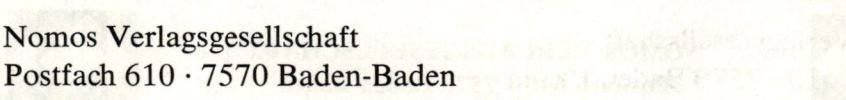

---

Nomos Verlagsgesellschaft
Postfach 610 · 7570 Baden-Baden

Michael Kleine-Cosack
# Berufsständische Autonomie und Grundgesetz

Trotz völlig veränderter verfassungsrechtlicher und politischer Rahmenbedingungen ist die Problematik der aus dem 19. Jahrhundert überkommenen berufsständischen Kammern unter dem Grundgesetz in Literatur und Rechtsprechung auch nach dem Facharztbeschluß kaum thematisiert worden. Die vorliegende Arbeit untersucht die Verfassungsmäßigkeit der Errichtung und Betätigung von Organisationen der berufsständischen Selbstverwaltung wie der Ärzte- oder Anwaltskammern. Sie grenzt insbesondere deren Rechtsetzungskompetenz – Autonomie – von dem Bereich ab, der dem parlamentarischen Gesetzgeber zur ausschließlichen Regelung obliegt. Sie erörtert die Bedeutung des Standesrechts und stellt tradierte Auffassungen teilweise in Frage. Es werden die Richtlinien der Kammern der rechtsberatenden Berufe oder die Infrastruktur der berufsständischen Kammern kritisch untersucht und die verfassungsrechtlichen Schranken ihres Aufgabenbereiches, insbesondere die Zulässigkeit einer Interessenvertretung sowie von Sanktionen bei Verstößen gegen die Berufsordnungen erörtert.

*1986, 319 S., Salesta brosch., 98,– DM,* ISBN 3–7890–1172–X
(Studien und Materialien zur Verfassungsgerichtsbarkeit, Bd. 32)

**NOMOS VERLAGSGESELLSCHAFT**
Postfach 610 · 7570 Baden-Baden

Julia Iliopoulos-Strangas

# Rückwirkung und Sofortwirkung von Gesetzen

Eine verfassungsrechtliche Untersuchung unter Berücksichtigung des deutschen und griechischen Steuerrechts

Das Problem, wie eine Rückwirkung von Gesetzen zu definieren und verfassungsrechtlich zu beurteilen ist, gehört in der Bundesrepublik seit jeher zu den Grundfragen der Staatsrechtsdogmatik. Die Fülle des seit Inkrafttreten des Grundgesetzes angefallenen einschlägigen Materials in Rechtsprechung – insbesondere der des Bundesverfassungsgerichts – und Schrifttum ist inzwischen kaum noch überschaubar. Klare und eines allgemeinen Konsenses sichere Konturen einer Rückwirkungsdogmatik zeichnen sich gleichwohl nicht ab.

Die Neubearbeitung dieser Thematik beschränkt sich im vorliegenden Band nicht auf die deutsche Rechtsordnung. In der Vergleichung mit einem anderen Rechtskreis, dem griechischen Recht, erschließt sie neue Aspekte. Die rechtsvergleichende Auswertung der beiden Rechte sowie der in der Arbeit unternommene Versuch eines eigenen dogmatischen Neuansatzes sind darüberhinaus für das Europäische Gemeinschaftsrecht von großer Bedeutung: Mangels eigener Regelungen über die Rückwirkung von Rechtsakten ist das Gemeinschaftsrecht auf die rechtsvergleichende Auswertung mitgliedstaatlichen Rechts angewiesen.

Die Arbeit wertet die Frage des zeitlichen Anwendungsbereichs neuen Rechts – dabei nach Rückwirkung und Sofortwirkung unterscheidend – nicht als ein spezifisches Eingriffs- und Belastungsproblem, sondern als eine allgemeine Frage des intertemporalen Rechts. Der neue Lösungsansatz stützt sich auf das bis heute für die Rückwirkungsfrage kaum fruchtbar gemachte Demokratieprinzip.

Die besondere Berücksichtigung des Steuerrechts mit seiner wirtschaftlichen Relevanz macht die Arbeit für die wissenschaftliche Forschung und die Rechtspraxis gleichermaßen interessant.

1986, 376 S., Salesta geb., 98,– DM, ISBN 3–7890–1139–8
(Stud. u. Mat. zu. Verfassungs-Gerichtsbarkeit, Bd. 31)

**NOMOS VERLAGSGESELLSCHAFT**
Postfach 610 · 7570 Baden-Baden

Christian Starck/Albrecht Weber (Hrsg.)
# Verfassungsgerichtsbarkeit in Westeuropa

Das hiermit vorgelegte 2-bändige Werk stellt die Verfassungsgerichtsbarkeit in den einzelnen westeuropäischen Staaten vor und dokumentiert die der Tätigkeit der einzelnen Verfassungsgerichte zugrundeliegenden Rechtsnormen.
Teilband I enthält nach einem einheitlichen Schema aufgebaute Darstellungen über die Verfassungsgerichtsbarkeit der Bundesrepublik Deutschland (Benda), Österreichs (Korinek), der Schweiz (W. Haller), Italiens (Ritterspach), Spaniens (Rubio Llorente), Portugals (Cardoso da Costa), Frankreichs (Fromont), Belgiens (Delpérée) und Griechenlands (Dagtoglou). Behandelt werden jeweils Institution, Kompetenzen, Verfahren und Entscheidungswirkungen der Verfassungsgerichte; statistische und bibliographische Hinweise sind beigefügt. Der 1. Teilband wird eingeleitet durch einen Beitrag über Ursprünge und Wesen der Verfassungsgerichtsbarkeit aus dem Gedanken des Vorrangs der Verfassung (Starck) sowie durch einen rechtsvergleichenden Generalbericht über die Verfassungsgerichtsbarkeit in Westeuropa (A. Weber).
Teilband II enthält eine Sammlung des jeweiligen die Verfassungsgerichtsbarkeit regelnden nationalen Rechts, d. h. der Verfassungstexte, Verfassungsgerichtsgesetze sowie sonstiger Regelungen einschließlich der Geschäftsordnungen, und zwar in der Originalsprache mit gegenüberstehender deutscher Übersetzung. Die Dokumente sind eine unverzichtbare Arbeitsgrundlage für jede weitere wissenschaftliche und praktische Beschäftigung mit der Rechtsprechung der einzelnen Verfassungsgerichte und für die Rechtsvergleichung auf dem Gebiete des Verfassungsrechts.

*1986,* Teilband I, ISBN 3–7890–1234–3 / Teilband II, ISBN 3–7890–1296–3
(Stud. u. Mat. zu. Verfassungs-Gerichtsbarkeit, Bd. 30)

**NOMOS VERLAGSGESELLSCHAFT**
**Postfach 610 · 7570 Baden-Baden**

Robert Alexy

# Theorie der Grundrechte

Die Grundrechte des Grundgesetzes haben für die Rechtsordnung der Bundesrepublik Deutschland nicht zuletzt durch die Rechtsprechung des Bundesverfassungsgerichts eine herausragende Bedeutung. Gleichwohl besteht über zentrale Probleme der Grundrechtsdogmatik nach wie vor tiefgreifender Streit. Die vorliegende Arbeit versucht, in Auseinandersetzung mit Kernpositionen der Grundrechtslehre und vor allem unter Berücksichtigung der Rechtsprechung des Bundesverfassungsgerichts eine allgemeine juristische Theorie der Grundrechte des Grundgesetzes zu entwickeln. Den Gegenstand dieser Theorie bildet der allgemeine Teil der Grundrechtsdogmatik. Ihre beiden Hauptstücke sind eine Prinzipientheorie und eine Theorie der rechtlichen Grundpositionen. Die Prinzipientheorie ist eine von unhaltbaren Annahmen gereinigte Werttheorie. Die Theorie der rechtlichen Grundpositionen bemüht sich um die exakte Konstruktion der vielfältigen grundrechtlichen Rechtsverhältnisse. Auf dieser Basis werden einige Hauptprobleme der Grundrechtsdogmatik behandelt, und zwar die Tatbestands- und die Schrankentheorie, das allgemeine Freiheits- und das allgemeine Gleichheitsrecht, die Rechte auf Schutz, Organisation und Verfahren, die Problematik der sozialen Grundrechte und die Dritt- oder Horizontalwirkung. Das abschließende Kapitel gilt der Rolle der Grundrechte und Grundrechtsnormen im Rechtssystem sowie der grundrechtlichen Argumentation und Entscheidung.

*1985, 548 S., Salesta geb., 98,– DM, ISBN 3-7890-1098-8*
(Stud. u. Mat. z. Verfassungsger.barkeit, Bd. 28)

**NOMOS VERLAGSGESELLSCHAFT**
**Postfach 610 · 7570 Baden-Baden**

Franz-Joseph Peine

# Systemgerechtigkeit

Die Selbstbindung des Gesetzgebers als Maßstab der Normenkontrolle

Die Selbstbindung des Gesetzgebers ist ein weitgehend unerforschtes verfassungsrechtliches Thema. Sie wird nahezu ausschließlich unter dem Stichwort Systemgerechtigkeit behandelt; ein Topos, den das BVerfG kreiert hat. Im ersten Teil der Untersuchung wird den Inhalten des Begriffs nachgegangen, die er durch Rechtsprechung und Literatur erfahren hat. Diese Inhalte werden sodann unter einer Reihe von Gesichtspunkten kritisiert; es ergibt sich u. a., daß Systemgerechtigkeit Selbstbindung des Gesetzgebers meint, als Schlagwort dafür aber ungeeignet ist. Im zweiten Teil wird zunächst eine Typologie potentieller Selbstbindungen entworfen: als Grobunterscheidung ergeben sich die Formen freiwillige und unfreiwillige Selbstbindung; beide Formen werden im einzelnen ausdifferenziert. Die einzelnen Selbstbindungsmöglichkeiten werden sodann zweistufig auf ihre Verfassungsrelevanz und somit auf ihre Eignung als Maßstab der Normenkontrolle überprüft: Es wird erstens danach gefragt, ob – negativ – überhaupt Raum für Selbstbindung als Folge von Gesetzgebungspflichten und verfassungsrechtlichen Verboten einer Selbstbindung besteht; zweitens wird untersucht, ob – positiv – die Verfassung mit Blick auf den erkannten Freiraum die Einhaltung freiwilliger Selbstbindung gebietet und die Verpflichtung zu unfreiwilliger Selbstbindung kennt. Im dritten Teil werden die Inhalte, die mit Systemgerechtigkeit im übrigen verbunden werden, auf ihre Verfassungsrelevanz hin geprüft.

*1985, 355 S., Salesta brosch., 79,– DM, ISBN 3-7890-1057-X*
(Stud. u. Mat. z. Verfassungsgerichtsbarkeit, Bd. 27)

**NOMOS VERLAGSGESELLSCHAFT**
Postfach 610 · 7570 Baden-Baden

Christian Starck/Klaus Stern

# Landesverfassungsgerichtsbarkeit

Teilband   I: Geschichte, Organisation, Rechtsvergleichung
Teilband  II: Zuständigkeiten und Verfahren der Landesverfassungsgerichte
Teilband III: Verfassungsauslegung

In dem dreibändigen Werk wird erstmalig die Verfassungsgerichtsbarkeit der deutschen Bundesländer umfassend erörtert. Es setzt sich aus 35 Beiträgen zusammen und ist auf die systematische und möglichst vollständige Darstellung der Gesamtthematik bedacht.

Der erste Teilband (Geschichte, Organisation, Rechtsvergleichung) enthält Beiträge zur Geschichte der deutschen Landesverfassungsgerichtsbarkeit sowie zu ihrer Organisation (Status, Richterbestellung, Sondervoten). Die gliedstaatliche Verfassungsgerichtsbarkeit in anderen Ländern wird in einer umfassenden rechtsvergleichenden Studie sowie in zwei Beiträgen über die Schweiz und die USA untersucht.

Im zweiten Teilband (Zuständigkeiten und Verfahren der Landesverfassungsgerichte) werden – meist im Vergleich zur jeweiligen Regelung auf Bundesebene – sämtliche Verfahrensarten vor den Landesverfassungsgerichten vorgestellt und an Hand der Rechtsprechung kritisch erörtert. Weitere Beiträge behandeln die – insbesondere in Abgrenzung zum Bundesverfassungsgericht schwierigen – Fragen der Zuständigkeit und des Prüfungsmaßstabs der Landesverfassungsgerichte.

Der dritte Teilband (Verfassungsauslegung) behandelt die Gegenstände des materiellen Verfassungsrechts mit denen sich die Landesverfassungsgerichte beschäftigt haben. Neben den auch im Grundgesetz verbürgten Grundrechten und dem Staatsorganisationsrecht sind dies hier kompetenzbedingt insbesondere die kulturellen Freiheitsrechte, die Selbstverwaltungsgarantie und auch das Staatskirchenrecht. Ein ausführliches, 60seitiges Sachregister ermöglicht ein rasches Auffinden der behandelten Rechtsfragen.

*1983, XXXXIV, 1 560 S., 365,– DM, ISBN 3–7890–0940–7*
(Stud. u. Mat. z. Verfassungsger.barkeit, Bd. 25)

**NOMOS VERLAGSGESELLSCHAFT**
**Postfach 610 · 7570 Baden-Baden**